KB219577

MZ세대의 통일의식

이 책은 서울대학교 통일평화연구원에서 운영하는 2022년 서울대학교 통일·평화기반구축사업의
지원을 받아 수행한 연구의 결과물입니다.

MZ세대의 통일의식

MZ Generation's Perception on Unification

김병연 엮음

김병로·김성희·김지훈·김범수·조현주·
최은영·이문영·김택빈·김학재·오승희·백지운 지음

한울
아카데미

표·그림

그림 목차

표 목차

서론

MZ세대의 통일의식

김병연(서울대학교 경제학부 석좌교수, 전 서울대학교 통일평화연구원 원장)

남북통일의 가장 강력한 추동력은 결국 통일에 대한 국민의 지지일 것이다. 남북 주민이 통일을 열망하고 이를 지지할 때 통일 정책도 탄력을 받을 수 있다. 그리고 통일의 기회가 생겼을 때 정책결정자가 이를 놓치지 않고 통일로 이끌 가능성 또한 국민이 얼마나 통일을 원하는가에 영향을 받는다. 이처럼 통일 필요성에 대한 국민의 지지도는 실제 통일에 영향을 미칠 수 있는 가장 중요한 변수다.

이런 시각에서 볼 때 통일 가능성은 점차 멀어지는 것처럼 보인다. 우리 국민의 통일 지지도가 하락하고 있기 때문이다. 서울대학교 통일평화연구원의 「통일의식조사」가 시작되었던 2007년에는 "남북한 통일이 얼마나 필요하다고 생각하십니까?"에 대한 질문에 '매우 필요하다', '약간 필요하다'고 응답한 비중은 63.8%였다. 그러나 이 비중은 2021년 이후 40%대로 감소했다. 즉, 우리 국민 중 통일이 필요하다고 믿는 국민은 이제 절반이 되지 않는다. 최근 북한도 남조선 대신 대한민국이라 부르며 남북관계를 '두 국가 관계'로 규정하고 있다.

한국의 청년세대, 혹은 MZ세대의 통일 지지도는 다른 세대보다 낮다.[1] 2023년 통일평화연구원의 조사에서 19~29세 가운데 '통일이 매우 필요하다'와 '약간

---

[1] 이 책에서는 1980년대 초반부터 2000년대 초반에 출생한 세대를 MZ세대로 부르고, 이 중 30대를 M세대, 20대를 Z세대로 대략 정의한다. 각 장에서는 필요에 따라 더욱 엄밀한 정의를 사용하기도 한다.

필요하다'라고 응답한 비중의 합은 28.2%에 머물렀다. 2018년에는 이 비중이 53.6%에 달했지만 불과 수년 사이에 절반 정도 줄어든 것이다. 30대의 지지도도 2018년의 52.3%에서 2023년에는 34.0%로 감소했다. 이 기간 우리 국민 전체의 통일 필요성 지지도가 59.8%에서 43.8%로 하락한 것과 비교하면 19세에서 39세에 이르는 세대의 지지도 하락이 훨씬 컸음을 알 수 있다.

통일 지지도는 시간이 갈수록 더 떨어질 것이라는 전망이 지배적이다. 다른 세대보다 통일의 필요성을 낮게 인식하는 세대가 전체 국민에서 차지하는 비중이 시간이 갈수록 높아질 것이기 때문이다. 이런 전망의 배경에는 앞선 세대와 다른 MZ세대의 가치관과 경험이 통일의식을 결정한다는 판단이 스며 있다. 그리고 이러한 가치관과 경험은 변하지 않는다는 믿음이 깔려 있다. 1980년대 이후 태어난 MZ세대는 한국이 민주화된 이후에 학창 시절 대부분을 보냈다. 이는 1950년대부터 1970년대 초에 태어난 세대가 권위주의 정부에서 학창 시절 때 경험했던 것과 대조된다. 민주화가 많은 젊은이의 꿈이 되었던 이 세대에서는 옳고 그름이 분명하게 보였다. 또 1940년대와 그 이전에 태어난 세대는 한국전쟁과 4·19혁명을 경험했다. 이처럼 1970년대 초 이전에 태어난 세대는 자신의 일상을 벗어난 매우 큰 문제와 담론, 트라우마, 열정, 저항 등이 복합적으로 얽힌 상황을 경험했다. 그 결과 자신의 주변 여건보다 훨씬 더 큰 역사적 사건의 무게를 절감했을 것이다. 반면 MZ세대는 자신에 집중하며 삶과 사회를 조망할 수 있었다. 이런 경험과 삶을 바라보는 지점의 차이가 세대 간 가치관 차이에 영향을 미칠 수 있었을 것이다.

MZ세대, 그중에서도 1990년대 이후 출생한 이들은 한국의 1인당 국민소득이 1만 달러를 상회한 시기에 유아와 청년 시절을 보냈다. 1994년에 한국의 1인당 국민소득은 1만 달러, 2006년에는 2만 달러, 2017년에는 3만 달러를 넘어섰다. 즉, MZ세대 다수는 출생 때부터 중진국 혹은 선진국 국민이었다. 이들은 배고프던 시절을 보낸 세대, 가난하면서 낯설기도 해 외국 가면 주눅 들던 세대와는 다른 세상을 어릴 때부터 체험한 것이다. 선진 외국을 여행해도 소득의 차이가 별반 없다고 느낄뿐더러 오히려 자부심을 가질 수 있는 성취를 한국은 이루었다. 그럴수록 생활수준에서 현격한 차이를 보이는 북한과의 괴리감은 커질 것이다.

디지털 세대라는 점도 MZ세대의 특징이다. 스마트폰으로 쇼핑을 하고, 전세계 뉴스를 보고 사회를 이해한다. 온라인에서 소통하고 모임을 결성한다. 모든 것이 '손안에 있는 셈'이다. 그리고 디지털 시대의 반응은 즉각적이다. 심사숙고가 이전 세대의 덕목이었다면 MZ세대에게는 속도가 중요하다. 웬만한 일은 바로 반응하고 중요한 일도 정보를 검색해 결정을 내리는 데 많은 시간을 쓰지 않는다. 이처럼 민주주의, 선진국, 디지털 환경을 어릴 때부터 체험한 MZ세대는 다른 세대보다 자신이 중심이 되어 세계를 보고 문제를 이해하는 데 익숙하다. 멀리서부터의 시각으로 자신을 규정하기보다 자신의 시각에서 출발해 북한이나 통일과 같은 '멀리 있는 문제'를 이해하는 경향이 있는 것이다.

그러나 통일 지지도가 오히려 증가할 것이라는 주장도 가능하다. MZ세대의 통일 지지도가 불변이기보다 가변적이기 때문이다. 이들의 북한 혹은 통일의식은 북한과의 상호작용을 통해 형성될 수 있다. 특히 이들은 보편적 기준에 따른 공정을 중시한다. 선진국 시민으로 태어난 이들은 보편적 규칙의 준수를 원한다. 상대방이 이 규칙을 따른다면 그 행동과 결과를 받아들이지만 반대의 경우에는 비판하고 거부한다. 특히 보편적 규칙을 위반할 뿐 아니라 자신의 이익에 해를 끼치는 상대방은 용납하기 어렵다. 이는 같은 민족이라는 북한에 대해서도 예외가 아니다. 나이 많은 세대는 '민족'이라는 공통 분모로 북한을 '이해'하려는 반면 MZ세대는 민족 대신 보편적 규칙을 적용하는 데 익숙하다. 고연령층의 통일 지지도가 '조건 없는 민족주의'에 영향을 받는다면 MZ세대는 '조건과 규칙'을 민족 앞에 내세운다. 이처럼 자신을 선입견이나 이념에 묶어놓기보다 상황에 따라 유연하게 판단하는 거래적 관계에 익숙한 MZ세대의 가치관은 실용적이다.

이는 MZ세대의 통일 지지도가 남북관계에 따라 바뀔 수 있음을 의미한다. 즉, '북한이 하기 나름'인 것이다. 남북관계가 개선되고 북한이 남한에 대해 우호적으로 행동한다면 MZ세대의 통일 필요성 지지도는 다른 세대보다 더 크게 반등할 수도 있다. 디지털 세대의 특성상 이런 변화가 가장 빨리 반영될 수도 있다. 이렇게 볼 때 MZ세대의 통일 필요성 인식 추이는 남북관계의 악화를 반영한 것일 뿐 그들의 통일 지지도가 고착된 것은 아니라는 논지도 가능하다.

그동안 MZ세대의 통일의식을 분석한 연구는 제한적이다. 통일 인식은 주로 국민 전체 차원에서 논의되었다. 세대별, 지역별 차원에서 논의되더라도 집계적 데이터를 활용한 연구에 그쳤다. 통일을 결정하는 세대가 아마도 현세대보다 미래세대일 가능성이 큰 상황에서 MZ세대의 통일의식을 다룬 연구가 적다는 점은 큰 문제다. 이 책은 MZ세대의 통일 필요성에 대한 인식을 다양한 각도에서, 개인별 데이터까지 활용해 세밀하게 분석한다.

이 책은 다음과 같은 질문을 던진다. MZ세대의 통일의식은 어떤 특징을 가지고 있을까? 이들의 통일 필요성에 대한 지지는 변하지 않을까, 아니면 가변적인가? 가변적이라면 어떤 요인이 통일의식을 변화시키는가? 이들의 통일의식은 한국의 핵무장, 북한이탈주민, 그리고 주변국 인식 등과 어떤 관련이 있는가? 한국 청년세대의 사회 인식은 다른 나라 청년세대와 다른 독특한 현상인가, 아니면 유사한가? 이런 물음은 한반도의 미래에 매우 중요하지만 그동안 깊이 다루어지지 못했다. 이 책은 이상의 질문에 답함으로써 한국 MZ세대의 통일의식을 포괄적이며 체계적으로 다루고 있다.

이 책은 3부로 구성된다. 먼저 1부에서는 통일의식과 관련해 MZ세대의 특징을 다룬다. 김병로는 MZ세대의 대북 인식은 보수적이지만 가변적이라고 주장한다. 북한 정권을 신뢰하지 않고 북한을 경계나 적대 대상으로 보는 비중이 상대적으로 높다는 면에서는 보수적이다. 이들의 정체성은 '남한'이 아니라 '대한민국'이기 때문이다. 그러나 이들은 '말랑말랑한' 보수다. 이 세대의 대북 협력 의식은 다른 세대보다 현저히 낮다. 그러나 2018년 남북관계가 개선되었을 시기에는 20대의 대북 협력 의식이 가장 빠르게 증가했음을 볼 때 아주 유동적이다.

김성희는 MZ세대의 통일의식이 낮은 이유에 대해 고찰한다. 데이터로 세대별 가치관을 살펴본 결과, 미디어에서 묘사하는 MZ세대의 특성은 관찰되지 않는다. 즉, MZ세대의 통일의식이 낮은 이유는 이들의 정체성이 다른 세대와 다르기보다 통일로 인한 실리적 이익이 크지 않고 MZ세대가 성장해 온 국제적 환경과 남북관계에 대한 부정적 경험 때문일 가능성이 크다는 것이다. 이런 면에서 김성희의 발견은 김병로의 주장과 맥이 닿아 있다.

김지훈은 MZ세대의 정체성에 주목하면서 이들을 공동체적 이상으로부터 '도피'하는 세대로 규정한다. 민주주의와 선진국을 무의식적으로 경험해 온 세대가 디지털 환경 속에서 역으로 불평등과 양극화를 체감하며 공정 등의 규칙 재정립보다 실용적 판단에 따른 현실 '맞춤형' 전략을 세운다는 것이다. 그 결과 '나'라는 굴레를 넘어서기 어렵고, 한반도 내 타자인 '북한'을 상상하는 것은 요원하다. 이처럼 타인과 현실을 배제하는 MZ세대는 인간의 실존적 상황을 놓치는 한편 현세대가 원하는 자유와 공정으로 향하는 길이 아닌 다른 길로 들어서게 될 수 있다고 경고한다.

김범수는 「통일의식조사」 자료를 중심으로 우리 사회의 통일의식 변화 추세와 함께 20대와 30대에서 나타나는 통일의식의 특징을 종합적으로 분석한다. 먼저 이들은 통일보다 분단된 현 체제를 선호하는 경향이 있음을 보여준다. 또 통일에 대한 비관적 전망과 무관심이 확산하는 가운데 통일 필요성에 대한 의식 또한 낮아지고 있음을 보여준다.

2부는 MZ세대의 다양한 인식을 분석한다. 조현주는 '세대' 변수를 통해 한국인의 핵무기 보유에 대한 여론을 살펴본다. 핵무장 지지도에서 MZ세대는 '안보 보수층'이라 불리는 60대와 최근에는 큰 차이를 보이지 않는다. MZ세대 내에서도 20대는 30대보다 더 보수적인 인식을 보인다. 이러한 현상을 조현주는 북한의 무력도발에 대한 경험, 탈민족주의, 사회 및 경제적 경험의 차이 등을 통해 설명한다.

최은영은 MZ세대가 인식하는 북한이탈주민을 살펴본다. 20대의 경우 다문화수용성은 높지만 북한이탈주민에 대한 친근감은 낮은 현상에 주목한다. 이는 북한이탈주민을 동포라기보다 다문화가정으로 인식하는 가운데 이들을 다른 다문화가정과 달리 남한의 사회안전망에 무임승차하는 집단이라고 믿기 때문이다. 그러나 민족주의와 이념으로 북한을 바라보는 시각이 고착된 기성세대와 달리 MZ세대는 북한이탈주민과의 '질' 좋은 접촉을 통해 이들에 대한 공감과 이해 폭을 넓혀갈 수 있을 것으로 기대한다.

이문영은 한국 MZ세대의 주변국(북·미·중·일) 인식을 다루면서 20대와 30대의 차이에 주목한다. 그에 따르면 20대는 기성세대보다 미국을 더 좋아하고, 일본은 훨씬 더 좋아하며, 북한을 더 싫어하고, 중국은 훨씬 더 싫어한다면, 30대는 기성세대와 유사하거나 20대와 기성세대 중간에 위치한다. 따라서 세대론에 내재된 과도한 일반화나 동질화의 강요를 경계한다. 또 한중(일) 청년세대 간 갈등 역시 차이가 아닌 유사성(세계화 시대 고유의 '불안형 내셔널리즘')에 기인하므로 이를 청년세대 사이 연대의 근거로 삼을 것을 제안한다.

3부는 청년세대를 국제적으로 비교한다. 먼저 김택빈은 한국과 북한의 MZ세대를 비교한다. 북한의 MZ세대는 시장화와 한류의 교차점에 선 세대라 할 수 있다. 급속히 확대된 시장화, 북한에 만연한 한류 문화를 경험하며 성장한 북한 MZ세대는 현실주의적, 개인주의적, 물질중심적 가치관을 지닌 세대다. 또 이들은 한국의 MZ세대보다 통일에 훨씬 우호적이다. 한류에 영향을 받은 이들에게 통일의 편익도 확실하게 제시된다면 통일에 대해 더 전향적인 태도를 가질 것으로 전망한다.

김학재는 독일에서의 세대별 통일 인식을 다룬다. 그에 따르면 독일에서도 통일, 경제, 평화에 대한 여론의 우선순위가 바뀌는 경향이 있었다. 그리고 1990년대 통일 과정에서는 통일 편익, 부담, 정체성에 대해 젊은 세대의 긍정적 인식이 낮았지만, 2010년대 이후에는 오히려 이 세대가 통일 결과를 더욱 긍정적으로 인식했다. 청년세대의 통일 과정에 관여도를 높이기 위해서는 이들의 사회경제적 취약성을 완화하고 민주적 정책 결정 과정에 대한 참여를 높일 방안을 마련해야 한다고 주장한다.

오승희는 일본 MZ세대의 한반도 인식을 살펴본다. 일본의 청년세대는 기성세대보다 한국을 긍정적으로 인식한다. 자유민주주의이면서 선진국의 젊은 세대라는 점에서 일본 청년세대와 한국 MZ세대의 인식은 여러 면에서 공통적이다. 반면 북한은 중요한 '안보 위협'으로 인식한다. 그러나 기성세대와 달리 납치 문제나 국교 정상화에 대한 관심은 낮다. 이보다 자신의 문제, 즉 버블 붕괴이후 저성장기, '잃어버린' 시대에 적응하며 살아온 일본의 MZ세대는 과거의 전쟁보다는 현재 진행 중인 전쟁과 위협, 재난으로부터 생존할 적응 방안을 마련하는 것이 중요하다.

백지운은 대만 2030세대의 사고와 감각이 그동안 대만 정치에 통용되어 온 남/록, 국민당/민진당, 통일/독립과 같은 이분법적 문법으로 파악하기 어렵다고 말한다. 이들은 기성세대보다 더 강한 대만인 정체성과 반중 정서를 지녔지만, 그것이 바로 양안 문제에 대한 선택으로 이어지는 것은 아니다. 민진당-국민당이라는 양당 체제에 피로감을 강하게 지니고 있으며 독립-통일, 친미-친중이라는 정치적 이슈에 대해서도 한층 실리적이고 전략적인 선택을 한다.

이 책은 2022년도 서울대학교 통일평화연구원의 재원으로 통일·평화기반구축사업의 지원을 받아 수행된 결과물이다. 2022년 상반기에 구상되었고 2022년 하반기부터 2024년 초까지 연구가 진행되었다. 연구 과정에서 일본 리쓰메이칸대학(立命館大学)와 부산대학교에서 열린 두 번의 세미나에서 다수 참여자로부터 매우 유익한 조언을 받았다. 이 세미나를 서울대학교 통일평화연구원과 공동 주최한 리쓰메이칸대학 동아시아평화협력센터 소장 나카토 사치오(中戸祐夫) 교수와 부산대학교 통일한국연구원장 김기섭 교수를 비롯한 세미나 참여자들께 감사드린다. 그리고 원고 교정과 연구 지원을 탁월하게 수행한 신인석, 김민지 연구원, 원만한 행정 지원으로 연구를 잘 도와준 행정실의 장미숙 실장과 이정희, 권선혜 직원에게 사의를 표한다. 이 의미 있는 연구를 보람으로 진행한 동료 집필자들과 출간의 기쁨을 함께 나누고 싶다.

제1부

MZ세대의 특성

제1장

MZ세대 북한 인식의 가변적 보수성

김병로(서울대학교 통일평화연구원 HK부교수)

1. 문제 제기

최근 'MZ세대'로 불리는 한국 청년세대의 사회적·정치적 성향에 대한 관심이 높다. 세계적 금융위기와 취업난 등으로 경제적으로 어려운 시대를 맞아 취업이나 자립이 쉽지 않고 경쟁이 치열해지면서 연애나 결혼, 출산을 포기하는 경향이 늘고 미래에 대한 희망보다 현실에 충실하는 성향을 보인다. 그런가 하면 정보화가 가속화되는 상황 속에서 청년세대는 모바일과 SNS 등 디지털 기기를 통해 새로운 방식으로 소통하는 생활을 보편화함으로써 대면 접촉을 위주로 한 기성세대와 달리 개인주의와 자기중심의 사고가 강하다.

정치에 대해서도 MZ세대는 기성세대와는 다른 태도를 보인다. 일반적으로 젊은 층은 기성세대 중심으로 구조화된 사회질서와 가치에 도전하는 개혁적이며 진보적인 정치 성향을 갖고 있다. 역사적으로 권위주의 정치 질서의 타파와 혁신을 이끌어낸 민주화운동이 청년학생 집단을 중심으로 전개된 것도 젊은 층의 진보적·개혁적 정치 성향을 보여준다. 한국의 MZ세대도 다른 연령층에 비해 기존 질서에 대한 태도에서 진보적 정치 성향을 갖고 있음은 다르지 않다.

진보적 정치 성향은 안보 이슈에 대해서도 기존 질서를 타파하고 변화와 개혁을 추구하는 태도로 이어진다. 특히 한국 사회에서 핵심적인 안보 이슈인 북한과의 대화와 교류에 대해 기존의 분단 질서를 옹호하는 보수보다 지지하는 긍정적 태도를 보인다. 북한과의 교류·협력을 통해 분단을 극복하고 통일과 같은 새로운 변화를 추구해야 한다는 변혁적 가치를 추구하기 때문일 것이다. 젊은 세대가 진보적 정치 성향을 갖고 있다면, 이러한 성향은 북한·통일에 대한 호의적·긍정적 태도로 이어질 수도 있다.

하지만 흥미롭게도 그러한 논리적 추론과 달리 한국의 MZ세대는 정치적 진보를 표방하면서도 북한·통일 인식에서만은 보수와 유사한 의식을 표출하는 특성을 보인다. 즉, MZ세대는 남북관계나 북한을 바라보는 인식에서는 대체로 비판적이고 부정적이며, 통일 문제에 대해서도 관심을 보이지 않거나 오히려 반대하는 특징을 보인다. 한마디로 포괄하기는 어렵지만 정치적 기준으로 보면 '보수'와 유사한 태도를 갖는 것이다. 이러한 보수와의 친화력을 바탕으로 보수세력은 청년세대를 핵심 지지층으로 끌어올리기 위해 적극적인 행보를 하고 있다. 박근혜 정부에서 정치를 시작한 청년 이준석이 2021년 6월 국민의힘 당대표에 선출된 것은 MZ세대의 정치적 경향성을 보여주는 단적인 예라 할 수 있다.

MZ세대가 북한을 어떤 시각과 태도로 바라보는지, 그것이 과거와는 어떻게 달라졌는지 살펴보는 것은 통일과 대북 정책을 준비하는 한국의 미래에 시사하는 바가 크다. 청년세대는 생애주기에서 정치적 세계관이 형성되는 중요한 시기이며 10대 후반과 20대 초반에 형성된 정치 성향과 세계관은 생애의 전 기간 동안 지속될 가능성이 크기 때문이다. 이 시기에 형성된 태도와 가치관은 이후 생애주기에서 오랫동안 영향을 미치며 개인의 정치사회 의식을 지배한다는 점에서 MZ세대의 북한 인식은 앞으로 상당 기간 그 흐름이 지속될 수 있다.

이런 점에서 북한을 바라보는 MZ세대의 태도와 인식을 면밀히 분석해 볼 필요가 있다. 젊은 세대가 다른 이슈에서는 진보적 시각을 갖고 있으면서도 북한 문제에 대해서는 유독 보수적 태도를 보이는 이유는 무엇일까? 이러한 질문에 답하고자 이 글에서는 MZ세대 보수적 북한 인식의 특징을 어떻게 이해해야 할 것인지, 그러한 흐름은 언제부터 형성되었으며 MZ세대 대북 인식에 영향을 미치는 요인은 무엇인지 살펴보고자 한다.

2. 세대와 이념

1) 진보-보수의 구분

우리사회에서 진보와 보수의 이념을 가진 사람들은 어느 정도 될까? 서울대학교 통일평화연구원의 「2022 통일의식조사」에 따르면, 2022년 7월 현재 한국 사회의 이념 지형을 구성원들이 주관적으로 드러내는 입장을 기준으로 살펴볼 때, 매우 진보적 4.8%, 약간 진보적 25.8%, 중도 46.4%, 약간 보수적 19.2%, 매우 보수적 3.8% 등으로 나타난다(김범수 외, 2022.12.26: 374). 진보 30.6%, 중도 46.4%, 보수 22.9%의 지형을 형성하고 있다. 구성원들의 주관적 평가를 기준으로 한국 사회는 중도가 국민의 절반인 50%를 차지하고 나머지 절반 중 약 30%가 진보, 20%가 보수로 각각 구성된다. 기존에 진보와 보수가 각각 25%의 비중으로 구성되어 있던 지형에서 2016년 촛불집회 이후 진보가 34%까지 늘어나고 보수는 18% 정도로 축소되는 진보로의 쏠림 현상이 진행되었다. 천안함 사건이 발생한 2010년에도 천안함에 관한 정치적 논란이 야기되면서 보수정권 하에서 진보가 30% 넘게 확장된 예가 있다.

이러한 진보-보수의 구분은 응답자들이 주관적으로 판단한 기준에 따른 것이다. 일반적으로 좌와 우(left-right) 개념은 프랑스 혁명의 전통에 따라 초기 사회주의, 자본주의를 구성하던 경제 체제 내지 경제적 가치 배분과 관련한 의미로 사용되었다. 평등과 효율, 국가와 시장, 분배와 성장, 자본과 노동 등에 대해 어떤 입장을 취하느냐에 따라 좌와 우를 구분한 것이다. 한국 사회의 진보와 보수가 서구의 좌-우파가 추구하는 이념과 완전히 일치한다고 말할 수는 없지만 큰 맥락에서는 대체로 유사하다고 볼 수 있다.

그러나 한국 사회에서 진보와 보수를 구분하는 기준은 한국적 특수성이 개재되어 있다. 좌파와 우파 같은 전통적인 경제적 요인에 의한 구분보다는 국가보안법이나 대북지원 등 외교·안보적 요인이 더 밀접한 관련을 지니기 때문이다. 강원택의 분석에 의하면 한국에서 보수와 진보를 가르는 기준은 크게 두 가지로 압축된다(강원택, 2005: 193~217). 하나는 반공이데올로기의 수용-거부 여부다. 보수는 반공이데올로기를 적극적으로 수용하는 반면, 진보는 반공이데올로기를 거부한다. 다른 하나는 자유주의-권위의 패러다임이다. 보수는 권위와 질서를 강조하는 반면, 진보는 자유주의를 강조한다. 자유주의-권위에 대한 태도로 진보와 보수를 가르는 특징은 서구 일반이 보이는 현상으로서 한국에서도 동일하게 적용된다. 그러나 공산주의와 관련한 입장과 태도는 한국적 이념이 갖고 있는 특수성이라 할 수 있다.

위에서 응답자들이 스스로를 진보-보수로 규정할 때에는 여러 이유가 있을 터이나 기존 선행 연구를 바탕으로 볼 때 반공이데올로기나 권위주의-자유 패러다임 안에서 자신의 입장을 표명했을 가능성이 높다. 즉, 자신을 진보나 보수로 표명한 각각의 집단은 반공, 권위주의, 질서 등의 가치에 대해 어느 정도 확고한 의식과 태도가 형성되어 있을 것으로 판단된다. 반면, 중도라고 표현한 50%의 사람들은 반공이나 권위, 질서 등의 가치에 대해 중립을 지키겠다는 확고부동한 의지를 피력했다기보다 그에 대한 태도와 입장이 애매하거나 유동적이어서 중도로 표현했을 가능성이 더 크다. 따라서 실제 이념 갈등이 발생하는 현장에서는 이슈에 따라 중도의 입장은 진보나 보수로 쏠리게 되고, 그 결과는 첨예한 이념 대립과 갈등으로 표출된다.

진보-보수의 정치 성향은 사회경제적 변수에 따라 차이를 나타낸다. 즉, 젊은 세대일수록 진보적이며 연령층이 높을수록 자신을 보수적이라고 생각하는 경향이 강하다. 남자가 여자보다 더 진보적 의식이 강하며, 교육수준과 소득수준이 높을수록 진보적이라는 의식이 강하고, 화이트칼라는 자영업이나 블루칼라, 농축산업 종사자보다 진보적 의식이 강하다. 이러한 사회인구학적 변수에 따라 정치이념 성향은 이념 지형의 변화에도 불구하고 큰 변화 없이 일관적 패턴을 유지했다(통일평화연구원, 2022.12.26: 374).

2) 세대와 이념, 그리고 북한 인식

한국 사회의 이념 지형을 진보-중도-보수로 나눌 때, 젊은 세대일수록 자신을 진보적이라고 생각하는 경향이 강하다. 〈표 1-1〉과 같이 2022년의 경우 20~40대에서 자신을 진보라 생각하는 사람은 36~39%인 반면, 보수라고 생각하는 사람은 10~11%에 불과하다. 반면 60대 이상에서는 진보라 생각하는 비율이 16.8%에 불과하며 48.5%가 자신을 보수라고 규정했다. 2021년에는 연령별 정치 성향이 더 뚜렷한 일관성을 보였다. 자신을 진보로 간주하는 사람이 20대에는 35.2%로 가장 높고, 30대 32.9%, 40대 29.7%, 50대 22.4%, 60대 이상 17.3%로 연령이 높아질수록 진보적 정치 성향은 뚜렷이 감소한다. 반대로 자신을 보수로 생각하는 사람은 20대에 14.1%, 30대 14.8%, 40대 31.4%인 반면, 50대 31.4%, 60대 이상 46.4%로 연령이 높아질수록 보수적 정치의식이 강해짐이 통계적으로 확인된다.

이러한 이념적 정치 성향은 통일·북한 인식과 통계적으로 유의미하게 관련되는 것으로 분석된다. 즉, 진보 성향의 사람들은 통일을 더 찬성하며 북한에 대해서도 긍정적·호의적 인식을 지닌 반면, 보수 성향의 사람들은 통일에 덜 적극적이며 북한에 대해서도 부정적·비판적 의식을 지닌다. 2022년 7월 조사에

〈표 1-1〉 세대별 진보-보수 집단의 비율: 2022년(단위: %)

	20대	30대	40대	50대	60대 이상	응답자 전체 평균
진보	36.4	38.8	39.3	25.8	16.8	30.6
보수	11.4	10.3	10.0	27.2	48.5	22.9

서 북한을 '우리와 힘을 합쳐 협력해야 할 대상'으로 보는 사람 가운데 진보는 53.2%, 중도는 50.4%인 반면, 보수는 36.4%에 불과했다. 반대로 북한을 경계 대상으로 보는 비율의 경우 진보는 12.6%, 중도는 16.7%인 데 비해 보수는 26.5%로 많았으며, '적대 대상'으로 보는 견해도 진보는 11.1%, 중도는 12.7%인 데 비해 보수는 18.8%로 많았다. 대체로 진보 집단은 북한을 협력 대상으로 보는 경향이 강하고 보수 집단은 북한을 경계 대상이나 적으로 인식하는 경향이 강함을 알 수 있다.

특히 북한 '정권'에 대해서는 이념 성향에 따라 의식의 차이가 더 뚜렷하다. 진보 집단은 북한 정권을 대화와 타협이 가능한 상대로 인정하는 반면, 보수 집단은 북한 정권과 대화와 타협이 불가능하다고 인식하는 경향이 높다. 2022년의 경우, 진보는 38.4%가 북한 정권과 통일 문제로 대화와 타협이 가능하다고 응답한 반면, 보수는 23.2%만이 '그렇다'고 응답했다. 남북정상회담이 개최된 바로 다음 해인 2019년에는 그 격차가 더 확연했다. 진보의 64.7%가 북한 정권과 대화·타협이 가능하다고 응답한 반면, 보수는 34.4%만이 '그렇다'고 응답해 그 격차가 무려 30%p나 되었다. 이뿐만 아니라 정치적 중도성향의 집단은 진보와 보수의 중간에 위치하여 정치 성향과 대북 인식은 밀접한 상관관계가 있음이 확인된다.

이상의 논의를 연결해 보면 20~30대 젊은 층은 진보적 성향을 갖고 있고, 진보적 성향의 집단은 북한과 통일에 대해 긍정적·우호적 태도를 갖고 있기 때문에 MZ세대라 불리는 젊은 층은 북한·통일에 긍정적·우호적 태도를 지녔을 것으로 추론할 수 있다. 하지만 서론에서 문제 제기를 했듯이 최근의 MZ세대는 오히려 이와 반대의 태도를 보인다. 즉, 북한을 불신하고 비판적 태도를 취하며 통일에 대해서도 긍정적이지 않다. 아래에서는 구체적으로 MZ세대의 대북 인식을 좀 더 구체적으로 살펴보고, 그 배경에 대해 짚어본다.

3. MZ세대의 북한 인식 지형도

1) 북한의 실체 인식

북한을 추상적 차원에서 어떻게 인식하는가를 보기 위해 5개의 범주로 구분했다. "북한은 우리에게 어떤 대상인가?"라는 질문에 대해 '우리와 힘을 합쳐 협력해야 할 대상'(협력 대상), '우리가 도와주어야 할 지원 대상'(지원 대상), '우리와 선의의 경쟁을 하는 대상'(경쟁 대상), '우리가 경계해야 할 대상'(경계 대상), '우리의 안전을 위협하는 적대 대상'(적대 대상)의 5개 범주로 나누어 응답하도록 했다. 2022년 조사 결과 '협력 대상'이라는 응답이 전체 응답자의 47.9%로 가장 많았고, '경계 대상'이라는 응답이 17.7%, '지원 대상' 15.6%, '적대 대상' 13.6%, '경쟁 대상' 5.2%의 순으로 나왔다.

연령별로 보면, 20~30대는 북한을 '협력 대상'으로 보는 인식이 평균보다 낮고 '경계 대상'이나 '적대 대상'에서는 평균보다 높은 것을 볼 수 있다. 2022년의 경우 북한 '협력 대상' 인식에서 20대가 41.9%로 가장 낮고 30대 44.0%, 40대 51.2%, 50대 49.8%, 60대 이상 49.1% 등으로 나타나 2030세대가 다른 세대보다 북한을 '협력 대상'으로 인식하는 비율이 낮았다. 반면 '적대 대상'에서 30대는 17.9%로 높게 나왔으며, 20대는 30·40대보다는 낮았지만 50대나 60대 이상보다는 높았다. 2022년에는 예외적으로 연령별 차이가 확연하지 않았는데 2021년까지는 비교적 뚜렷한 차이가 있는 것으로 조사되었다. 2021년을 보면 20대의 '협력 대상' 인식이 37.6%로 현저히 낮았고, 가장 저조했던 60대(48.5%)보다도 10%p 이상 낮을 정도로 다른 연령층에 비해 매우 낮았다. 2016년과 2020년, 2021년, 2022년에 20대 연령층이 대북 협력 인식에서 가장 낮은 수치를 기록했다.

시계열로 살펴보면, 20·30대 연령층의 대북 '협력 대상' 인식이 대체로 가장 낮은 수준에 머물러 있으나 남북정상회담이 개최된 2018년에 가장 높은 수준으

〈표 1-2〉 연령별 대북 인식의 교차분석: 2022년(단위: %)

	지원 대상	협력 대상	경쟁 대상	경계 대상	적대 대상
20대	15.8	41.9	6.5	22.3	13.5
30대	14.0	44.0	3.9	20.3	17.9
40대	15.7	51.2	6.2	12.8	14.0
50대	17.5	49.8	5.1	17.1	10.5
60대 이상	14.7	49.1	4.7	19.7	11.8
전체	15.6	47.5	5.3	18.3	13.3

로 상승했음을 알 수 있다. 2018년 남북정상회담을 전후로 하여 평창동계올림픽 북한 선수단 참가, 남북 예술단 교환공연, 4.27 판문점선언 등 남북 대화와 교류가 활기를 띠었고, 미디어를 통해 김정은 위원장과 부인 리설주의 모습과 대화 장면이 방영됨으로써 북한에 대한 호감이 전 연령층에서 전반적으로 높아졌다. 그중에서도 20·30대의 북한 호감도는 이전에 비해 급등했다. 40대와 50대도 북한 '협력 대상' 인식이 각각 55.0%, 55.6%로 상승했으나 2030세대는 각각 56.4%, 57.3%로 높아졌고 60대 이상(48.9%)에 비해서 매우 높았다. 정상회담 이전 2030세대의 비판적 대북 인식을 고려하면 2018년 남북정상회담에 가장 민감하게 반응한 연령층이 바로 2030세대였다.

2018년에 반짝 상승했던 20·30대의 대북 협력 의식은 2019년 이후 다시 급락해 예년의 추세로 회귀했다. 2019년 2월 하노이 북미회담이 결렬되면서 북미관계와 남북관계가 다시 냉각된 데 큰 타격을 받은 것이다. 그 결과 2018년 남북정상회담 국면에서 남북화해 분위기에 영향을 받아 대폭 낮아졌던 대북 '적대 의식'이 2019년에 곧바로 상승했고, MZ세대는 14~15%의 '적대 대상' 인식 수준을 유지했다. 시계열로 보면 20대의 북한 '적대 대상' 인식은 2011년 천안함 사건 이후 급증했다. 2011년에 13.5% → 26.0%로 대폭 상승한 후 14.5%(2012), 20.0%(2013), 19.7%(2015), 17.7%(2016), 17.4%(2017)로 다른 세대보다 매우 높은 대북 적대 의식을 기록했다. MZ세대의 대북 적대 의식은 2018년에 10.3%로 낮아졌다가 2019년 15.5%로 60대(9.2%)보다 더 높게 상승해 이후 높은 수준을 유지하고 있다.

여기서 MZ세대 대북 인식의 가변적 보수성의 단면이 포착된다. 2018년 개최된 남북정상회담에 가장 큰 영향을 받은 연령층이 2030세대이고, 또 2019년 2월 하노이 북미회담 결렬로 남북관계가 경색되면서 그 상황에 가장 큰 영향을 받은 연령층도 2030세대임을 알 수 있다. 대북 적대 의식의 경우, 2018년과 2019년 사이에 다른 연령층에서는 30대 10.3% → 10.1%, 40대 9.1% → 8.1%, 50대 10.7% → 11.3%, 60대 11.4% → 9.2%로 등으로 남북관계 악화에 따른 변화가 즉각 나타나지 않은 데 비해, 20대에서는 10.3% → 15.5%로 즉각적인 적대 반응이 나타났다. 남북정상회담이 개최된 2018년에 가장 높은 대북 협력 의식을 형성하고 있던 MZ세대는 이후 남북관계가 경색되면서 북한 의식도 비판적·부정적으로 돌아섰다. 특히 20대 연령층인 Z세대는 2018년 이후 가장 빠르게 대북 협력 의식을 철회했다. 56.4%(2018) → 37.6%(2021)로 거의 20%p가 감소했다. 남북관계의 환경변화에 가장 민감하게 반응하며 가변적 의식 변화를 보이는 집단이 Z세대 연령층임을 짐작할 수 있다. 2000년대 후반 이후 지속된 MZ세대의 비판적·부정적 대북 인식이 2018년에 획기적으로 전환되었고, 그러다 다시 2019년 이후 가장 비판적·부정적 인식으로 회귀했다.

그런데 최근 몇 년 사이에 20대와 30대 간에 최근 10여 년과 약간은 다른 흐름이 발견된다. 20대의 대북 적대 의식이 소폭 하락하면서 30대의 대북 적대 의식이 20대를 추월하는 다소 예외적인 분위기가 형성되었다. 전 연령층에서 대북 적대 의식이 상승한 것과는 다른 흐름이다. 대북 협력 의식에서도 20대에서는 37.6% → 42.9%로 높아졌는데 30대에서는 50.3% → 45.9%로 낮아졌다. 20대의 대북 협력 의식은 37.6% → 42.9%로 높아진 반면, 30대는 50.3% → 45.9%로 하락하고, 대북 정권 신뢰도에서도 20대는 24.6% → 29.3%로 증가한 반면, 30대는 29.3% → 25.2%로 하락했다. 북한발 안보 불안 의식은 20대에서 60.4% → 60.1%로 큰 변화가 없는 반면 30대는 57.2% → 60.2%로 높아졌다.

M세대가 Z세대보다 북한에 대해 협력 의식이 낮아지고 북한 정권에 대한 신뢰도 낮으며, 북한발 안보 불안을 더 느끼는 비판적·부정적 태도로 바뀌었다. 즉, 대북 인식에 관한 한 Z세대보다 M세대에서 더 보수적 경향이 발견된다.

이러한 최근 흐름으로 볼 때 대북 인식에서 20대와 30대 사이에서도 분화가 발생하고 있는 것은 아닌가 판단된다. 10여 년 전 '20대의 보수화' 가설이 통용되었는데 이 세대가 30대로 진입하면서 기존에 유력한 명제였던 '20대의 보수화' 현상이 '30대의 보수화'로 옮겨가고 있는 것인지, 앞으로 이러한 추세가 어떻게 진전될 것인지 예의 주시할 필요가 있다. 이런 현상이 하나의 추세로 자리를 잡는다면 20대와 30대와의 차이가 확연하게 나누어지면서 M세대와 Z세대로 분리되는 경향으로 발전할 가능성도 존재한다. 이는 2006년 이후 보수적 통일의식을 견인했던 M세대(1980년대생)가 30대로 진입하면서 새로 20대에 진입한 Z세대(1990년대생)가 M세대와는 다른 새로운 대북 의식을 형성했기 때문일수 있다.

2) 북한 정권 신뢰도

북한이라는 일반적 대상과는 달리 '정권'이라는 정치적 실체를 바라보는 국민들의 인식은 조금 다를 것으로 생각되어 '북한 정권'에 대한 의견을 물어보았다. "통일을 함께 논의할 상대로 북한 정권이 대화와 타협이 가능한 상대라고 생각하는가?"라는 질문에 대화와 타협이 '가능하다'는 응답이 2021년과 2022년에 동일한 32.9%를 기록했다. 2018년 54.7%로 북한 정권 신뢰도가 대폭 상승한 후 2019년 51.6%를 유지했으나, 2020년에 33.7%로 낮아졌고 그 기조가 2022년까지 그대로 유지되었다.

〈그림 1-1〉에서 볼 수 있는 바와 같이 북한 정권 신뢰도에 대한 연령별 차이는 뚜렷했다. 2022년 조사에서 60대가 38.5%로 가장 높고 50대(34.8%) > 40대 (34.4%) > 20대(29.3%) > 30대(25.2%)의 순으로 40~60대에서 높고, 20~30대에

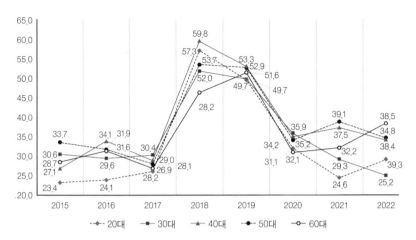

〈그림 1-1〉 연령별 북한 정권 신뢰도: 2015~2022년(단위: %)

서 낮은 신뢰도를 보였다. 2021년 조사에서도 북한 정권과 대화가 가능하지 않다고 보는 부정적 의견에 20대가 75.4%로 가장 높고 30대(70.4%) > 60대 이상(67.8%) > 40대(62.5%) > 50대(60.9%)의 순으로 나타났다. 예상한 것과 같이 북한 정권에 대해서도 MZ세대는 다른 연령층에 비해 불신하는 경향이 높았다. 통일을 논의할 상대로 북한 정권을 신뢰하지 않은 것이다. MZ세대가 다른 세대보다 자신들이 더 진보적이라고 생각하면서도 북한과 관련한 태도에서는 더 부정적·비판적 의식을 갖고 있다는 점에서 북한 인식에서 'MZ세대의 보수화'라는 평가가 일리가 있는 것으로 생각된다.

여기에서도 MZ세대 의식의 가변성을 발견할 수 있다. 〈그림 1-1〉에서 보는 바와 같이 20대 연령층은 2015년 이후 줄곧 북한 정권에 대해 가장 낮은 신뢰도를 보여왔다. 그런데 남북정상회담이 개최된 2018년에는 40대(59.8%) 다음으로 높은 57.3%를 기록했고 그다음이 50대(53.7%), 30대(52.0%), 60대(46.5%)의 순이었다. 2018년에 가장 높았던 대북 신뢰도는 남북관계가 경색된 2019년 2월 이후 다시 가장 낮은 수치로 떨어졌다. 남북관계의 상황 변화에 20대는 가장 민감하게 반응하며 등락을 거듭했다.

대북 정권 신뢰도에서도 최근 20대와 30대의 예외적인 흐름이 발견된다. 2022년을 보면 60대의 약진과 함께 20대와 30대의 의식이 뒤바뀌는 현상이 나타났다. 북한 정권에 대한 신뢰도에서 30대는 줄곧 20대보다 높은 수준을 유지했는데, 2022년 30대의 북한 정권 신뢰도가 20대보다 낮아져 30대 사이로 북한 정권에 대한 불신이 가장 크게 자리 잡았다. 이러한 현상이 일시적인 것인지 아니면 앞에서 살펴본 바와 같이 최근 MZ세대 내의 분화 현상이 진행된 것인지 앞으로 주시해 볼 필요가 있다.

3) 북한발 안보 위협

북한발 안보 위협의 하나로 북한 핵무기에 대해 얼마나 위협을 느끼는가를 살펴보자. 2022년의 경우 북한 핵무기 보유에 대해 '매우 위협을 느낀다' 26.1%, '다소 위협을 느낀다' 55.1%로 전체적으로 위협을 느낀 사람들이 81.2%로서 높게 나타났다. 2021년의 82.9%보다 소폭 낮아졌으나 예년과 비교하면 매우 높은 수준이다. 히로시마, 나가사키에 투하된 원자폭탄 위력을 알고 있는 한국인들에게 북한 핵보유 위협은 임계점을 넘어선 상황으로 보이며 매우 높은 안보 위협으로 인식된다.

통계적으로 의미 있는 연령별 차이는 없었으나 핵무기 위협에 대해서는 젊은 세대가 기성세대에 비해 위협을 덜 느끼는 것으로 나타났다. 20대 77.4%, 30대 79.6%로, MZ세대는 70%대인 반면, 40대 83.5%, 50대 81.8%, 60대 이상 82.9%로 40대 이상의 세대는 80%대를 기록했다. 젊은 세대가 기성세대에 비해 북한의 핵보유 위협을 덜 느끼는 이유는 핵무기 위력에 대한 역사적 경험이 다르기 때문으로 보인다. 일제식민통치를 더 강렬하게 기억하는 기성세대는 강고했던 일본이 무조건 항복을 했던 이유가 히로시마와 나가사키에 투하된 핵폭탄의 위력임을 익히 알고 있는 반면, MZ세대는 그러한 경험과 기억이 다른 데서 오는 차이가 아닐까 생각된다.

북한 인권 상황의 심각성에 대해서는 30대 이상에서 81.1%(30대), 84.9%(40대), 83.3%(50대), 83.0%(60대 이상)인 데 비해, 20대는 76.2%로 차이가 났다. 추론컨대 20대 연령층은 북한 인권에 대한 정보를 아직 많이 접하지 않았기 때문에 북한 인권 상황을 덜 심각하게 생각하는 것 같다. 20대 연령층은 2018년 남북정상회담과 남북문화교류에 상대적으로 더 많은 영향을 받은 결과일 가능성도 있다.

북한발 안보 위협의 또 다른 측면으로 북한의 무력도발 가능성을 어떻게 인식하는가를 살펴보았으나, 여기에서도 연령별 무력도발 가능성 인식의 차이는 통계적으로 유의미하지 않았다. 북한 무력도발 가능성 인식에서도 젊은 층이 대체로 그 위험을 높게 보았는데, 최근 무력도발 가능성 인식이 전반적으로 상승하며 연령집단 간 의식이 수렴됨으로써 통계적으로 유의미한 차이는 드러나지 않은 것으로 보인다.

북한의 실체 인식이나 정권 신뢰도와는 달리 북한발 안보 위협에 대해서는 젊은 층이 기성세대에 비해 덜 위협적인 것으로 인식함을 알 수 있다. 즉, MZ세대가 북핵에 대해 위협감을 덜 느끼며, 북한의 무력도발에 대해서도 가능성을 낮게 인식하고, 북한 인권 상황에 대해서도 기성세대보다 그 심각성을 덜 느끼는 것으로 분석되었다. 안보 위협이 매우 높은 상황에서 연령별 차이가 수렴되어 차이가 통계적으로 의미 있게 나오지 않은 측면도 있으나, MZ세대가 북한의 안보 위협이나 인권 문제에 대해 덜 민감하게 느끼기 때문이기도 한 것으로 평가된다.

4. MZ세대의 보수적 북한 인식 형성 배경

앞서 살펴본 MZ세대의 보수적 대북 인식은 청년학생 집단이 민주화운동과 통일운동에 주도적으로 참여했던 과거 1980~1990년대와는 전혀 다른 흐름이다. 1970년대 이후 민주화 과정에서 청년학생 집단은 권위주의 정치 질서에 저항하며 개혁을 주도했던 한국 사회의 대표적 진보세력이었다. 그러한 정치적 환경에서 기성세대는 보수로, 젊은 세대는 진보라는 인식이 보편적인 정치의식으로 받아들여졌다.

이러한 흐름은 1990년대 탈냉전 환경에서 북한 및 대북 교류에 대한 관심과 열망이 고조되었고 2000년대 전반까지도 지속되어, 20~30대 젊은 연령층에서 북한을 '협력 대상'으로 인식하는 비율이 다른 연령층에 비해 압도적으로 높았다. 2003년의 경우, 북한을 '협력 대상'으로 응답한 비율이 20대, 30대, 40대에서 각각 45.3%, 45.5%, 35.7%로 높았으나, 50대와 60대에서는 29.4%, 24.9%로 낮았다. 반면, '경계 대상'이라는 응답은 20대, 30대, 40대가 각각 28.2%, 25.3%, 31.6%인 데 비해, 50대와 60대는 각각 39.9%, 36.5%로 높았다. 대체로 연령이 낮을수록 북한을 '협력 대상'으로 인식하고 있으며, 연령이 높을수록 '경계 대상', '적대 대상'으로 인식하는 비율이 높게 나타났다. 특히 2003년부터 2005년까지는 2년이라는 짧은 기간 동안에도 20대와 40대는 대북 '협력 대상' 인식이 11.2%p, 10.2%p가 각각 증가했고, 30대와 50대는 각각 8.6%p, 7.0%p가 증가했다(김병로, 2006.5.18). 반면, 60대 이상에서는 대북 '협력 대상' 인식이 2.0%p밖에 증가하지 않았다.

청년층의 대북 협력 의식이 높았던 것은 세계적 탈사회주의 혁명이 진행되는 과정에서 청년층이 가장 민감한 영향을 받았기 때문으로 보인다. 1990년대 탈냉전 분위기에서 청년학생들의 북한에 대한 관심이 폭발적으로 증가했고 2000년 남북정상회담을 계기로 직접적인 남북왕래와 교류가 증대하면서 냉전적 북한 인식이 젊은 층에서 가장 먼저 달라진 것이다. 분단 이후 55년 만에 처음으로 남북의 지도자가 공식 회담을 하고 평양을 방문하는 장면은 많은 남한 국민들에게 큰 충격을 주었다. 특히 젊은 층 입장에서는 전혀 새로운 남북관계가 전개되고 교류협력이 봇물 터지듯 진행되는 가운데, 냉전기 북한을 바라보던 적대적 인식에서 탈피하여 북한을 협력과 교류의 대상으로 바라보기 시작한 것이다.

주변국과 비교한 상대적 선호도에서도 북한에 대한 호감도가 크게 높아졌다. 2005년의 조사에 의하면, 20·30대의 경우 북한 호감도(38.3%, 39.3%)가 미국 호감도(33.5%, 36.4%)보다 높을 정도로 북한에 대한 선호도는 열광적이었다. 그 배경에는 월드컵 4강에 대한 자긍심과 효순·미선 사건으로 인한 반미감정의 촉발, 그리고 제2차 북핵 위기와 이라크전쟁으로 이어지는 국내외 정세 속에서 전반적으로 미국에 대한 비판 감정이 고조되었기 때문이기도 하다.

이러한 경향은 2006년과 2007년 즈음부터 완전히 달라졌다. 그 시점에 정확히 언제부터인가를 단언하기 어렵지만 2005년과 2007년 사이의 조사에서 기존 흐름에 반전이 형성되었다. 서울대학교 통일평화연구원의 2007년 조사를 보면 2년 사이 북한에 대한 호감도는 현저히 줄고 미국과 일본에 대한 선호도가 크게 높아졌음을 발견할 수 있다. 북한에 대한 호감도는 20대와 30대에서 2년 사이에 각각 38.3% → 21.5%, 39.3% → 24.8%로 대폭 줄어든 반면, 미국에 대한 선호도는 33.5% → 46.7%, 36.4% → 46.8%로 급상승했다. 그뿐만 아니라, 일본에 대한 호감도도 20대와 30대에서 각각 11.8% → 19.5%, 6.5% → 13.1%로 높아졌다(김병로, 2007.10.11: 20).

이러한 변화의 이면에는 당시 정세변화에 가장 민감하게 반응하며 북한으로부터 돌아선 움직임이 있었다. 특히 20대의 의식 변화는 30대보다 더 '보수화'되는 쪽으로 기울었다. 북한에 대한 '긍정' 인식이 30대의 82.5%보다 낮은 78.5%이며 '적대 대상'이라고 생각하는 사람들도 30대의 4.8%보다 많은 7.3%를 차지했다. 북한의 무력도발 가능성에 대해서도 20대의 66.6%가 우려했는데, 이는 30대의 59.9%보다 높을 뿐만 아니라, 50대의 56.2%보다 10%p 이상 높고 한국전쟁을 겪은 60대 이상 세대의 61.2%보다도 높았다.

이러한 흐름을 감지해 세대와 이념의 변화를 분석한 연구들이 나왔다. 이영민은 2000년대 후반에 20대 젊은 층의 정치의식이 '탈정치화', '정치적 보수화'로 향하고 있다고 분석했다(이영민, 2010: 9~43). 정치 성향의 형성 경로 측면에서 볼 때, 정치에 대한 관심의 저하와 타인에 대한 신뢰의 약화가 결과적으로 젊은 층의 정치적 보수성을 촉진한 것이 아닌가 보는 것이다. 또한 X세대로 분류되는 1970년대생을 정점으로 하여 대북 교류협력 정책을 지지하는 경향이 감소하고, 사드 배치와 관련한 안보의제에 찬성하는 경향이 커짐을 확인했다(배진석, 2018: 113). 대북 교류협력 정책에 대해 찬성하는 비율은 90년대생 43.7%, 80년대생 53.6%, 70년대생 66.0%, 60년대생 59.6%, 50년대생 45.0%로 70년대생에서 가장 높고 90년대생과 50년대생에서 가장 낮은 양상을 보인다.

이러한 전환적 국면에 가장 결정적인 영향을 미친 사건은 바로 북한의 핵실험이었다. 북한의 1차 핵실험으로부터 받은 한국인의 충격은 대단히 컸다. 첫 핵실험이 한국인의 안보 불안과 대북 인식에 미친 영향은 수치로 약 20%p 정도로서 요약할 수 있다(김병로, 2017: 162~163). 북한이 1차 핵실험을 감행한 2006년 10월 이후 대북 인식이 급격히 악화되었다. 1차 핵실험으로 세대를 막론하고 다수의 한국인이 북한에 대해 적대적 태도로 돌아섰다. 북한의 핵실험 이후 한국인의 의식은 반북 친미 기조로 확연하게 달라졌다.

이 과정에서 20~30대 층이 가장 큰 영향을 받은 것으로 보인다. 북한 핵실험을 계기로 젊은 세대들의 북한에 대한 호감도가 급감하고 그에 대한 반작용으로 미국과 일본에 대한 선호도 상승이 이어졌다. 특히 20대 젊은 층이 가장 민감한 반응을 보였다. 2000년대 전반까지는 젊은 세대일수록 북한을 더 '긍정'의 대상으로 보았으나, 2000년대 중반 이후, 젊은 세대가 비판적·부정적 대북 의식으로 돌아섰다. 북한의 무력도발 가능성에 대해서도 다른 어떤 연령층보다 20대가 훨씬 심각하게 우려하는 경향이 생겨났다. 북한 인식만 아니라 통일과 주변국 인식 등 전반적인 남북관계 인식이 크게 달라졌다. 2000년 중반 이후 북한 위기의식이 커지고 부정적 인식이 확대되는 이른바 '20대의 보수화'가 형성된 것이다. 이렇게 달라진 흐름은 2010년대 내내 지속되었다. 2020년대에 들어서 이러한 흐름이 조금 달라졌다. 기존의 흐름이 30대 코호트로 이어지면서, 새로 20대에 진입한 젊은 층에서는 부정적·비판적 대북 의식이 다소 완화되어 20대와 30대 사이에 분화의 흐름이 감지된다.

5. MZ세대의 가변적 보수성

이 시기에 달라진 MZ세대의 보수적 특성을 이해하려면 탈냉전 이후 MZ세대가 처한 사회정치적 환경을 살펴볼 필요가 있다. MZ세대는 1980년대와 1990년대 출생자로, 이들이 생애의 민감한 시기를 보낸 1990년대와 2000년대 전반은 그 이전 수십 년 동안 계속된 냉전 체제와는 확연히 달라진 시기였다. 탈냉전이 한반도에 미친 가장 큰 변화는 남한과 북한의 국가성이 강화되었다는 점이다. 냉전기에는 남한과 북한이 다른 나라가 아니라 하나의 나라이며 불완전한 분단국이라는 의식이 강해 민족의식에 입각한 통일국가 건설은 당연한 논리로 수용되었다. 하지만 탈냉전 국제정세의 변화 속에 남(한국)과 북(조선)은 1991년 9월 유엔에 독립 의식으로 가입해 국제적으로 정상적인 국가로서 공인을 받았다. 남한과 북한이 불완전한 국가, 반쪽의 국가가 아니라 한국과 조선이라는 자율적이고 완전한 독립국가로 국제사회에 승인을 받은 것이다.

국가성의 강화는 남북관계에도 반영되었다. 남북한은 1991년 「기본합의서」를 체결해 서로를 국가적 실체로 인정하는 변화가 생겨났다. 국가보안법(남)과 형법(북)으로 상대를 적대적 실체로 규정하던 관행에서 탈피해 상대의 실체를 협력 대상으로 인정하는 제도적 변화가 형성되었다. 법적으로는 여전히 "나라와 나라 사이의 관계가 아닌 잠정적 특수관계"로 표현했으나 남북한이 상호실체를 공식적으로 인정하는 중요한 변화가 생겨났다. 또 1990년 '남북교류협력법'을 제정해 법제도에 의해 북한과의 교류를 추진하는 정책 변화가 생겨났다. 국가보안법이 제정된 1948년 이후 40여 년 이상 북한을 배제의 대상으로만 다루었으나 남북교류협력법 제정으로 북한과의 접촉과 교류, 왕래를 법제화하는 변화가 생겨남으로써 국가보안법 체제와 교류협력 체제라는 두 체제가 병행하는 구조가 마련되었다.

남북한의 국가성 강화로 국가주의 의식이 성장하고 민족주의 의식이 약화되었다. 냉전기 기성세대들은 국가주의보다는 민족주의 관점에서 북한을 바라보

왔다. 남북으로 분단된 한반도를 '남한'과 '북한'이라는 두 개의 미완성 국가로 보면서 남과 북의 같은 민족이 통일국가를 형성해야만 진정한 독립국가가 된다는 의식을 지니고 있었다. 남한과 북한이 하나의 민족이라는 단일민족주의에 입각한 대북관인 것이다. 탈냉전기에 강화된 남북한의 국가성은 단일민족주의 의식을 약화시켰다.

이러한 변화에 가장 큰 영향을 받은 집단은 생애의 민감한 시기에 이와 같은 국가주의 강화를 경험한 2030세대다. 남한이 불완전한 분단국가라는 냉전기 의식으로부터 완전하고 독립적인 국가 의식을 지니게 된 것이다. 한마디로 '남한 의식'에서 '대한민국 의식'으로 바뀐 것이다. MZ세대는 기본적으로 남한 의식이 아닌 대한민국 의식을 갖고 있다. MZ세대는 분단의 기억이 희미하며 대한민국에서 나고 자란 세대다. 따라서 이들이 갖고 있는 대한민국 의식은 이념적으로 해방공간 내에 '대한민국'만이 유일한 합법정부라는 과거 세대의 인식과는 다르다. 탈냉전 이후 한국의 세계적 위상이 높고 한류가 새로운 문화 흐름을 형성한 환경에서 자란 만큼, 대한민국을 '완전한' 나라로 인식한다. 이 대한민국 의식은 2002년 한일공동월드컵 대회를 계기로 국민적 자긍심이 최고조로 고양되면서 민족국가로서 명실상부하게 발전했다(박명규, 2009: 117).

MZ세대의 이러한 국가·민족 의식은 남북한이 '한민족'의 일원이라는 기성세대의 단일민족주의와 분리되어 남한의 독자적인 국가·민족 의식을 바탕으로 한 '대한민국 민족주의'라 할 수 있다(강원택, 2011: 30~31). MZ세대는 남한이 대한민국으로서의 국가정체성을 확립한 이후 성장한 세대로 북한을 바라보는 관점이 전혀 다르다. MZ세대가 지닌 '대한민국 민족주의'는 남북관계를 민족관계가 아닌 국가관계로 인식하며, 따라서 통일을 단일민족주의 논리에 따라 실현해야 하는 당연한 주제로 보지 않는다. 북한을 보는 관점이 달라졌고 남북관계를 보는 시각이 변했으며 냉전기와는 전혀 다른 패러다임으로 북한·통일 문제를 바라본다.

'대한민국'의 정체성을 갖고 살아가는 MZ세대를 군이 이념적 지형으로 갈라

본다면 진보보다는 보수에 가깝다. MZ세대는 우리나라를 '남한'이 아닌 대한민국으로 인식한다는 점에서 대한민국의 정통성을 강조하는 기성 보수의 정치의식과 일맥상통하는 측면이 존재한다. 대한민국의 경제발전과 민주화, 자유·인권의 가치 등 민족국가로서 정당화할 수 있는 충분한 정체성을 갖고 있다는 점에서 MZ세대는 기성 보수와 맥을 같이하는 것이다. 하지만 기성 보수가 '국가보안법'을 근거로 북한을 반국가단체로 배제하고 대한민국만을 한반도의 유일한 합법 정부로 간주하는 데 대해서는 동의하지 않는다. 2030세대는 '대한민국'의 완전한 국가성을 인정하지만, 북한에 대해서도 국가성을 부정하지 않는다. '대한민국'만이 한반도에서 유일한 합법적인 나라라는 이데올로기 잣대로 우리나라를 보지 않는다.

기성세대와 비교할 때 MZ세대의 북한 인식은 대체로 비판적이며 부정적이다. 생애주기 가운데 정체성 형성에서 가장 민감한 시기에 북한과의 갈등과 마찰을 집중적으로 경험한 탓도 있겠으나, 남한의 국가적 성격이 달라지고 사회 내부적으로도 정치의식이 강화되어 근대 민족국가로 성장한 결과다. 북한을 비판적·부정적으로 바라보는 MZ세대의 이러한 대북관은 표면적으로 보면 기성 보수와 상통한다. 2000년대 후반부터 북한에 대한 비판적 의식이 커지면서 MZ세대의 대북관도 비판적·부정적으로 바뀌었기 때문에 표면적으로는 기성 보수의 대북관과 비슷해 보인다. 그러나 MZ세대의 대북관은 기성세대처럼 이념으로 무장된 반북이나 반공주의는 아니다. 조금 더 말랑말랑한 반북이다. 반공주의와 전쟁 경험 때문에 북한을 철저히 배제하는 기성 보수와 달리 MZ세대는 상황에 따라 가변적이다. 일본과의 대결을 공동으로 펼치기 위해 힘을 합한다면 북한과 금방 친해진다. 친북과 반북이 매우 유동적이다. 남북정상회담과 금강산관광 같은 남북 인적 왕래를 자연스럽게 이해하며 또 그것이 닫혔을 때에는 그것을 있는 그대로 받아들이는 태도를 취한다. 관광객 피살과 천안함 피격과 같은 합리적 이유가 있을 때에는 교류를 중단한다. 남북을 신속히 통일해야 한다는 의식보다 우리에게 필요하고 이익이 되면 교류하고 통일도 할 수 있는 것이다.

　그런가 하면, 남북관계와 통일을 바라보는 시각도 다르다. 남한에 대한 정체성과 대북관의 차이는 자연스럽게 남북관계와 통일을 바라보는 시각의 차이로 이어진다. MZ세대의 통일관은 민족주의에 입각하여 불완전한 남북한의 통일을 당연히 여기는 기성 진보와도 다르고, 북한을 배제해 대한민국으로의 흡수통일을 기대하는 기성 보수와도 다르다. 기성 진보와 달리 민족주의에 입각한 당위적 통일을 거부하지만 전쟁 방지나 경제성장, 선진국 도약 등 실용주의 관점에서 새로운 통합의 동력을 찾는 데는 관심이 높다. 남북을 하나의 민족으로 보고 함께 통일된 나라를 건설해야 한다는 민족주의 통일관을 갖고 있지 않고, 대한민국 정체성을 유지하며 대한민국 민족주의 관점에서 공존과 통합을 구상한다는 점은 진보보다 보수의 통일관과 상통한다.

　통일을 구상하는 데서 대한민국을 어느 정도로 인정하느냐, 즉 대한민국 유일주의를 견지하느냐, 아니면 조선공화국도 하나의 나라로 인정하느냐 하는 문제는 기성 보수와 MZ세대의 보수성을 가르는 기준 중 하나가 된다. 북한을 나라로 인정하지 않는 기성 보수와 달리 MZ세대는 북한을 당연히 나라로 인정하며 공존의 관점을 취한다. 또한 기성 진보와 달리 남한과 북한을 불완전한 반쪽이라 보지 않고 완전한 국가로 인정하기에 민족이라는 이름으로 굳이 통일해야 할 필요를 느끼지 않는다. 굳이 통일을 해야 한다면 더 나은 대한민국 건설에 도움이 되어야 한다. 2018년 평창동계올림픽 아이스하키 단일팀 구성 과정에서 보았듯이 과거처럼 단일팀 구성 자체에 의미를 두지 않으며, 남북 동수로 단일팀을 구성하자는 의견도 받아들여지지 않는다. 단일팀 구성 자체보다 연합팀을 구성해 더 나은 실력을 발휘하고, 승리하기 위해서는 능력을 기준으로 선수들을 선발해야 한다는 의견이 압도적으로 많다.

　MZ세대의 이러한 국가·민족 의식은 기성세대가 단일민족 의식에 기반해 단일팀 구성 자체에 의미를 두던 행태와는 확연히 다르다. 이 관점은 남북연합구성에서도 반복될 가능성이 대단히 높다. 과거처럼 남북 동수로 남북의 기구를 구성하는 관행은 더 이상 통용되지 않을 것이며 최소한 인구 비례로 하자거나 경제 영역에서는 경제력 비중을 감안해야 한다는 의견을 표명할 가능성이 높다. 통일의 동력은 민족이 아닌 다른 가치에서 찾으며, 통일의 목적과 관점 자체를 완전히 다른 패러다임으로 인식한다.

이 세대들에게 북한은 다른 나라이고 그 나라와 대한민국의 관계는 기본적으로 탈이념적이며 실용적이다. 신념에 기반하지 않으므로 상대의 행동 여하에 따라 대북 인식은 유동적이다. 기성 진보와 보수가 반미 혹은 친미를 하더라도 이념적으로 무장된 저항이나 투쟁을 한다면, MZ세대는 한국에 우호적으로 반응하면 우호적으로 대응하고 적대적으로 압박하면 비판적으로 대응하는 다분히 도구적이며 실용적인 태도로 반응한다. 북한에 대해서도 미국과 축구 경기를 하면 북한을 응원하기도 하지만, 핵실험과 같은 위협적 행동에 대해서는 기성세대보다 오히려 더 단호하다. 북한이 우리의 안보를 위협하고 힘들게 하는 조건에서는 북한을 싫어한다. 그러나 2002년 월드컵이나 다른 스포츠 경기에서처럼 한국과 함께할 수 있다면 금방 친해진다.

이러한 측면에서 MZ세대는 기성세대의 전통적 대북 관념과는 다른 의식을 갖고 있다. 남북한은 같은 민족에서 출발했지만 다른 나라를 건설하여 다른 국민 의식을 갖게 되었고 점차 다른 민족으로 발전해 가고 있다고 생각한다. 따라서 북한을 '우리'의 범주에서 제외하는 경향이 강하다. 북한이 남한에 대해 우호적으로 대응하면 협력의 대상으로 바라보지만, 도발이나 갈등을 유발하면 적대적 대상으로 바라본다. 최근 10여 년간의 남북관계가 갈등과 대립으로 치달은 상황에서 젊은 세대가 북한에 대해 부정적 인식을 갖게 되었다.

MZ세대의 보수화는 바로 이러한 배경에 바탕을 둔다. 민주화, 세계화, 다문화라는 세계적 추세의 영향으로 한국 사회가 변화하며 민족과 통일을 다른 시각으로 보는 눈이 형성되었다. 한국 사회의 민주화가 가져온 이중적 효과도 주목해 볼 필요가 있다. 북한에 대한 이데올로기적 편견은 많이 완화되었지만 다른 한편으로 북한 체제의 억압성과 비민주성에 대한 거부감이 커지는 결과도 생겨났다. 북한을 같은 민족공동체의 일부로 보지만 동시에 이질적이고 함께 하기 어려운 대상이라는 현실적 판단도 증대되고 있다. 이러한 변화는 얼핏 보기에는 이념적 '보수화'의 결과로 보이나, 실은 다원화되고 민주화된 21세기 문화적 정체성이 가져온 결과라 할 수 있다.

6. 전망과 기대

지금까지 살펴본 바와 같이 MZ세대의 대북 인식은 기존 청년학생 집단과는 달리 북한에 대한 비판적·부정적 의식을 표출하고 있어서 표면적으로는 보수화되어 있는 듯 보인다. 여러 측면에서 분명히 기성 보수의 의식구조와 일맥상통하는 부분이 있다. 하지만 MZ세대의 대북·통일 인식은 이념에 무장된 기성 보수와는 달리 상황에 따라 달라지는 가변성이 강하다. MZ세대의 보수적 특성 자체가 2000년대 후반의 북한 상황에 영향을 받았고, 더 길게는 탈냉전 이후 정세 변화에 영향을 받아 형성되었다. 따라서 앞으로 국제정세와 남북관계 및 통일 환경의 변화에 따라 언제든 MZ세대의 대북·통일 인식은 변화할 가능성이 있다.

MZ세대는 한반도의 '분단'을 문제로 인식하지 못한 채 자라난 세대여서 분단 극복이라는 과거 방식으로 접근하지 않고 통합 한반도에 대한 상상력으로 접근하는 집단이다. 남북의 결합 방식도 '통일'보다는 '공존'을 선택하므로 통일 의지가 약하다거나 통일을 부정적으로 바라보고 있다는 평가는 MZ세대에 적합하지 않다. 필요하다고 판단되면 통일과 통합을 위해 열정적으로 뛰어들겠지만, 그럴 필요가 없다고 판단하기 때문에 통일보다는 공존을 선택하는 것이다. 따라서 통합의 미래가 지금보다 훨씬 나은 대안이라는 판단이 서면 통일에 관심을 갖고 노력할 가능성이 있다. 2002년 월드컵 축구 4강 진출 신화와 '붉은 악마' 신드롬, 문화적 한류를 창조하고 주도하는 세대의 협동심과 자긍심을 갖고 있어, 이러한 기억이 살아있는 한 통일이 필요하다고 판단되는 때가 되면 모든 젊은이들이 적극적으로 지지하면서 새로운 역사, 새로운 평화한류를 만들어 갈 잠재적 역량을 갖고 있다고 본다.

새로운 세대의 통일의식은 정책이나 교육으로만 바뀌지 않는다. 남북관계의 개선과 환경의 변화를 병행하지 않으면 결코 성공할 수 없다. 학교에서 이솝우화나 의좋은 형제 같은 동화 속 이야기들이 "바람보다 햇볕"이 더 강하고 형제 간에 서로 돕고 사는 것이 미덕이라고 아무리 가르쳐도, 남북관계에서 그 원리가 적용되는 현실을 보고 자라지 않으면 젊은 세대의 통일·북한 의식은 달라지기 어렵다. 통일의식과 북한 인식은 남북관계 환경과 분위기에 절대적인 영향을 받기 때문에 가장 좋은 통일교육은 남북관계 개선을 통해 시민들의 의식 변화를 도모해 나가는 것이다.

통일은 한계상황에 직면한 대한민국의 활로를 열어줄 21세기 한반도의 미래다. 현재 한국 사회는 지속적 성장 동력의 확보, 실업 문제 해결, 고령화 사회에 대한 대비, 기후변화와 에너지 위기 대처, 다문화 상황에 대한 준비 등 해결해야할 많은 과제를 안고 있다. 산업화와 민주화를 성공적으로 이룬 한국이 이런 난제들을 해결할 수 있는 유일한 출구는 작금의 분단갈등 환경을 극복한 통합된 한반도의 미래를 통해 열리지 않을까 생각한다. MZ세대 앞에 놓인 이러한 난제들을 해결하고 미래 번영의 길을 열기 위해서는 대한민국이 처한 지리적 폐쇄성과 엄청난 군사비 지출 같은 소모적인 분단의 유산들을 하루속히 구조조정해야 한다. MZ세대 통일·북한 의식을 좌우할 이와 같은 남북관계 및 통일 환경 변혁의 책임은 기성세대의 몫으로 남는다.

참고문헌

강원택. 2002. 「세대, 이념과 노무현 현상」. ≪계간사상≫, 14(3).

_____. 2003. 『한국의 선거정치: 이념, 지역, 세대와 미디어』. 서울: 푸른길.

_____. 2003.6.2. 「2002년 대선을 통해 나타난 세대간 불신」. 바른사회를 위한 시민회의 31차 심포지엄 "한국사회의 불신구조와 해소방안". 한국프레스센터.

_____. 2005. 「한국의 이념갈등과 진보·보수의 경계」. ≪한국정당학회보≫, 4(2).

_____. 2011. 「한국인의 국가정체성과 민족정체성」. 『한국인, 우리는 누구인가? 여론조사를 통해 본 한국인의 정체성』. 강원택·이내영 엮음. 서울: 동아시아연구원.

김병로. 2006.5.18. 「북한·통일 관련 세대·계층·지역별 의식」. 제3차 '한국종합사회조사(KGSS)' 심포지엄. 대한상공회의소.

_____. 2007.10.11. 「국민통일의식의 변화와 시계열 비교분석」. 서울대학교 통일연구소 특별심포지엄 "한국민주주의와 남북관계". 대한상공회의소.

_____. 2017. 「남북관계 사건이 통일의식에 미치는 효과」. ≪통일과 평화≫, 9(2).

박명규. 2009. 『국민·인민·시민: 개념사로 본 한국의 정치주체』. 서울: 소화.

배진석. 2018. 「대북 및 안보정책 평가의 세대 및 이념 요인」. ≪한국과 국제정치≫, 34(2).

이영민. 2010. 「20대의 정치의식 특성과 정치 성향의 형성경로」. ≪사회연구≫, 19.

통일평화연구원. 2022.12.26. 「2022 통일의식조사」. 통일학연구 58.

제2장

MZ세대, 정말 다른가?
MZ세대의 통일의식, 가치관과 경험

김성희(전북대학교 일반사회교육과 조교수)

1. MZ세대가 생각하는 통일

밀레니얼(Millennial) 세대와 Z세대를 함께 지칭하는 'MZ세대'라는 용어가 최근 한국 사회에서 유행하기 시작하며 가치관 및 생활 방식에 MZ세대가 타 세대와는 다른 특성을 보인다는 관점은 일상에서 대세적 의견이 되었다. MZ세대가 많이 소비하는 상품이나 서비스가 곧 유행이 되고, 기업은 제품을 출시할 때 어떻게 MZ세대를 사로잡을지 고민하며, TV와 SNS 컨텐츠는 MZ세대의 특징을 풍자하는 등 현재 한국 사회에서 MZ세대는 가장 주목받고 있는 세대라 해도 과언이 아닐 것이다.

밀레니얼 세대는 1980년대 중반~1990년대 중반에 태어난 세대로 정의되며, 컴퓨터와 인터넷을 10대 시절부터 사용해 기성세대보다 신문물에 익숙하고, IMF 외환위기와 닷컴버블, 2008년 미국발 금융위기, 코로나19 사태 등 어린 시절부터 청년기까지 굵직한 경제위기를 직간접적으로 겪은 세대다. Z세대는 1990년대 후반~2010년대 초반에 태어난 세대로 정의되며, 스마트폰과 함께 성장한 세대로 다른 어떤 세대보다 SNS에 익숙한 세대이기도 하다. 이제 이 MZ세대가 사회의 2030 연령대를 이루는 주축이 되었고, 사회는 이러한 MZ세대의 특성을 파악하고 규정지으려 하는 것으로 보인다.

요즘 사회는 MZ세대를 차별적인 특징이 있는 세대로 인식한다. 사람들에게 MZ세대의 이미지를 물어본다면 MZ세대는 공정성을 추구하고 친환경이나 윤리를 추구하는 가치소비를 중시하며, 커리어에 모든 노력을 기울이기보다 현재를 즐기는 '욜로(YOLO: You only live once)'나 조기 은퇴를 꿈꾸는 '파이어족(FIRE: Financially independent, retire early)'을 떠올릴 것이다. 미국에서는 젊은 세대를 중심으로 최소한의 업무만 '영혼 없이' 수행하는 '조용한 사직(quiet quitting)'이라는 움직임이 유행하고 있다는 소식이 들린다(Newport, 2022).

이처럼 MZ세대의 특징이 주목받는 만큼 남북관계 문제에서도 MZ세대의 의견이 타 세대 의견과 다른 양상을 보인다는 점이 대두되었다. 서울대학교 통일평화연구원이 시행하는 「2023 통일의식조사」에 따르면, 20대 응답자 중 '통일이 매우 필요하다' 또는 '통일이 약간 필요하다'라고 응답한 비율이 최근 5년 중 가장 높았던 2019년 41.7%에서 2023년 28.2%로 감소했다. 30대의 경우에도 응답 비율이 고점이었던 2020년 43.0%에서 2023년 34.0%로 감소 추세가 관찰된다(통일평화연구원, 2023.12.21). 물론 2019년부터 남북관계가 경색되며 모든 연령층에서 통일이 필요하다는 의견이 감소했으나, 젊은 세대의 통일의식에서 그 양상은 특히 두드러진다. 2022년 조사를 기준으로 40~60대 이상의 경우에는 여전히 응답자의 절반 정도가 통일이 필요하다고 응답하고 있다는 점에서 과반이 통일이 필요하지 않다고 응답하는 20~30대와 큰 차이를 보인다.

최근 통일의식에서 젊은 세대와 기성세대의 위와 같은 차이가 발견되며 젊은 세대가 통일을 보는 관점이 바뀌었다고 여겨진다. 통일평화연구원과 마찬가지로 매년 「통일의식조사」를 하는 통일연구원의 자료에서도 젊은 세대의 통일 비선호 현상이 관찰되었다. ≪KINU 통일의식조사 2021≫에 따르면 밀레니얼 세대의 71.4%가 평화공존을 선호하는 데 비해 12.4%만이 통일을 선호한다는 결과를 발표했다(이상신 외, 2021.7). 정부 또한 젊은 세대에게 통일이 더 이상 민족적·당위적 의무로 받아들여지지 않고 있다는 사실을 인정하며, 통일해야 하는 이유에 대해서 보다 현실적 가치인 국제평화 및 인권 추구의 접근방식을 취하고 있다(한국교육개발원, 2022).

MZ세대가 다른 세대보다 통일에 대해 부정적으로 생각하는 이유는 무엇일까? 크게 두 가지 가능성을 생각해 볼 수 있다. 먼저, MZ세대 자체가 기성세대와 차이가 있기 때문에 통일을 바라보는 관점이 다를 가능성이다. 예를 들어, 통념대로 MZ세대가 기성세대보다 공정성 및 윤리적 가치를 추구한다면 인권탄압이나 핵 도발을 연상시키는 북한 정권에 대해 부정적으로 생각할 것이다. 혹은 기성세대보다 물질적인 가치를 추구하거나 이기주의적이라면 통일 비용을 우려하여 부정적으로 생각할 것이다.

두 번째 가능성은 MZ세대가 놓인 환경이나 경험한 사건들로 인해 통일의 이유가 MZ세대에게 더 이상 설득력이 없을 가능성이다. 분단 이전의 한국을 경험했거나 단일민족의 나라인 것을 자랑스러워하던 기성세대에게 통일은 경제적 이유를 차치하고 당연히 이루어야 하는 과업으로 여겨진다. 하지만 한반도의 분단 상태만 경험했고 남북관계의 화해 국면보다 경색 국면을 더 많이 경험한 MZ세대의 경우, 통일에 대한 열망이나 필요성을 기성세대보다 강하게 느끼지 않을 수 있다. 이 글에서는 이 두 가지 가능성에 대해 살펴봄으로써 MZ세대의 통일의식을 알아가 보고자 한다.

2. 세대 구분과 세대별 통일의식

세대를 구분하는 기준으로 가장 보편적으로 사용되는 것은 퓨리서치센터에서 정의한 세대 구분이다(Pew Research Center, 2019.1.7). 이 세대 구분에 따르면, 미국을 기준으로 베이비부머 세대는 제2차세계대전 이후 출생한 1946~1964년생, X세대는 1965~1980년생, 밀레니얼세대는 1981~1996년생, Z세대는 1997~2012년생으로 정의된다. 우리나라에서도 이 정의가 여러 문헌에서 보편적으로 사용되나, 저자는 한국전쟁 이후 출생한 베이비부머 세대는 1953년 이후에 출

<표 2-1> 출생연도에 따른 세대 분류

중앙일보(2019) 분류	출생연도	퓨리서치센터(2019) 분류	출생연도
1차 베이비부머 세대	1955~1964	베이비부머 세대	1946~1964
2차 베이비부머 세대	1965~1974	X세대	1965~1980
X세대	1975~1984		
밀레니얼 세대	1985~1996	밀레니얼 세대	1981~1995
Z세대	1997~2010년대 초반	Z세대	1997~2012

자료: ≪중앙일보≫(2019.11.25).

생한 세대로 정의하는 것이 적절하다고 판단한다. 따라서 이 글에서는 한국의 실정에 맞게 세대 구분을 변경한 중앙일보의 정의를 사용하고자 한다. 이 정의에 따르면 1차 베이비부머 세대는 한국전쟁 이후 출생한 1955~1964년생, 2차 베이비부머 세대는 1965~1974년생, X세대는 1975~1984년생, 밀레니얼 세대는 1985~1996년생, Z세대는 1997~2010년대 초반생이다(〈표 2-1〉). 해외의 세대 연구에서는 일반적으로 밀레니얼 세대와 Z세대를 다른 세대로 보고, 국내에서도 이 두 세대를 구분해야 한다는 주장이 제기되는 추세이나, 설문조사 결과를 분석하는 이 글의 내용 특성상 이 두 세대를 구분하면 과반이 10대 이하인 Z세대는 통상적 설문조사 표본인 성인 집단에서 제외되는 문제점이 있다. 따라서 이 글에서는 밀레니얼 세대와 Z세대를 MZ세대로 묶어서 총 4개(1차 베이비부머, 2차 베이비부머, X세대, MZ세대)의 세대 구분을 사용한다.

먼저 통일의식과 관련된 의견이 서론에서 제기된 바와 같이 세대별로 차이가 뚜렷하게 나타나는지에 대해 2007~2023년 「통일의식조사」 자료를 활용해 살펴보았다. 〈그림 2-1〉은 통일이 필요하다고 응답한 응답자의 비중을 세대별로 나타낸 것이다.[1] 연도마다 통일 필요성에 대한 견해의 변동이 있으나, MZ세

---

1 '통일의 필요성'은 「통일의식조사」에서 "○○님은 남북한 통일이 얼마나 필요하십니까?"라고 질문한 문항을 사용해 전체 응답자 중 '매우 필요하다' 또는 '약간 필요하다'라고 응답한 응답자 비율을 나타낸다.

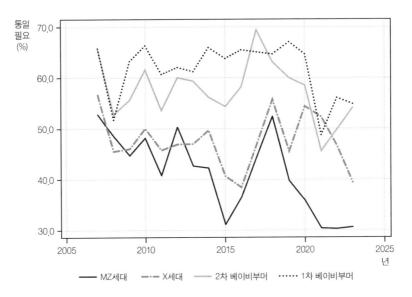

〈그림 2-1〉 세대별 통일의 필요성: 2007~2023년

자료: 김범수 외(2023).

대의 경우 특히 변동성이 매우 크다. 예를 들어, 2018년에는 X세대와 비슷한 수준으로 50%가 넘는 응답자가 통일이 필요하다고 응답했으나, 2021년부터는 응답자의 약 30%만이 통일이 필요하다고 응답해 2018~2021년 동안 20%p 이상의 감소폭을 보였다. 최근 들어 모든 세대가 통일이 불필요하다고 보고하는 경향이 강화되었지만 MZ세대는 다른 세대보다 통일의 필요성을 현저하게 낮게 느끼는 일관적 특징이 관찰되었다. 1·2차 베이비부머 세대는 2020년 이후에도 표본의 절반 이상이 통일 필요성을 보고했으나, MZ세대의 경우 표본 가운데 30%만이 통일이 필요하다고 응답했다.

반면 남북통일에 대한 생각을 묻는 문항에서 '현재대로가 좋다'라고 응답한 응답자 비중은 이와 반대로 MZ세대의 비중이 두드러졌다. MZ세대는 현 상태를 선호하는 응답자 비중이 2023년 기준으로 전체 응답자의 1/3을 상회해 다른 세대보다 높았다. '통일에 대한 관심이 별로 없다'라고 응답한 응답자의 비중 또한 증가해 2023년 현재 약 15.9%의 응답자가 통일에 무관심을 표출했다. 통일에 관심이 없는 1, 2차 베이비부머 세대는 전체 응답자의 약 5% 수준으로 비교적 소수였던 것과 대조된다(김범수 외, 2023).

통일의식은 어느 정도의 변동성을 보인다. 특히, 2011년 김정일 사망 이후 북의 핵실험, 포격 사건, 개성공단 가동 중단 등 남북관계에 부정적 영향을 미치는 사건들과 이산가족 상봉, 평창올림픽 공동 참가 등 긍정적 영향을 미치는 사건들이 짧은 시간 안에 혼재해 통일의식이 급격하게 오르내리는 변화가 관찰되었다. 또한, 세대를 올라갈수록 통일의 필요성을 높게 평가하는 반면, 세대를 내려갈수록 통일에 대한 무관심과 현재 상태를 선호하는 특징이 관찰되었다. 종합하자면 MZ세대는 젊은 연령층인 만큼 사건에 따라 통일의식이 급격하게 변화하나, 거의 모든 시점에서 다른 세대보다 통일의식에서 부정적인 견해의 비중이 높다. 이러한 경향은 성별, 결혼 상태, 교육수준, 직업, 거주지역, 종교, 정치 성향, 조사 연도를 포함하는 개인적 특성과 시간의 특성이 고려된 모형에서도 동일하게 확인되었다.

3. MZ세대는 특이한 세대인가?

그렇다면 MZ세대가 통일에 대해 부정적인 태도를 지니는 이유는 무엇일까? 먼저 가치관 측면을 살펴보려고 한다. 가치관은 공정성, 물질주의 성향, 정치에 대한 관심, 정치 성향, 국가 자긍심 등을 중심으로 MZ세대가 다른 세대와 차이를 보이는지 살펴보았다. 이를 위해 1990년대부터 관찰된 세계가치관조사(World Values Survey)의 한국인 표본을 사용했다.

공정성 측면은 무임승차, 탈세, 뇌물수수 등의 행위가 정당화될 수 있는지에 대한 견해로 측정했다. 이러한 행위가 절대 정당화될 수 없다고 응답하면 1점, 매우 정당화될 수 있다고 응답하면 10점을 부여하는 10점 척도로 살펴보았다.

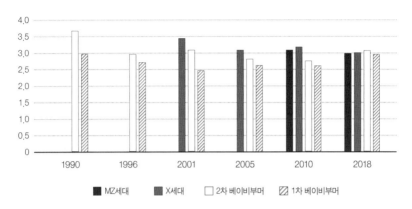

〈그림 2-2〉 무임승차에 대한 견해

■ MZ세대　■ X세대　□ 2차 베이비부머　▨ 1차 베이비부머

주: 무임승차가 절대 정당화될 수 없다고 응답하면 1점, 매우 정당화될 수 있다고 응답하면 10점을 부
　　여하는 10점 척도를 사용했다.
자료: 세계가치관조사 자료(1990~2018) 참고해 저자 작성.

따라서 점수가 높을수록 부정행위에 대해 관대하고, 점수가 낮을수록 엄격하다
고 해석할 수 있다.

〈그림 2-2〉는 무임승차에 대한 견해를 세대별로 나타낸 것이다. 먼저 가장
최근 조사인 2018년의 세대별 평균을 살펴보면 무임승차에 대한 세대별 평균
견해가 비슷한 것을 볼 수 있다. 즉, 무임승차를 보는 관점의 차이가 거의 발견
되지 않는다. 2010년에 1차 베이비부머 세대가 무임승차를 정당화할 수 있다는
견해의 평균이 가장 낮으나, 세대별 차이가 크지 않음을 알 수 있다. 각 세대가
2030이었던 시점, 예를 들어 2001년과 2005년의 X세대 평균과 비교해 보아도,
2010년대의 MZ세대 평균과 크게 다르지 않음을 볼 수 있다. 1990년대의 베이
비부머 세대의 평균과 비교해 보아도 마찬가지다.

탈세와 뇌물수수가 정당화될 수 있는지에 대한 견해에서도 비슷한 결과가
확인되는데, 2018년과 2010년 조사 자료를 보면 세대별 차이가 거의 없는 것으
로 나오며, 다른 세대가 2030이었던 시점과 2010년대의 MZ세대 평균을 비교해
보아도 큰 차이를 보이지 않았다. 뇌물수수에 대한 견해에서도 모든 세대가 비

숫한 수준의 견해를 보이는 동질성이 확인되었다.

2017년 발표된 영국의 밀레니얼 세대에 대한 보고서에 따르면, 밀레니얼 세대를 설명하는 5개의 단어를 고르라는 질문에 '기술을 잘 이해하는(tech-savvy)' (54%)', '물질주의적인(materialistic)'(45%), '이기적인(selfish)'(39%)이 상위에 올랐다고 한다. 이것은 베이비부머 세대를 설명하는 단어인 '존경할 만한(respectful)' (47%), '일 중심적인(work-centric)'(41%), '공동체 중심적인(community-oriented)' (32%)과 대조적이다(Duffy et al., 2017.5). 한국의 MZ세대를 향한 시선도 이와 많이 다르지 않을 것이다.

MZ세대가 실제로 물질주의적인지 잉글하트 척도를 사용하여 세대별 차이를 확인해 보았다. 잉글하트 척도는 '사회질서 유지', '물가상승 억제', '정부 정책 결정에 대한 국민 참여 확대', '언론 자유 확대'라는 네 가지 보기 중에 두 가지(가장 중요한 것과 그다음으로 중요한 것)를 선택하라는 문항을 통해 물질주의적 태도와 탈물질주의적(post-materialist) 태도를 구분한다(Inglehart, 1971: 991~1017). 이 척도는 앞의 두 보기를 고르면 물질주의적 가치관, 뒤의 두 보기를 고르면 탈물질주의적 가치관을 가졌다고 정의한다. 〈그림 2-3〉은 세대별 물질주의적 태도를 갖는 응답자의 비중을 나타낸 그래프다. MZ세대가 관찰되는 2010년, 2018년, 2022년 조사 자료를 보면 MZ세대의 물질주의 비중이 가장 낮은 것을 볼 수 있다. 다른 세대가 2030이었던 시점과 비교하면 오히려 1990~2000년대의 베이비부머 세대나 X세대에 비해 물질주의적 태도를 가진 사람들의 비중이 낮은 것이 발견되었다. 이처럼 MZ세대가 물질주의적이라는 고정관념은 사실이 아닌 것으로 확인되었다.

MZ세대에 대한 또 다른 고정관념은 이들이 이기적 혹은 개인주의적이라는 것이다. 이를 확인하기 위해 국가 또는 정치에 관련된 견해를 살펴보았다. 먼저, 대한민국 국민인 것이 자랑스러운지 여부를 나타내는 국가 자긍심 문항을 세대별로 비교해 보았다. 2018년에 MZ세대가 국가 자긍심이 다른 세대에 비해 낮은 수준을 기록하지만 2010년과 2022년에는 비슷한 수준이며, 1990년과

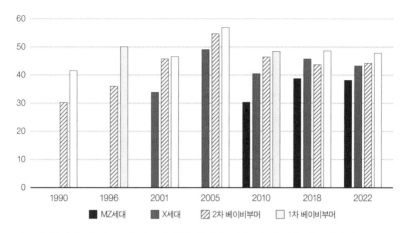

〈그림 2-3〉 물질주의 비중

자료: 세계가치관조사 자료(1990~2018)·한국종합사회조사(2022) 자료 참고해 저자 작성.

2001년의 베이비부머 세대의 국가 자긍심 수준과 비교해 볼 때 현재 MZ세대의 국가 자긍심 수준은 높은 것으로 나타났다. 동일한 방식으로 개인주의적 성향이나 정치 성향을 세대 및 시간별로 비교해 본 결과, MZ세대가 다른 세대보다 더 개인적이거나 진보적이라는 증거는 없었다.

MZ세대에 대한 고정관념을 중심으로 세대별 가치관을 살펴보았으나 MZ세대가 다른 세대와 비교해서 특별히 다른 측성이나 가치관을 갖고 있다고 주장할 수 있는 근거를 찾지 못했다. MZ세대는 통념과 다르게 다른 세대보다 더 공정성을 추구하거나, 더 개인주의적이거나, 더 물질주의적이지 않다. 가치관적 측면에서 MZ세대는 기성세대와 크게 다르지 않으며, 따라서 가치관적 차이로 MZ세대가 통일에 대해 비우호적인 견해를 갖는다고 주장하기 어렵다.

4. MZ세대에게 통일을 해야 하는 이유란?

그렇다면 MZ세대는 왜 통일에 대해 비우호적인가? 앞서 언급된 「통일의식 조사」 문항의 통일을 해야 하는 이유에 대한 보기는 '같은 민족이니까', '전쟁 위협을 없애기 위해서', '한국이 보다 선진국이 되기 위해서', '이산가족의 고통을 해결해 주기 위해서', '북한 주민도 잘살 수 있도록' 등으로 제시되어 있다. 이 중 가장 비중이 높은 '같은 민족이니까'와 '전쟁 위협을 없애기 위해서'를 제외한 다른 항목들은 설득력을 잃어가는 것을 알 수 있다. 이산가족 해소, 북한 주민들의 삶 번영이라는 이타적인 이유는 차치하더라도, 한국이 이미 공식적으로 선진국으로 인정받은 시점에서 국가 번영이라는 실리적인 이유로도 통일을 주장하기 어려울 수밖에 없다. 특히 MZ세대의 경우 기성세대보다 이산가족이나 북한 주민과 직접적인 연관성이 없기 때문에 이들과 더 거리가 멀게 느껴질 것이며, 한국이 경제적으로 풍족한 시대에 태어나고 성장했기 때문에 한국 경제성장을 위해 통일이 반드시 필요하다고 생각하는 사람들의 비중은 많지 않을 것이라 예상할 수 있다.

MZ세대의 경우, 다른 세대에 비해 같은 민족이니까 통일해야 한다고 응답한 비중이 꾸준히 적은 것으로 관찰되었다. 이는 MZ세대에게 '같은 민족'이라는 개념이 상대적으로 중요하지 않게 되었음을 시사하기도 한다. 역사적으로 한반도의 민족이 단일민족인 것은 통일에서 매우 중요한 이유였다. 정부의 공식 통일방안인 「민족공동체통일방안」에서 나타난 '민족공동체'라는 개념은 기성세대 사이에서 당연한 그리고 중요한 통일의 이유로 여겨졌다(통일부, 2022). 그러나 한국의 1990년대부터 시작된 국제화의 바람이 부는 환경에서 성장했고, 전 세계 사람들과 인터넷으로 연결되어 SNS로 쉽게 소통하는 MZ세대에게 '같은 민족'의 중요성을 강조하는 것은 심지어 구시대적인 것으로 여겨질 수 있다. 실제로 진정한 한국 사람이 되기 위해 '한국인 조상을 가지고 있는' 민족적 요소가 중요하다고 응답한 비중이 다른 세대는 70% 내외를 기록하는 데 비해 MZ세대는 60%에 미치지 못했다.

이처럼 MZ세대는 민족의식이 다른 세대보다 약할 뿐만 아니라 북한 주민에 대한 친밀도가 낮다. 「2021 통일의식조사」 자료로 이주민의 친밀도를 비교해 본 결과, 탈북민에 대한 친밀도는 다른 이주민 집단(미국인, 일본인, 중국인 등)에 대한 친밀도보다 세대 간 차이가 크게 나타났다. MZ세대에게 북한이탈주민은 같은 집단, 즉 내부인(insider)으로 인식되지 않고 외부인(outsider)으로 더 강하게 인식되는 것이다. 그렇다면 북한 주민을 외부인으로 인식하는 경향은 더 강할 것이며, 통일은 곧 외부 집단과의 결합으로 인식할 것이다.

민족적·이념적 당위성을 느끼지 못하는 MZ세대의 경우, 기대되는 실리적 이익이 없다면 통일을 지지할 이유를 찾기 어려울 것이다. 게다가 더 이상 북한 주민을 동질 집단으로 인식하지 않는 것 또한 통일을 지지하지 않는 이유의 일부로 보인다. 이는 앞서 살펴본 대로 MZ세대가 다른 세대보다 더 물질주의적 혹은 개인주의적이라 통일을 지지하지 않는 것이 아니라, 통일이 되어야 하는 여러 이유 중 그 어떤 것도 MZ세대에게 설득력 있게 다가가지 못하기 때문이라고 볼 수 있다.

5. MZ세대의 경험 | 남북관계와 관련된 사건

정치심리학 가설 중 청소년기부터 초기 청년기 사이를 경제적·정치적 선호 및 견해가 형성되는 데 중요한 시기라고 보는 '각인 시기 가설(impressionable years hypothesis)'이라는 것이 있다(Krosnick and Alwin, 1989: 416~425). 이 시기에 경험한 것들이 개인의 선호에 영향을 준다는 다수의 학술 연구 결과가 가설을 뒷받침한다. 예를 들어 각인 시기에 경기침체를 겪으면 주식투자를 꺼릴 가능성이 높고, 소득불평등이 심한 환경에서 자라면 형평성을 덜 추구하며, 민주적 제도를 경험한 기간이 길수록 민주주의 제도를 지지할 확률이 높아진다는

<표 2-2> 연도별 남북관계 주요 사건 및 분위기: 1998~2023년

연도	주요 사건	언론 키워드 Top 5*	분위기**
1998	정주영 회장 소 떼 방북	잠수정, 현대, 금강산, 판문점, 인공위성	화해
1999	제1연평해전	북방한계선, 미사일 발사, 금강산, NLL, 대북 정책	경색
2000	남북정상회담, 이산가족 상봉	정상회담, 이산가족, ARF, 베를린 선언, 식량난	화해
2001	남북장관급회담, 이산가족 상봉	대북 정책, 정상회담, 남북관계, 식량난, 제네바 합의	화해
2002	제2연평해전, 이산가족 상봉	핵 개발, 핵무기, IAEA, 정상회담, 제네바 합의	혼합
2003	이산가족 상봉, 금강산 육로 관광 시작, 개성공단 착공	핵무기, 다자회담, 핵 개발, 재처리, NPT	혼합
2004	개성공단 가동	북핵 문제, 탈북자, 핵무기, 핵문제 해결, 2차 6자	화해
2005	북한 핵보유 선언	북핵 문제, 핵무기, 경수로, 핵폐기, 6자회담	경색
2006	1차 핵실험	핵실험, 미사일 발사, 핵무기, 금융제재, 대북제재	경색
2007	남북정상회담	BDA, 불능화, 핵시설, 남북정상회담, 테러지원국 명단	화해
2008	금강산 관광객 피살	테러지원국 명단, 핵신고, 테러지원국 해제, 영변 핵시설, 핵무기	혼합
2009	2차 핵실험	핵실험, 로켓 발사, 비핵화, 핵무기, 유엔안보리	경색
2010	천안함 피격사건, 연평도 포격 사건	천안함, 연평도, 해안포, 비핵화, 핵실험	경색
2011	김정일 사망	비핵화, 천안함, 연평도, 남북관계, 식량 지원	경색
2012	로켓 발사	로켓 발사, 핵실험, 미사일 발사, 광명성 3호, 식량 지원	경색
2013	3차 핵실험	핵실험, 비핵화, 개성공단, 핵보유국, 남북관계	경색
2014	이산가족 상봉, 아시안게임	핵실험, 미사일 발사, 조선중앙통신, 비핵화, 이산가족상봉	혼합
2015	DMZ 목함지뢰 매설 사건, 서부전선 포격 사건	핵실험, 장거리 로켓 발사, 핵무기, 확성기 방송, 탄도미사일	경색
2016	5차 핵실험, 개성공단 중단	핵실험, 대북제재, 미사일 발사, 안보리, SLBM	경색
2017	6차 핵실험	미사일 발사, 탄도미사일, 미사일 도발, 유엔 안보리, ICBM	경색
2018	평창올림픽, 남북정상회담	비핵화, 북미정상회담, 평창올림픽, 대북제재, 방남	화해
2019	하노이회담, 북미정상회담	비핵화, 발사체, 탄도미사일, 정상회담, 미사일 발사	혼합

2020	남북공동 연락사무소 폭파	코로나19, 비핵화, VOA, 조선중앙통신, 핵무기	경색
2021	한미정상회담, 미사일 발사	비핵화, 미사일 발사, 탄도미사일, SLBM, 동해상	경색
2022	미사일 연쇄 도발	동해, 탄도탄, ICBM, 미사일 발사, 한미	경색
2023	연쇄도발, 9·19 군사합의 폐기	러시아, 탄도미사일, 군사정찰위성 발사, ICBM, 동해상	경색

주: *는 빅카인즈의 뉴스 검색에서 키워드 '북한' 설정 후 전국일간지, 경제일간지, 방송사의 정치(북한) 섹션 연관어를 분석해 얻은 결과다(분석뉴스 1000건, 가중치; 국가/도시, 인물 및 연관성 적은 단어 제외).
**는 정승호 외(2021)의 GPRNK 지수 및 언론비판지수(Negative News Index)를 참고하여 판단해 저자 작성.

것이다(Malmendier and Nagel, 2011: 373~416; Roth and Wohlfart, 2018: 251~262; Fuchs-Schündeln and Schündeln, 2015: 1145~1148). 앞서서 MZ세대 통일의식의 변동성이 다른 세대보다 크게 관찰된 현상은 이 연령층이 각인 시기에 해당되기 때문에 같은 연도에 일어난 사건에서 다른 세대보다 더 크게 영향을 받은 것이라고 해석할 수 있다.

MZ세대는 북한에 대한 인식이 형성될 시기에 남북관계에서 부정적인 경험을 더 많이 한 세대다. 〈표 2-2〉는 MZ세대의 각인 시기였던 1998년부터의 남북 간 주요 사건과 해당 연도 남북관계의 전반적 분위기를 요약한 것이다. 2007년까지 남북정상회담과 이산가족 상봉, 금강산 관광, 개성공단 가동 등 남북관계가 진전되어 보이는 사건들이 더 많았던 반면, 2008년부터 2023년까지는 천안함 사건, 여러 차례에 걸친 핵실험, 개성공단 중단, 남북공동연락사무소 폭파 등 남북관계를 악화시키는 사건이 더 많았다는 사실에 주목할 만하다. 언론 키워드 순위에서도 당시 분위기가 드러난다. 예를 들어 남북관계가 긍정적이었던 2018년에는 '비핵화'가 화두였다면, 관계가 부정적이었던 2022년에는 'ICBM'이 화두였다(〈그림 2-4〉). 특히 2000년대 후반부터 남북관계의 경색 국면이 연속적으로 이어지며 MZ세대에게 통일은 실현 가능성이 낮은 것으로 인식되었을 수 있다.

〈그림 2-4〉 북한 관련 언론 키워드 시각분석: 2018년, 2022년

(가) 2018년

(나) 2022년

주: 빅카인즈의 뉴스 검색에서 키워드 '북한' 설정 후 전국일간지, 경제일간지, 방송
　사의 정치(북한) 섹션 연관어를 분석해 얻은 결과다(분석뉴스 1000건, 가중치).

6. 나가며

이 글에서는 MZ세대가 통일을 지지하지 않는 경향성과 그 이유에 대해 살펴
보았다. MZ세대는 다른 세대보다 통일을 필요하거나 시급한 과제로 여기지 않
고, 통일에 대해 무관심하며, 현 상태를 선호하는 비중이 높은 것을 확인했다.
MZ세대가 지닌 이러한 통일의식의 특성과 그 이유를 여러 방면으로 살펴보고
한국 사회가 갖고 있는 MZ세대의 특성을 중심으로 세대별 가치관 차이도 살펴
보았다. 통념과 달리 MZ세대는 다른 세대보다 더 공정성을 추구하지도, 더 개

인적이지도, 더 물질주의적이지도 않다. MZ세대는 기존 세대와 다른 차별적 성향을 갖기 때문에 통일을 지지하지 않는 것이라 주장할 수 없는 것이다.

MZ세대가 통일을 지지하지 않는 이유는 통일의 매력이 약화되고 MZ세대가 자라난 환경과 경험 때문일 가능성이 높다. 한국인에게 통일은 실리를 추구하는 것보다 원래 같은 민족이었던 상태를 회복하는 이념적인 목표에 가깝다. MZ세대에게 이러한 통일은 적극적으로 추구해야 하는 목표가 되기 어렵다. 국제화를 본격적으로 추구하기 시작했던 시기의 한국 사회에서 성장한 MZ세대는 민족의식이 낮고 북한 사람들을 같은 집단으로 보지 않는 경향이 다른 세대보다 강하기 때문이다. 이념적 측면에서 통일해야 하는 필요를 느끼지 못하는 데다 통일을 함으로써 얻을 수 있는 구체적이고 실리적인 이유 또한 제시되지 못하는 현 상황에 MZ세대가 통일을 지지하지 않는 것은 자연스러운 현상으로 판단된다.

게다가 대다수의 MZ세대는 성장기에 남북관계가 풀리는 것보다 꼬이는 것을 더 빈번하게 관찰했다. 이러한 경험은 MZ세대가 남북관계를 풀기 어려운 것, 통일은 불가능한 것으로 인식하게 만들었을 것이다. 특히 여러 차례 경기침체를 관찰하고 경험한 밀레니얼 세대에게 현실에서 시급하게 해결해야 할 과제는 경제적 문제이지 통일과 같은 이념적인 주제가 아니다. 통일은 생각하기도, 실현하기도 어려운 것, 또는 굳이 고민하지 않아도 되는 것이라는 의견에 대다수의 MZ세대가 공감하는 것이 현실이다. 다만, 과거의 경험 때문에 통일을 지지하지 않는다는 것은 앞으로의 경험에 따라 통일을 지지할 가능성이 있음 또한 암시한다. 미래세대의 통일의식은 향후 남북관계의 향방에 달려 있다.

참고문헌

빅카인즈. http://www.bigkinds.or.kr(검색일: 2023년 10월 1일).

이상신·민태은·윤광일·구본상. 2021.7. ≪KINU 통일의식조사 2021: 통일·북한 인식의 새로운 접근≫. KINU 연구총서 21-15.

정승호·이종민·이서현. 2021. "The Impact of Geopolitical Risk on Stock Returns: Evidence from Inter-Korea Geopolitics". BOK경제연구 제2021-10호.

≪중앙일보≫. 2019.11.25. "내년 베이비부머·X세대·밀레니얼 모두 바뀐다". https://www.joongang.co.kr/article/23640601#home.

통일부. 2022. 「민족공동체통일방안」. https://unikorea.go.kr/unikorea/policy/Mplan/Pabout/(검색일: 2022.10.1).

통일평화연구원. 2023.12.21. 「2023 통일의식조사」. 통일학연구 60.

한국교육개발원. 2022. 「학교 평화·통일교육이란?」. http://tongil.moe.go.kr/intro/peaceEdu/objective.do(검색일: 2022년 10월 1일).

Duffy, Bobby, Hannah Shrimpton and Michael Clemencs. 2017.5. "Ipsos Mori Thinks: Millennial Myths and Realities." Ipsos MORI. https://www.ipsos.com/en/millennial-myths-and-realities-uk.

Fuchs-Schündeln, Nicola and Matthias Schündeln. 2015. "On the endogeneity of political preferences: Evidence from individual experience with democracy." *Science*, 347(6226).

Inglehart, Ronald. 1971. "The silent revolution in Europe: Intergenerational change in post-industrial societies." *American Political Science Review*, 65(4).

Krosnick, Jon A. and Duane F. Alwin. 1989. "Aging and susceptibility to attitude change." *Journal of Personality and Social Psychology*, 57(3).

Malmendier, Ulrike and Stefan Nagel. 2009. "Depression babies: Do macroeconomic experiences affect risk taking?" *The Quarterly Journal of Economics*, 126(1).

Newport, Cal. 2022.12.29. "The Year in Quiet Quitting." *The New Yorker*. https://www.newyorker.com/culture/2022-in-review/the-year-in-quiet-quitting.

Pew Research Center. 2019.1.17. "Defining generations: Where Millennials end and Generation Z begins." https://www.pewresearch.org/short-reads/2019/01/17/where-millennials-end-and-generation-z-begins/.

Roth, Christopher and Johannes Wohlfart. 2018. "Experienced inequality and preferences for redistribution." *Journal of Public Economics*, 167.

제3장

도피하는 MZ세대는
'해방'세대가 될 수 있는가?

김지훈(부산대학교 정치외교학과 조교수)

> 지쳤어요. 어디서부터 어떻게 잘못된 건진 모르겠는데 그냥 지쳤어요. 모든 관계
> 가 노동이에요. 눈뜨고 있는 모든 시간이 노동이에요. 아무 일도 일어나지 않고
> 아무도 날 좋아하지 않고. _드라마 〈나의 해방일지〉 중 염미정의 대사.

1. 들어가며 | 〈나의 해방일지〉로부터

현 시대를 살아가는 김지원이란 배우가 있다. 2020년 드라마 〈도시남녀의
사랑법〉과 2022년 드라마 〈나의 해방일지〉에서 주인공 역할을 맡았다. 두 극
에서 김지원이 보여주는 모습은 이른바 MZ세대라고 불리는 청년세대가 어떠
한 욕구와 동기에 따라 삶을 영위하고 있는지를 그대로 보여줘 많은 이들의 공
감을 샀다. 제목 그대로 김지원은 2020년대 대한민국에서 도시남녀는 어떻게
'사랑'을 하고 무엇으로부터 '해방'되기를 원하는지 보여준다. 사랑이 무언가와
의 연결이고 해방은 어떠한 굴레나 속박으로부터의 벗어남 혹은 관계의 끊어짐
을 지칭한다면, 두 주제 속 김지원은 서로 다른 두 면모를 보여준다고 생각하기
쉽다. 하지만 이렇게 드러나는 행위로부터 조금 눈을 돌려 그것을 행하게 하는
기본적인 욕구나 동기를 살펴보면 그녀의 행위는 모두 '도피'라는 주제어를 두

고 설명될 수 있다.

〈도시남녀의 사랑법〉에서 김지원은 두 캐릭터를 연기한다. 그녀의 본모습은 현대 도시 속에서 관찰되는 아주 평범한 보통 여자 이은오인 반면, 그녀가 잠시 동안 모습을 빌린, 혹은 스스로 그린 윤선아는 평범함을 거부하고 자기 자신만의 색채를 자유롭게 내비치는 자유 영혼을 갖춘 사람이다. 이렇게 본연의 모습을 떠나 한 번쯤 되어보고 싶었던 모습을 통해 자신의 정체성을 재정립하는 현상은 우리 주변에서도 쉬이 찾아볼 수 있다. 특히 온라인 게임을 비롯한 인터넷 상에서 자신의 서브 캐릭터를 지칭하는 '부캐'라는 단어와 각자의 삶의 방식을 표현하는 '세계관'이라는 용어를 통해 이런 현상은 더욱 확산되고 있다.

공중파 코미디 프로그램 중 〈나몰라패밀리〉(2006)라는 코너를 통해 인기를 끌었던 코미디언 김경욱은 2022년 '다나카상'이라는 부캐를 통해 남다른 세계관을 전하며 재전성기를 맞이했다. 김경욱은 "포기하고 싶을 때도 많았지만 다나카로 활동하면서 내가 행복하니까 '언젠간 반응이 오겠지' 믿으며 4년을 버텼다"라고 털어놓았다. 그런데 이제 김경욱은 다나카가 아니면 세상 사람의 이목으로부터 멀어질 거라는 두려움을 안고 있다. 인터뷰를 하다 본래 자신의 모습이 튀어나오면, 김경욱은 당황한다. 다른 예로, 한류 열풍을 이끌고 있는 기획사 중 하나인 SM엔터테인먼트의 아이돌 그룹 에스파(aespa)는 네 명으로 구성되어 있지만, 총멤버는 여덟 명이다. 각자 자신의 서브 캐릭터인 AI 캐릭터가 가상현실이라는 다른 세계에서 이들을 대변한다는 독특한 세계관을 내세운다. 하지만 이를 적극적으로 홍보하는 가수 본인도 이러한 세계관을 다룰 때 "현타"가 온다고 밝히고는 한다(iMBC, 2022.12.14; MBN STAR, 2022.7.12; ≪매일경제≫, 2022.7.9).

이러한 혼란을 염두에 두고 〈도시남녀의 사랑법〉에서 김지원의 고민을 살펴보면, 오늘날 젊은 세대의 주된 표현 수단이 된 유튜브, 인스타, 틱톡 등에서 나타나는 부캐와 세계관 나열을 하나의 흥미로운 소재와 요소로만 치부할 수 있을지 의문이 든다. 드라마 속 김지원은 자신의 본캐인 보통 여자 이은오로 돌아가면 더 이상 사랑받지 못할 것이라는 두려움을 시종일관 표출한다. 자신의 원래 모습으로는 사랑받지 못하리라 인식하는 것이다. 하지만 여전히 사랑받고 사랑하고 싶은 욕구는 갖고 있다. 자신의 현재 상황은 바꿀 수 없다고 받아들이면서도 자신이 이상화하는 모습과 그 모습을 통해 펼쳐지는 이상적인 상황을 놓칠 수는 없는 것이다. 이은오에게 윤선하는 하나의 도피처였다.

그럼 〈나의 해방일지〉에서 김지원은 누구를 대변하는가? 김지원은 수도권으로 분류되지만 경기도라는 특정 지역에서 서울로 출퇴근하는 20대 후반의 평범한 직장인 염미정으로 등장한다. 여기서 염미정은 이전 작품에서의 이은오처럼 자신의 부캐를 만들어 사랑을 구하기보다 '구씨'라는 대상에게 자신을 무조건적으로 '추앙'하라고 요구한다. 이전에 경험했던 관계망 속에서 실패하고 상처받았던 자신을 어떠한 경우에서든 안아달라는 욕구를 서슴없이 드러낸다. 이때 염미정이 추구하는 구씨와의 관계는 어떤 형태일까?

최근 한국 사회에서 타인과의 관계망을 형성할 때 이름과도 같이 소개되는 것이 MBTI가 되었다(MBC 뉴스, 2022.7.26). 한편으로 보면 나에 대한 객관화 혹은 유형화를 통해 내가 누구인지 더 잘 살피고 타인이 어떤 사람인지 더 잘 이해할 수 있는 방식이라 할 수 있겠지만, 다른 한편으로는 나나 타인이 변할 수 없음을 현실로 받아들이고 나에게 맞는 '이상적인' 관계를 찾기 위한 하나의 장치로도 볼 수 있다. 후자의 측면에서 보았을 때, 구씨는 염미정의 기대가 온전히 실현될 수 있는 하나의 도피처였다.

김지원이 연기한 두 드라마 속 주인공이 2024년 한국 사회의 청년을 대변한다면, 현시대 MZ세대는 자신이 처한 현실로부터 도피하는 중이라 논할 수 있다. 이 글에서는 이러한 도피가 유일한 선택지인지, 또 도피하는 이들이 원하는 바처럼 그 선택이 진정한 자유를 향한 길인지 검토해 보고자 한다. 우선 이어지는 2절에서 21세기, 특히 2020년대 이후 한국 사회가 전 세계적인 흐름 속에서 양극화와 불평등이 가속화되는 시기에 있음을 보여주고자 한다. 그리고 이전 세기까지 근대화와 사회적 진보를 보장하던 교육 영역 내에서도 이제는 양극화가 나타나, 향후 자신의 삶을 변화시킬 수 있으리라는 청년들의 기대를 낮추고 있음을 보여줄 것이다. 그리고 이어서 3절에서는 이러한 현실을 겪으며 살아가는 청년세대를 '도피하는 세대'라 규정하고, 이러한 전제가 현실을 잘 담아내는 기술(記述)인지 살펴볼 것이다. 이는 현실을 체감하며 청년층이 택한 하나의 생존 전략이 '조용한 사직'과 '후대 세대 포기', 즉 노동과 관계로부터의 해방이라는, 현실로부터의 소극적인, 때로는 적극적인 도피임을 논하며 관찰할 것이다. 그리고 마지막으로 4절에서는 이렇게 규정한 현실 속에서 청년세대와 밀접한 관계가 적은 북한에 대한 인식과 통일의식을 살펴보고, 통일이라고 하는 하나의 대전환적 과제가 이들의 도피처 혹은 안식처가 될 수 있을지 그 가능성을 논할 것이다.

결론부터 요약해 말하자면, 학력 수준의 양극화 현상이 나타난 2010년대 중반과 한국의 합계출산율이[1] 1명 아래를 밑돈 첫해였던 2018년,[2] 그리고 서울대학교 통일평화연구원 실시 「통일의식조사」 결과에서 통일에 대한 부정적 인식이 증대하기 시작한 2019년은 시기상 서로 겹친다. 이러한 수치는 2020년대 이후 나타나는 청년세대의 생존 전략이 모든 관계로부터의 벗어남, 즉 도피 혹은 해방이라는 이 글의 주장을 뒷받침해 준다. 따라서 2024년 현재 대한민국 청년이 각 영역에서 보이는 태도와 의식은 서로 구별되지 않으며, 이를 해결하기 위해서는 좀 더 총체적인 접근이 필요하다 주장하고자 한다. 그리고 여기서는 그 해결책이 바로 정치적 과업임을 내세울 것이다. 또, 그러한 과제에 우리가 좀 더 주목해야 하는 이유는 바로 그러한 과업을 통해야만 우리가 추구하는 (인간적) 자유, 즉 해방을 이룰 수 있기 때문임을 논할 것이다.

---

1   여성의 가임기간(15~49세)에 낳을 것으로 기대되는 평균 출생아 수.
2   이후에도 감소하는 경향은 이어져 2022년 합계출산율이 처음으로 0.7대에 진입했으며, 2024년 현재는 그보다도 아래인 0.68명을 기록할 것이라는 전망이 나온다(≪시사IN≫, 2024.1.10).

2. 학력 수준의 양극화와 닫히는 기회의 창

최근 한국 사회, 특히 젊은 세대의 문해력(literacy)을 둘러싼 논란이 불거졌다. "심심한 사과의 말씀을 드린다"라는 글에 대해 일부 누리꾼들이 "심심하다니 더 화난다"라는 비난의 댓글을 단 것은 물론이고 "하루 이틀 삼일 사흘"이라는 표기 논란이 일자 우리 사회의 교육 수준이 어디로 향하고 있는가라는 의문이 제기되었다. 이러한 의문 제기는 정당한 것일까? 공인된 지표의 결과는 전혀 그렇지 않다. 지표에 따르면, 한국 학생들은 현재 "학력 최상위"를 기록하기 때문이다(연합뉴스, 2023.12.17).

국제적 학력조사인 '학생의 학습도달도조사(Program for International Student Assessment)'(이하 PISA)는 학생 성취도의 국제 순위를 전면적으로 보여준다. PISA는 의무교육을 수료한 학생들이 생활에 필요한 지식과 기능을 어느 정도로 습득했는지 보여주는 조사로서 만 15세 학생을 대상으로 3년 주기로 측정된다. 한국의 경우 고등학교 1학년 학생이 대부분을 차지하며 부분적으로 중학교 3학년 학생 또한 평가대상이 된다. 구체적인 조사항목으로는 읽기, 수학, 과학, 글로벌 역량에 대한 인지적 영역의 평가가 실시되는데, 공개된 자료 중 가장 최근 데이터인 2022년 결과에 의하면 한국 학생들은 모든 영역에서 높은 순위권을 차지하고 있다.[3]

그런데 분석 연도에 따라 달라지는 주 평가 영역의 세부 항목을 살펴보면 좀 다른 얘기가 논의될 수 있다. 서두에서 문제시한 읽기 능력은 2018년 주 평가 영역이었는데, 당시 자료를 살펴보면 한국의 경우 읽기 성취의 학교 내, 학교 간

---

[3] 3년 주기로 이뤄지는 평가에 따라 PISA는 2021년에 측정되었어야 하나, 코로나 사태에 따라 2021년 대신 2022년에 평가가 진행되었고, 해당 결과는 e-나라지표에도 정리되어 있다. 2022년도 조사에서는 전 세계 81개국이 조사 대상이 되었으며, 이 절의 서두에서 논의한 읽기 분야에서 한국은 2~12위를 기록했다. PISA 순위는 95% 신뢰수준에서 추정된 범위로 제시된다(e-나라지표, "OECD 학업성취도(PISA) 순위").

〈그림 3-1〉 한국 학생들의 읽기 소양 성취 수준 비율 추이: 2003~2022년

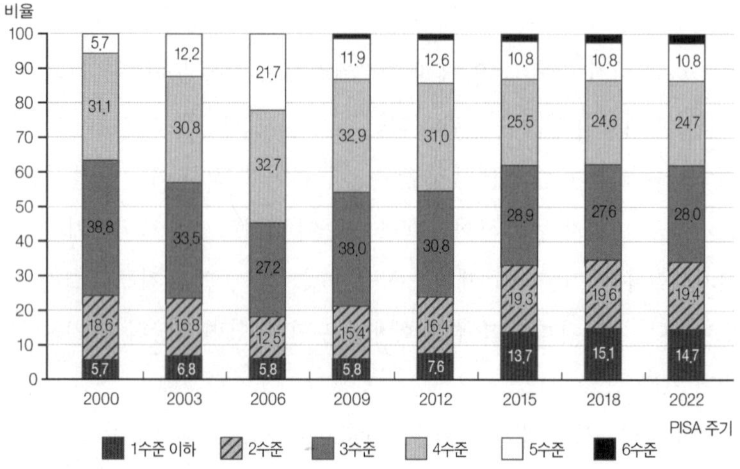

자료: 교육부(2023.12.5).

차이는 OECD 평균보다 높은 것으로 나타났다. 분산 비율이 높을 수록 측정 대상 간 수준 차이가 크다고 볼 수 있는데, '학교 내 분산 비율'은 OECD 국가 평균이 71.2%였던 데 비해 한국은 77.2%를 보였으며, '학교 간 분산 비율'에서도 OECD 국가 평균 28.6%에 비해 한국은 30.7%로 높은 수치를 나타냈다. 설문 참여국 가운데 읽기 점수 상위 15개국 중 해당 기준에서 OECD 평균보다 모두 높은 수치를 기록한 국가는 한국이 유일하다(부록 〈그림 3-2〉). 이러한 차이는 2022년 주 평가 영역인 수학 영역에서도 동일한 결과가 나타나, 학업 성취도에서 전반적으로 양극화 현상이 나타났다고 정의내릴 수 있다.

이러한 현상이 시간이 지남에 따라 좀 더 극명해졌음은 연도별 차이를 통해 좀 더 잘 드러난다. OECD에서는 각 국가의 평균점수는 물론 학생 수준별 비율 자료도 제공한다. 1~6 수준까지로 성취 수준을 구분하는데, 1 수준은 기초 학력이 낮고 6 수준은 학력 수준이 높은 것을 의미한다. 〈그림 3-1〉을 보면 하위 수준에 해당(1~2 수준)하는 비율이 2009년 21.2%에서 2018년 34.7%로 급격히 늘어난 반면, 상위 수준에 해당(5~6 수준)하는 비율은 2009년 12.9%, 2018년

13.1%로 큰 차이가 나타나지 않았다. 높은 학력 수준을 향유하는 학생들이 비교적 동일한 비율을 차지하는 반면, 비교적 낮은 학력 수준에 있는 학생들의 비율은 늘어나 사회 전체적으로 보아서는 학력 수준의 하향화가 잘 드러나는 수치다.

이상에서 확인한 한국의 학생 간 성취도 차이는 임금 및 생활상 등 이후 사회 내에서 겪게 되는 차이와 밀접하게 연관된다고 볼 수 있다. 최근 신지섭과 주병기가 행한 연구에서는 "고등교육에 대한 접근성이 기회불평등이 발생하는 주요 경로임을 시사하고 있고 이러한 경로의 중요성은 점차 확대되고 있을 가능성"을 발견했다(신지섭·주병기, 2021). 이전에 오성재와 주병기는 한국의 소득불평등이 1990년대 초반에 낮은 수준을 유지해 소득 계층 간 기회가 비교적 높은 수준을 유지했던 반면, 2000년대에 들어 이러한 구조는 깨져 소득불평등이 빠른 속도로 악화되었음을 지적했다. 그리고 "높은 불평등과 양극화를 겪으면서 기회평등에 대한 국민들의 신뢰는 크게 약화되었고 자녀교육을 통한 신분상승의 희망도 사라지고 있다"라고 밝혔다. 이를 보여주는 객관적 지표로 통계청이 실시한 조사에서 "우리 사회에서 현재의 본인 세대에 비해 다음 세대인 자식 세대의 사회경제적 지위가 높아질 가능성은 어느 정도라고 생각하십니까?"라는 질문에 부정적으로 응답한 가구 수의 비율이 1999년 10% 이하에서 2015년 50%까지 높아졌음이 확인되었다[오성재·주병기, 2017(부록 〈그림 3-3〉 참고)]. 2024년 MZ세대에게 기회의 창은 닫혀가는 것처럼 보인다. 그리고 보이는 모습으로는, MZ세대는 창을 열려는 시도를 하기보다 그러한 현실을 어쩔 수 없이 받아들이고 있다.

3. 노동, 결혼과 출산으로부터의 도피

문제는 상술한 기존 연구에서 제기된 비관적 전망이 노동 등 경제활동은 물론 결혼 및 출산과 관련된 사회문화적 영역에 직접적으로 영향을 미친다는 점이다. 최근 코로나 사태를 겪으며 온라인 공간을 통해 청년층 내에서 더욱 많이 회자되고 이슈화되었던 용어 '파이어족(FIRE: Financial independence retire early)'과 '조용한 사직(quiet quitting)'은 그 단면을 보여준다. 노동보다는 금융소득을 통해 경제적 부를 이뤄 정년보다 훨씬 일찍 '적극적인 퇴사'를 하고자 하는 파이어족과, 실제로 직장을 그만두지는 않지만 정해진 업무 시간 동안에 주어진 업무 범위 안에서만 일하겠다는 일종의 마음 다짐을 하며 '소극적인 퇴사'를 하는 조용한 사직자가 늘고 있다는 것이다. 실질적으로 그 수치를 제시할 수는 없겠지만, 최근 구직 활동을 포기하는 청년의 (자발적) 실업 문제가 대두되는 것은 이러한 현실의 반영이라 할 수 있다(≪동아일보≫, 2023.3.21). 이를 두고 영국 런던 대학교(University College London) 경영대학원의 앤서니 클로츠(Anthony Klotz) 교수는 젊은 세대에서 드러나는 직장에 대한 태도 변화가 "직장에서 업무로 인정받기 위해 공을 들이기보다 가족, 친구, 취미 등으로 삶의 우선순위를 재조정하는 이들이 늘고" 있음을 보여주는 것이라 진단하기도 했다(≪머니투데이≫, 2022.9.12). 만약 이러한 진단이 맞다면, 청년층은 자신의 사적 영역에서 친교관계를 확장하거나 이성 간 만남에 좀 더 '신경' 써야 할 것이다. 하지만 현재 한국의 현실에서는 정반대의 상황이 나타난다.[4]

2024년 대한민국은 심각한 저출산 문제를 직면했다. 일찍이 2005년 '저출산고령사회위원회'가 발족했고 대통령직속기관으로 여러 활동과 정책을 내놓았지만, 한국은 역대 최저 합계출산율을 나날이 '경신'하고 있다. 통계청에 따르면 2023년 우리나라 합계출산율은 0.72명으로서 1명 아래를 밑돈 것은 2018년부터이고, 이렇게 1명 이하의 합계출산율을 연속적으로 기록하는 국가는 OECD 국가 중 한국이 유일하다(통계청, 2023.12.13). 실질임금이 정체되고, 교육비 급등이 멈추지 않고, 정규직 채용 요구 수준이 계속해서 고도화되는 상황에서 클로츠 교수의 진단과는 다른 생존 전략, 즉 노동에 더해 관계로부터의 벗어남이

---

4   이런 상황은 이미 2018년에 뉴스거리가 되고 있었다(≪헤럴드경제≫, 2018.3.14).

선택되고 있다. 이러한 현상을 두고 혹자는 "경제적 활동 기회가 부족한 지방에 비해 서울은 상대적으로 나을 것이다"라는 '편한 주장'을 할지도 모른다. 인구소멸 위기와 함께 지방소멸 위기는 근래 대한민국에서 누구나 '맘 놓고' 하는 화두가 되었기 때문이다.[5] 그런데 "지방이 힘든 만큼 서울은 이득을 본다"라는 논리역시도 현실에 부합하지 않는다. 통계청에서 발표한 자료에 따르면 2023년 지역별 합계출산율에서 서울은 0.57명을 기록해 전국에서 가장 낮은 수치를 보였다.

그렇다면 왜 이러한 현상이 나타나는 것일까? 모든 사회현상이 그렇듯 그 이유에는 여러 요소가 복잡하게 얽혀 있을 것이다. 얼핏 생각하기에도 다양한 요소가 제기될 수 있다는 것을 알 수 있다. 흔히 논의되는 이유로는 개인의 중요성을 강조하는 개인주의적 가치관의 발달, 혹은 신자유주의 풍토 속에서 가족 구성원이 늘어날수록 겪게 되는 경제적 부담으로부터의 회피 현상이 지목된다(호정화, 2014: 25~59). 특히나 MZ세대가 보이는 자유로운 사고, 현재 달성 가능한 행복의 추구, 자기중심적 사고의 확장 등은 기존과는 다른 가치관이라 논의되며, 이러한 특성이 결혼과 출산에 대한 태도에 반영된 것이라 지적되고는 한다. 경제력만 있으면 가족이나 친구에게 의지하지 않아도 자유롭게 살 수 있는 시대가 되었다는 것이다. 하지만 이는 비단 경제력, 즉 돈만의 문제는 아닐 것이다. 만혼화와 저출산의 원인이 단순히 경제적 이유에 있다면, 결혼적령기 세대의 소득 향상이나 아이를 기르는 가정에 대한 지원 정책을 내놓는 것만으로 해결될 수도 있었을 것이다. 하지만 우리는 이러한 방식이 수년간 실패해 왔음을 익히 알고 있다(≪파이낸셜뉴스≫, 2023.6.4). 현시대의 문제는 단순히 경제적 해결책만으로 다뤄질 수 없다. 우리의 의식 방향을 어떻게 변화시킬 수 있을지가 관건이기 때문이다.

---

[5]   매체에서는 아예 현시대를 '지방소멸 시대'로 규정하기도 한다(KBS 뉴스, 2023.6.8).

4. 공동체적 '이상'으로부터의 도피와 '닫힌 방'

이렇게 냉혹한 현실 앞에서 2024년 우리 사회는, 그리고 그 중추를 이루는 청년세대는 '나'라는 굴레를 넘어 가족, 나아가 공동체인 국가, 더 나아가 한민족으로 일컬어지는 한반도 내 '타자'인 북한을 상상할 수 있을까? 지금까지 상황으로 볼 때 이는 쉽지 않아 보인다.

서울대학교 통일평화연구원에서 2007년부터 매년 실시하는 「통일의식조사」 결과에 따르면, 통일이 필요하다는 응답은 '매우 필요하다'와 '약간 필요하다'를 합해 2007년 63.8%로 가장 높은 수치를 기록한 이후 지속적으로 하락하여 2023년 조사에서는 43.8%까지 떨어졌다. 반면 '통일이 필요하지 않다'는 응답은 '별로 필요하지 않다'와 '전혀 필요하지 않다'를 합해 2007년 15.1%에서 2023년에는 최고치인 29.8%로 약 2배 정도 증가했다. 그리고 이러한 응답률은 MZ세대에 속하는 20~30대에서 상대적으로 더 높게 나타난다.[6] 추세를 좀 더 자세히 살펴보면 2019년을 기점으로 해당 의식이 좀 더 높아지는데, 이는 이전 절들에서 학력 수준의 양극화가 2010년대 중반 이후에 나타난 점과 함께 한국의 합계출산율이 1명 아래를 밑돈 것이 2018년부터라는 점과 시기상 서로 겹친다.

이렇게 분열이 아닌 화합의 상징으로 대표되는 통일이라는 공동체적 '이상'으로부터의 도피 현상을 사실 우리는 역사적으로 이미 경험했다. 지금으로부터 약 100년 전인 1933년경 프랑스 파리 몽파르나스 거리의 벡드가즈(Becde-Gaz) 바에서 세 명의 젊은 철학자들은 담소를 나누고 있었다. 당시 25세의 시몬 드 보부아르, 27세의 장폴 사르트르, 그리고 레몽 아롱은 과거 이상주의적 사고에 맞춰 세계의 '영원한' 평화를 추구하던 세상이 1차 세계대전 이후 다시 장밋빛 미래를 꿈꿀 수 있는지 논하고는 했다. 사회적·정치적 체제 전반이 전쟁으로 인해 붕괴되던 상황 속에서 다른 삶과 사회가 펼쳐질 수 있을지 고뇌했다.

---

6   이와 관련해 좀 더 구체적인 논의는 이 책의 2장 김성희의 연구를 참고해 볼 수 있다.

국내에 잘 소개되어 있지는 않지만 사르트르의 희곡 『닫힌 방(Huis clos)』 (1944)을 살펴보면 현재 우리 사회가 겪는 문제를 다른 관점에서 되돌아볼 수 있다고 생각한다. 사르트르는 희곡 『닫힌 방』에서 현세(現世)에 죽음을 맞이한, 서로 정체를 모르는 세 주인공을 등장시킨다. 이들은 탈출할 수 없는 닫힌 방에서 서로의 시선을 피하기 어려운 '불편한' 상황에 놓여 있다. 이때 남자 주인공인 가르생은 의로운 삶을 살고자 했으나 최후에는 옥중 탈출을 계획하다가 총살을 당한 인물인데, 자신이 죽었기 때문에 현세에서 자신을 비난하거나 조롱할 사람들에게 어떠한 항변도 하지 못하는 상황에 괴로워한다. 그리고 닫힌 방안에서 이러한 과오를 더 이상 듣기기 싫은 마음을 품고 있으며, 자신은 괜찮은 사람이라는 평가를 받고 싶어 한다. 이때 사랑을 원하는 젊은 여성인 에스텔은 가르생이 어떠한 사람이든 괜찮다는 말을 전하지만, 가르생은 '진짜 자신'을 인정받지 못한다는 생각에 만족하지 않는다. 오히려 자신에 대해 무엇인가 더 알고 있는 듯한 말을 건네는 또 다른 주인공인 이네스의 '시선'에 사로잡혀 그 시선을 바꾸지 않는 한, 이 방에서 탈출하지도 않을 거라는 결정을 내린다. 여기서 가르생은 "지옥은 바로 타인들이야"라는 말을 하면서, 자신을 괴롭게 만드는 타인의 존재를 표현한다. 이처럼 사르트르는 이 희곡에서 '닫힌 방' 안에 있는 사람들 모두가 서로의 '시선'에서 자유롭지 못한 상황을 그렸다.

　이러한 얘기를 통해 사르트르는 인간이 세상이라는 공간에 들어서면 피할 수 없는 타인의 시선, 존재를 논한다. 사물과 달리 그 '태생'의 본질적 의미를 사전적(事前的)으로 한정하기 어려운 인간을 두고 일전에 사르트르는 "실존(existence)은 본질에 선행(先行)한다"라 정의했다. 사르트르에 따르면 본질상, 즉 태생상무(無, nothingness)의 상태에 놓여 있는 인간은 자신의 본질을 무한히 채워갈 수 있는 가능성을 지니게 된다(『존재와 무』). 그런데 사르트르는 이렇게 열려 있는 가능성을 맹목적으로 긍정하지는 않는다. 사르트르에게 가능성이 무한하다는 것, 즉 자유의지에 따라 인간이 고를 수 있는 선택지가 무한하다는 사실은 그 선택지 앞에서 고뇌하는 사람, 즉 실존적 불안(existential anxiety)을 겪는 사람이 있다는 것을 보여준다. 내가 선택한 삶의 경로가 정말 맞을까? 이에 대한 명확한 답이 제시되지 않는 혹은 없는 상황에서 인간은 계속 선택을 내리도록 강요받고는 한다. 이처럼 인간이 선택에 따른 실존적 불안 상태에 있다고 한다면, 그 불안은 자신이 선택한 길의 향방을 바꿀 수 있는 타인에 의해 증대될 수 있다. 자신의 정체성을 수립하고 발현해 나갈 때 타인이 존재한다는 사실을 간과할 수 없다는 얘기다. 이때 사르트르는 결국 '진정으로 자유로운 나'는 어떻게 존재하는가라는 질문에 대한 답을 촉구한다. 이러한 질문에 대해 한국 사회, 또 사회 내 청년들은 어떻게 답하는가? 『닫힌 방』의 가르생 대사처럼 "지옥은 바로 타인들"임을 외치며 그 타인으로부터 도피하거나 그 타인을 관심 외 대상으로 두고 있지는 않은가? 이때 우리는 사르트르 희곡 속 세 주인공이 마지막에 같이 내뱉은 말에 주목할 필요가 있다. "우린 언제까지나 함께 있는 거야."

5. 나가며 | 진정한 해방이란?

"우리가 자유롭다면, 도전해 오는 시대에 우리의 자유를 어떻게 사용하는 것이 적절할 것인가?" 사르트르는 히로시마 원폭 투하 직후인 1945년 10월 기고한 에세이 「종전(La Fin de la guerre)」이라는 글에서 독자들에게 정확히 어떤 세상을 원하고 만들 것인지 스스로 결정하라고 촉구했다(Sartre, 2008: 65~75). 이후에 사람들이 택한 자유는 방종에 가까웠다. 1940년대 중반부터 '실존주의자'는 자유연애를 즐기고 재즈에 맞춰 춤을 추며 밤을 새우며 노는 사람들을 일컫는 말이 되었다. 약 100년이 지난 21세기의 '실존주의자'들이 택하는 자유는 무엇일까?

근대화로 인해 과거의 생산양식에서 벗어났고 민주화로 인해 권위의 속박에서 벗어난 우리는 스스로 '화폐 신앙의 시대'를 열었다. 자본주의 시장화의 진전에 맞춰 많은 사람들은 돈이야말로 유일한 안전보장책이라 생각하게 되었다.

또한 돈은 번거로운 절차와 인간관계 없이도 누구나 자유롭게 살아갈 수 있게 해주는 마법 도구처럼 여겨진다. 교육과 노동을 통해 사회적 계층 상승을 이뤄낼 수 없다면, 여기에 매달리는 것은 무의미한 일이 된다. 또한 눈앞의 이해타산을 따져본다면 가정을 돌보는 주부가 행하는 활동은 무엇도 '생산'하지 못한다고 여길 수 있다. 게다가 이제 우리는 돈만 있으면, 삶을 마음껏 '소비'하면서 살 수 있다.

이 글의 큰 주제는 "왜 요즘 청년들은 도피하는가"였다. 도피가 이제는 개인적 자유의 표현으로 받아들여지는 듯하다. 우리는 이 현상을 경제적 합리성에 따른 삶이거나 개성의 발현이라고 '정치적' 단어를 사용하며 재서술하고 정당화할 수 있을 것이다. 그런데 만약 현재와 같은 시대가, 또 그 시대 속에서 살아가는 청년인 MZ세대가 정말 문제라면, 이러한 흐름에 제동을 걸고 정상화된 사회로 연착륙하기 위해서는 무엇이 필요할까? 여기에서는 이를 위해 의식의 변화가 이뤄져야 하며, 결국 통일을 비롯한 (정치)공동체는 과연 무엇이고 어떻게 구조화되어야 하는가라는 문제에 좀 더 많은 관심을 두어야 한다는 방향성 제시만으로 논의를 마무리하고자 한다. 사르트르가 제기했던 것처럼, 우리가 살아가는 정치적 현실과 그 현실을 외면하지 않고 직면하면서 살아가야 하는 인간의 실존적 상황이 무엇인지 살펴봐야 한다는 것이다. 그리고 그 과정을 통해서 우리는 자연스럽게 우리에게 필요한 자유란 무엇인지에 대해 의식 변화를 꾀할 수 있을 것이다. 과연 그 자유란 우리가 유일한 선택지로 삼는 경제적 자유에 국한되는 것일까? 우리는 다른 자유의 의미를 상상할 공간을 남겨두고 있을까?

필자는 다른 글에서 토머스 홉스(Thomas Hobbes)라는 17세기 잉글랜드 정치철학자의 논의를 검토했다(김지훈, 2023: 9~32). 해당 글에서 필자는 홉스의 논의를 통해 우리가 현재 내리고 있는 현실에 대한 판단이 불완전할 수 있음을 인지해야 한다고 주장했다. 현실에 대한 판단은 "합리적으로는 정당화될 수 없는 가정(assumptions) 간 전쟁터"이기 때문에, 그리고 "홉스가 인정하듯 우리는 신이 혹은 자연이 어떻게 인간을 '창조'했는지(평등하게 만들었는지 불평등하게 만들었는지조차도)" 모르기 때문에, '현실적' 판단에 치우쳐 다른 선택의 가능성을 없는 것처럼 여겨서는 안 된다는 것이다. 앞서 살펴본 사르트르 논의에 따르면, 이러한 선택의 가능성을 지운다면 우리는 우리 스스로 인간 실존을 포기하는 것이 된다. 우리 시대의 청년이 도피만을 유일한 선택지로 남겨둔다면, 굴레로부터 해방되는 것이 아니라 오히려 자유를 상실하는 것이 될 수 있다.

참고문헌

교육부. 2023.12.5. "경제협력개발기구(OECD), 국제 학업성취도 평가(PISA) 2022년 결과 발표". 교육부 보도자료.

_____. 2019.12.3. "OECD 국제 학업성취도 비교 연구(PISA 2018) 결과 발표". 교육부 보도자료.

김지훈. 2023. 「리바이어던을 기다리는 프로메테우스: '이성적 원칙'에 따라 설립되는 (정치적) 주권자의 가능성과 한계」. ≪정치사상연구≫, 29(1).

≪동아일보≫. 2023.3.21. "일도 구직도 안하고… 청년 50만명 '오늘도 그냥 쉽니다'".

≪매일경제≫. 2022.7.9. "'전참시' 카리나, 에스파 독특한 세계관, 가끔 '현타' 온다".

≪머니투데이≫. 2022.9.12. "'출근은 하되, 애쓰지 않기로 했다'… '조용한 퇴직'을 아시나요".

≪시사IN≫. 2024.1.10. "합계출산율 0.7명 사회 한국은 정말 끝났는가".

신지섭·주병기. 2021. 「한국노동패널과 가계동향조사를 이용한 소득기회불평등의 장기추세에 대한 연구」. ≪경제학연구≫, 69(1).

사르트르, 장폴(Jean-Paul Sartre). 2009. 『존재와 무(L'être et le néant)』. 정소영 옮김. 동서문화사.

_____. 2013. 『닫힌 방: 악마와 선한 신(Huis Clos: Le Diable et le Bon Dieu)』. 지영래 옮김. 민음사.

iMBC. 2022.12.14. "'구독자 100배↑' 숏박스 → 다나카, 대세는 유튜브 코미디언 [2022총결산]".

MBNStar. 2022.7.12. "에스파의 '세계관', 자꾸 빠져든다".

MBC뉴스. 2022.7.26. "[재택플러스] 'MBTI 열풍'… 외신도 주목".

연합뉴스. 2023.12.17. "'학력 최상위' 한국 학생, 행복도는 열등생… 22% '삶에 불만족'".

오성재·주병기. 2017. 「한국의 소득기회불평등에 대한 연구」. ≪재정학연구≫, 10(3).

e-나라지표. "OECD 학업성취도(PISA) 순위". https://www.index.go.kr/unity/potal/main/EachDtl

PageDetail.do?idx_cd=1528(검색일: 2024년 1월 9일).

KBSNews. 2023.6.8. "[지방소멸 시대] "'백종원 효과' 성공적…예산군, 농업 중심지 육성".

통계청. 2023.12.13. "장래인구추계: 2022~2072년". 통계청 보도자료.

≪파이낸셜뉴스≫. 2023.6.4. "'저출산'극복에 280조 투입했다지만…타깃은 애매 [인구소멸]".

≪헤럴드경제≫. 2018.3.14. "[솔로사회] ① '비혼·비연애 선언' 우리는 '안'하는 거라고요".

호정화. 2014. 「비혼과 1인 가구 시대의 청년층 결혼 가치관 연구: 혼인 및 거주 형태별 비교를 중심으로」.
≪한국인구학≫, 37(4).

Sartre, Jean-Paul, 2008. "The End of the War(La Fin de la guerre)." *The Aftermath of War(Situations 3)*.
Chris Turner(trans). The University of Chicago Press.

부록

<그림 3-2> 읽기 점수 상위국에서의 학교 내 및 학교 간 차이: 2018년 PISA

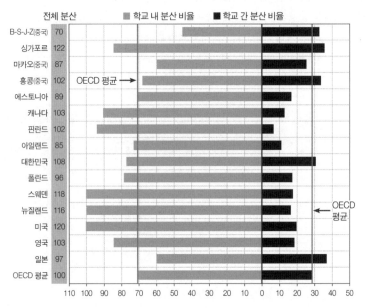

자료: 교육부(2019.12.3).

<그림 3-3> 세대 간 계층이동 가능성에 대한 인식 변화

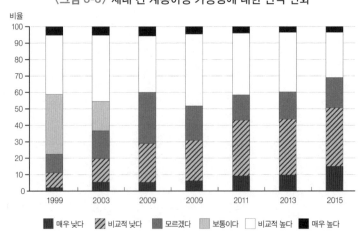

자료: 오성재·주병기(2017: 3).

제4장

데이터를 통해 본
통일의식의 과거와 현재

김범수(서울대학교 자유전공학부 교수, 서울대학교 통일평화연구원 원장)

1. 들어가며

한반도 분단 이후 지난 수십 년 동안 통일은 우리 민족이 반드시 실현해야 할 '역사적 사명'이자 최우선 실천 과제 가운데 하나로 인식되어 왔다.[1] 지금의 50대 이상 세대는 대부분 기억하고 있겠지만 1970년대와 1980년대, 그리고 1990년대까지만 하더라도 학교 수업 시간뿐만 아니라 일상생활에서도 "우리의 소원은 통일/ 꿈에도 소원은 통일/ 이 정성 다해서 통일/ 통일을 이루자"라는 가사의 〈우리의 소원〉이 너무나도 자연스럽게 들렸다. 그러나 시대가 변하고 세대가 바뀜에 따라 통일에 대한 우리 사회의 의식 또한 최근 들어 급격히 변화하고 있

---

[1] "조국의 평화적 통일"이 "우리 대한국민"의 "역사적 사명"이라는 표현은 1972년 12월 27일에 개정된 제4공화국 헌법 전문에 처음 등장한 이후 현행 헌법 전문에도 다소 표현이 수정된 채 그대로 남아 있다. 현행 헌법 전문은 "유구한 역사와 전통에 빛나는 우리 대한국민은 3·1운동으로 건립된 대한민국 임시정부의 법통과 불의에 항거한 4·19 민주이념을 계승하고, 조국의 민주개혁과 평화적 통일의 사명에 입각하여 정의·인도와 동포애로써 민족의 단결을 공고히 하고, 모든 사회적 폐습과 불의를 타파하며, 자율과 조화를 바탕으로 자유민주적 기본질서를 더욱 공고히" 한다는 점을 명시한다. 또한 현행 헌법 제4조는 "대한민국은 통일을 지향하며, 자유민주적 기본질서에 입각한 평화적 통일 정책을 수립하고 이를 추진한다"라 언급하며 통일이 대한민국이 지향해야 할 헌법적 가치 가운데 하나임을 명시했다.

다. 특히 분단 이후 70년 이상 세월이 흘러가면서 통일이 더 이상 필요하지 않고 현재의 분단 체제가 더 좋다는 의식이 우리 사회 내부에서 확산되었다.

이러한 변화는 과거에 실시된 통일의식 관련 여론조사 결과와 최근 결과를 비교하면 확연히 드러난다. 실례로 국토통일원[2]이 1969년 9월 전국 50개 지역 2014명을 대상으로 정부 수립 이후 처음 실시한 통일의식 관련 여론조사인 「국토통일에 대한 여론조사」 결과에 따르면, 응답자의 90.6%가 '통일이 되어야 한다'고 응답할 정도로 통일에 대한 열망이 강했다. 또한 통일이 '10년 내 가능'하다는 응답이 39.5%인 반면 '10년 내 불가능'하다는 응답은 19.5%에 불과할 정도로 통일에 대한 낙관적 전망이 널리 퍼져 있었다(김진환, 2015: 76). 비슷한 경향은 1990년대에도 그대로 이어졌다. 민족통일연구원(1999년 통일연구원으로 명칭 변경)이 1994년 전국의 성인남녀 1500명을 대상으로 실시한 여론조사 결과에 따르면, 통일 필요성과 관련한 질문에 응답자의 91.6%가 '통일이 필요하다'고 응답한 반면 불필요하다고 응답한 비중은 8.4%에 불과했다. 또한 10년 이내 통일이 가능하다고 응답한 비중이 73.8%에 달할 정도로 통일에 대한 낙관적 전망이 증가했다.[3]

그러나 이처럼 높은 수준으로 유지되던 통일 열망과 통일에 대한 낙관적 전망은 2000년대 이후 서서히 줄어들었다. 통일연구원이 2005년 전국의 성인남녀 1000명을 대상으로 실시한 여론조사 결과에 따르면, "귀하는 통일이 반드시 달성해야 할 민족적 과업이라는 주장에 대해서 어떻게 생각하십니까"라는 질문에서 '매우 찬성한다' 49.2%와 '대체로 찬성한다' 34.7%를 합해 '찬성한다'는 응답이 83.9%, '반대한다'는 응답은 '매우 반대한다' 3.3%와 '대체로 반대한다' 12.8%

---

2 정부는 통일 정책을 효과적으로 관장하기 위해 1969년 신규 정부 조직으로 국토통일원을 설립했으며, 이후 1990년 통일원으로, 그리고 1998년 김대중 정부에서 통일부로 명칭을 변경했다.

3 이 시기 통일에 대한 낙관적 전망이 이전에 비해 큰 폭으로 증가한 배경에는 동서독 통일(1990년)과 소련 해체(1991년)에 따른 공산권 붕괴 등 국제정세가 영향을 미친 것으로 보인다(통일연구원, "KINU국민통일여론(1994~2008)").

를 합해 16.1%였다. '찬성한다'는 응답 비중이 압도적으로 높지만 앞서 언급한 1994년 조사에서 통일이 필요하다는 응답이 90%가 넘었던 것과 비교하면 통일 열망이 다소 줄어들었음을 확인할 수 있다(통일연구원, "KINU국민통일여론(1994~2008)"). 또한 서울대학교 통일평화연구원이 2007년부터 매년 실시하는 「통일의식조사」 결과에 따르면, 통일이 필요하다는 응답은 '매우 필요하다'와 '약간 필요하다'를 합해 2007년 63.8%로 가장 높은 수치를 기록한 이후 지속적으로 하락하여 2023년에는 조사 이래 최저치인 43.8%까지 하락했다. 반면 '통일이 필요하지 않다'는 응답은 '별로 필요하지 않다'와 '전혀 필요하지 않다'를 합해 2007년 15.1%에서 2023년 29.8%로 조사 이래 최고치로 상승했다.

이 글에서는 이처럼 2000년대 이후 급격히 변화한 우리 사회의 통일의식을 20대와 30대에 초점을 맞춰 살펴보고자 한다. 구체적으로는 서울대학교 통일평화연구원이 2007년 이후 매년 실시하는 「통일의식조사」 결과 분석을 중심으로[4] 통일 필요성, 통일에 대한 견해, 통일 가능 시기 등과 관련한 국민 의식의 전체적인 변화 흐름을 살펴본 후 20대와 30대에 초점을 맞춰 이들 연령대에 나타나는 통일의식의 특징을 살펴보고자 한다.[5] 우선 통일 필요성과 관련한 의식 변화부터 살펴보자.

---

[4] 서울대학교 통일평화연구원은 2007년부터 2023년까지 여론조사 기관 갤럽에 의뢰해 전국에 거주하는 성인남녀 1200명을 대상으로 통일에 대한 인식, 북한에 대한 인식, 정부의 대북정책에 대한 평가 및 태도 등을 조사해 왔다. 2023년 조사는 7월 4일부터 7월 27일까지 24일간 전국 17개 시도에 거주하는 만 19세 이상 74세 이하 성인남녀 1200명을 대상으로 실시되었다. 조사는 구조화된 질문지를 사용했고 표본 오차는 95% 신뢰수준에서 ± 2.8%이다.

[5] 이 글에서 사용하는 20대와 30대의 기준은 2024년 현시점이 아니라 각 조사 시점 당시를 기준으로 만 19~29세와 만 30~39세를 대상으로 했음을 밝혀둔다. 즉, 2007년 조사에서 20대와 30대는 대략적으로 각각 1978~1988년생과 1968~1977년생을 의미하며, 2023년 조사에서 20대와 30대는 1994~2004년생과 1984~1993년생을 의미한다. 이러한 점에서 4장에서 살펴보는 20대와 30대의 통일의식은 특정 세대(cohort)의 통일의식이라기보다는 각 조사 시점을 기준으로 20대와 30대의 통일의식을 의미한다.

2. 통일 필요성

서울대학교 통일평화연구원에서 매년 실시하는 「통일의식조사」는 통일 필요성에 대한 국민의 의식 변화를 살펴보기 위해 2007년부터 "○○님은 남북한 통일이 얼마나 필요하다고 생각하십니까?"라고 질문했다. 〈그림 4-1〉은 '매우 필요하다'와 '약간 필요하다'를 '필요하다'로 합산하고, '별로 필요하지 않다'와 '전혀 필요하지 않다'를 '필요하지 않다'로 합산해 정리한 추세를 보여준다.[6]

〈그림 4-1〉에 따르면, '매우 필요하다'와 '약간 필요하다'를 합해 통일이 '필요하다'는 응답은 2007년 63.8%를 기록한 이후 점차 추세적으로 하락하여 2015년 52.0%까지 내려갔다가 이후 다소 상승해 남북정상회담과 북미정상회담이 연달아 열린 2018년 59.8%까지 상승했다. 그러나 이후 대화를 통한 북핵 문제 해결이 쉽지 않다는 점이 명확해지고 남북관계와 북미관계가 경색되면서 점차 하락하여 2023년에는 조사를 시작한 이래 최저치인 43.8%까지 하락했다. 한편 '별로 필요하지 않다'와 '전혀 필요하지 않다'를 합해 통일이 '필요하지 않다'는 응답은 2007년 15.1%를 기록한 이후 점차 추세적으로 상승해 2016년 23.8%까지 상승했고, 이후 다소 하락하여 2018년 16.1%까지 내려갔다가 다시 상승 추세를 보인다. 특히 2023년의 경우 통일이 '필요하지 않다'는 응답의 비중이 2007년 조사를 시작한 이래 가장 높은 29.8%까지 상승했다.

한편 통일 필요성에 대한 의식을 연령대별로 살펴보면 〈표 4-1〉과 〈표 4-2〉에 나타나는 바와 같이 전반적으로 40대는 전체 평균과 유사한 흐름을 보인 반면, 50대와 60대 이상에서는 통일이 '필요하다'는 응답의 비중이 높고 20대와 30대에서는 통일이 '필요하지 않다'는 응답의 비중이 상대적으로 높게 나타났다.

우선 〈표 4-1〉에 따르면, 19~29세 연령대(이하에서는 20대로 표현)에서 통일이 '매우 필요하다'와 '약간 필요하다'를 합한 비중은 2007년 53.3%에서 점차 하락

---

6   보다 자세한 수치는 2007년부터 2023년까지 이 질문에 대한 응답 결과를 정리한 부록 〈표 4-1〉에서 확인할 수 있다.

〈그림 4-1〉 통일의 필요성에 대한 인식 변화 추세: 2007~2023년(단위: %)

〈표 4-1〉 연령대별 '통일이 필요하다' 응답률: 2007~2023년(단위: %)

연령대	2007	2008	2009	2010	2011	2012	2013	2014	2015
19~29세	53.3	45.7	43.2	48.8	40.7	46.7	40.4	42.3	32.4
30~39세	65.6	50.7	51.8	55.5	49.1	51.4	51.6	49.8	36.7
40~49세	65.9	52.9	63.0	65.2	57.3	63.2	60.0	56.3	53.5
50~59세	67.5	51.9	63.1	64.4	61.3	63.2	60.7	66.2	64.8
60세 이상	78.8	67.5	73.6	73.3	71.9	64.2	68.0	74.1	72.9
전체	63.8	51.5	55.9	59.0	53.7	57.0	54.8	55.8	52.0

연령대	2016	2017	2018	2019	2020	2021	2022	2023
19~29세	38.1	40.3	53.6	41.6	35.3	27.9	27.5	28.2
30~39세	36.3	40.1	52.3	38.0	43.0	40.9	33.3	34.0
40~49세	54.8	58.3	59.2	54.4	58.9	46.5	49.6	42.3
50~59세	62.4	61.9	69.7	62.6	62.8	46.9	50.2	51.9
60세 이상	75.1	67.5	62.1	68.0	60.5	57.0	62.0	55.6
전체	53.7	54.1	59.8	53.6	52.8	44.6	45.9	43.8

주: '매우 필요하다'와 '다소 필요하다'를 합산한 수치다.

〈표 4-2〉 연령대별 '통일이 필요하지 않다' 응답률: 2007~2023년(단위: %)

연령대	2007	2008	2009	2010	2011	2012	2013	2014	2015
19~29세	19.5	31.6	28.4	27.4	32.6	28.6	30.7	32.7	36.0
30~39세	12.7	20.2	19.2	19.9	18.6	22.3	22.8	25.3	35.0
40~49세	17.1	25.6	15.4	17.7	18.3	17.9	22.9	18.1	22.2
50~59세	11.9	28.5	20.0	20.1	19.2	19.2	17.9	17.1	15.0
60세 이상	8.2	15.0	17.2	10.5	14.6	16.9	15.1	9.3	9.1
전체	15.1	25.4	20.5	20.6	21.3	21.4	23.7	21.7	23.5

연령대	2016	2017	2018	2019	2020	2021	2022	2023
19~29세	35.1	32.3	18.0	24.4	35.3	42.9	38.6	41.3
30~39세	30.8	27.5	19.4	24.9	30.8	34.6	31.4	35.0
40~49세	24.1	18.9	14.2	18.7	19.4	23.9	25.6	31.8
50~59세	18.6	13.5	14.6	16.4	18.8	26.7	19.1	25.4
60세 이상	11.8	16.7	14.9	16.8	21.4	22.1	19.4	20.7
전체	23.8	21.4	16.1	20.0	24.7	29.4	26.1	29.8

주: '별로 필요하지 않다'와 '전혀 필요하지 않다'를 합산한 수치다.

해 2015년 32.4%까지 떨어졌다가 이후 다소 상승하여 2018년 53.6%까지 올랐다. 그 뒤 다시 하락하여 2022년 최저치인 27.5%까지 떨어졌고, 2023년에는 28.2%를 기록했다. 마찬가지로 30~39 연령대(이하에서는 30대로 표현)에서 통일이 '매우 필요하다'와 '약간 필요하다'를 합한 비중은 2007년 65.6%에서 점차 하락하여 2016년 36.3%까지 떨어졌고, 이후 다소 높아져 2018년 52.3%까지 상승했다가 다시 하락해 2022년 33.3%, 2023년 34.0%로 내려갔다.

한편 연령대 별로 '통일이 필요하지 않다'라는 응답률 추이를 정리한 〈표 4-2〉에 따르면, 2007년부터 2023년까지 '통일이 필요하지 않다'라는 응답의 증가율은 30대가 가장 높게 나타났다. 30대의 응답 비중은 2007년 12.7%에서 2023년 35.0%로 176% 증가했다. 이는 그다음으로 많이 증가한 60세 이상 연령층의 증가율 152%보다 높다. 한편 증가폭 측면에서도 30대가 가장 크다. 30대는 '통일이 필요하지 않다'라고 응답한 비중이 22.3%p 증가했다. 다음으로 20대도 2007년 19.5%에서 2023년 41.3%로 두 비중은 차이가 21.8%p에 달했다.

종합적으로 볼 때, 20대의 경우 상승과 하락 추세는 전체 평균을 따라가면서도 전체 평균에 비해 통일이 필요하다는 응답의 비중이 적게는 6.2%(2018), 많게는 19.6%(2015)까지 낮게 나타난다. 30대 또한 상승과 하락 추세는 전체 평균을 따라가면서도 점차 차이가 벌어져 2015년에는 15.3% 정도 낮게 나타났다. 반면 50~59세 연령대(이하에서는 50대로 표현)의 경우 상승과 하락 추세는 전체 평균을 따라가면서도 전체 평균에 비해 통일이 필요하다는 응답의 비중이 적게는 0.4%(2008), 많게는 12.8%(2015)까지 높게 나타난다. 또한 60세 이상의 경우도 통일이 필요하다는 응답 비중이 적게는 2.3%(2018), 많게는 21.4%(2016)까지 높게 나타나고 있다. 반대로 통일이 '필요하지 않다'는 응답의 비중은 20대와 30대에서 상대적으로 높고 50대와 60대 이상에서 상대적으로 낮게 나타났다.

이상의 결과로부터 다음 몇 가지 추세를 확인할 수 있다. 첫째, 통일 필요성에 대한 의식이 우리 사회에서 점차 옅어지고 있음을 확인할 수 있다. 앞서 언급한 바와 같이 1990년대 이전 실시된 조사에서 통일이 필요하다는 응답이 90%가 넘고, 필요하지 않다는 응답이 10% 미만에 불과한 것과 비교할 때 2007년 이후 실시된 「통일의식조사」 결과는 통일 필요성에 대한 우리 사회의 의식이 상당한 정도로 줄었음을 보여준다. 둘째, 이처럼 통일 필요성에 대한 의식이 옅어지는 가운데 연령대에 따른 차이가 지속됨을 확인할 수 있다. 즉, 20대와 30대에서 통일의 필요성에 대한 인식이 상대적으로 낮은 반면 50대와 60대 이상에서 상대적으로 높게 나타나는 경향이 2007년 이후 지속되었다. 셋째, 조사를 처음 시작한 2007년을 포함해 초기 4~5년과 비교할 때 2010년대 중반 이후 연령대별 격차가 확대되었음을 확인할 수 있다. 실제로 통일 필요성과 관련한 20대와 60세 이상 응답자들의 응답률 차이를 보면 2007년 25.5%에 불과했으나 2015년에는 40.5%까지 확대되었다. 이후 2018년 8.5%까지 줄어들었으나 2019년부터 다시 격차가 커져 2020년 25.2%, 2021년 29.1%, 2022년 34.5%, 2023년 27.4%로 확대되었다. 앞으로 이러한 연령대별 격차가 계속 늘어날지 아니면 다른 방향으로 변화할지 관심을 갖고 지켜봐야 하겠다.

3. 통일에 대한 견해

서울대학교 통일평화연구원의 「통일의식조사」는 국민들의 통일에 대한 견해를 살펴보고자 조사를 처음 시작한 2007년부터 2018년까지 "남북한 통일에 대한 ○○님의 생각은 다음 중 어느 것에 가장 가깝습니까?"라고 질문한 후 '어떠한 대가를 치르더라도 가능한 한 빨리 통일되는 것이 좋다', '통일을 서두르기보다 여건이 성숙되기를 기다려야 한다', '현재대로가 좋다', '통일에 대한 관심이 별로 없다' 가운데 하나를 선택하도록 요청했다. 이후 2019년 조사부터는 '어떠한 대가를 치르더라도 가능한 한 빨리 통일되는 것이 좋다' 항목을 '어떠한 대가를 치르더라도 통일되는 것이 좋다'와 '가능한 한 빨리 통일되는 것이 좋다'로 구분하고, '여건이 성숙되기를 기다려 점진적으로 통일되는 것이 좋다', '현재대로가 좋다', '통일에 대한 관심이 별로 없다'와 함께 제시한 후 하나를 선택하도록 요청했다.

조사 결과에서 나타나는 가장 큰 특징은 〈그림 4-2〉가 보여주는 바와 같이 남북정상회담과 북미정상회담이 연달아 열린 2018년을 제외할 경우 '여건이 성숙되기를 기다려야 한다'고 응답한 비중이 지속적으로 하락한 반면 '현재대로가 좋다'고 응답한 비중이 지속적으로 상승하는 추세에 있다는 점이다.[7] 2019년 이후 제시하는 문장을 다소 수정하기는 했으나, 이를 무시하고 전체적인 추세를 볼 때 '여건이 성숙되기를 기다려야 한다'고 응답한 비중은 2018년을 제외할 경우 지속적으로 하락해 2023년 조사에서는 2007년 조사 시작 이래 가장 낮은 수준인 45.2%까지 하락했다. 반면 '현재대로가 좋다'고 응답한 비중은 2018년을 제외할 경우 지속적으로 상승하여 2023년 조사에서 가장 높은 수준인 28.2%까지 상승했다. 또한 '통일에 대한 관심이 별로 없다'라고 응답한 비중도 완만하기는 하지만 2018년 이후 지속적으로 상승해, 2023년 조사에서는 2007년 조사 시작 이래 가장 높은 수준인 9.9%까지 상승했다.

---

7   보다 자세한 수치는 부록의 〈표 4-4〉에서 확인할 수 있다.

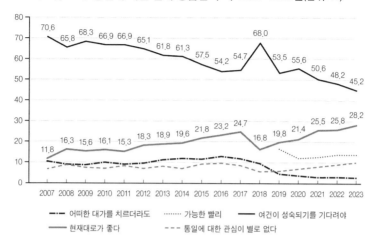

〈그림 4-2〉 통일에 대한 견해 응답률 추세: 2007~2023년(단위: %)

〈그림 4-3〉 연령대별 '현재대로가 좋다' 응답률 추세: 2007~2023년(단위: %)

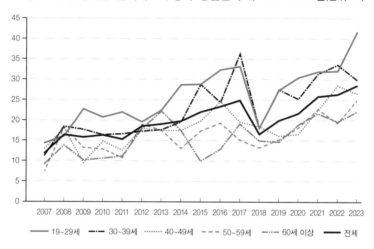

이처럼 '현재대로가 좋다'는 응답과 '통일에 대한 관심이 별로 없다'는 응답이
증가하는 추세는 특히 20대에서 두드러지게 나타난다. 〈그림 4-3〉에 나타난 바
와 같이 연령대별로 '현재대로가 좋다'라고 응답한 추세를 살펴보면 20대가 가
장 높고, 30대, 40대, 50대, 60대 이상의 순서다.[8] 특히 2023년의 경우 20대에서

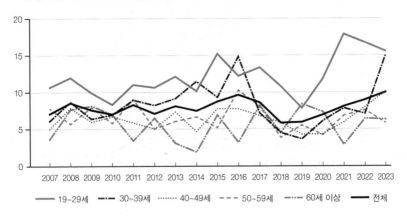

〈그림 4-4〉
연령대별 '통일에 대한 관심이 별로 없다' 응답률 추세: 2007~2023년(단위: %)

〈19~29세 ── 30~39세 ─·─ 40~49세 ······ 50~59세 ─ ─ 60세 이상 ─·─· 전체 ━━〉

'현재대로가 좋다'는 응답의 비중은 41.3%에 이를 정도로 높게 나타난다. 이러한 결과를 통해 남과 북이 분단된 현재의 상태가 좋다는 응답 비중이 20대와 30대에서 상대적으로 높고 50대와 60대 이상에서 상대적으로 낮다는 점을 알 수 있다. 더 나아가 이러한 연령대별 차이는 2010년대 이후 전반적으로 확대되는 추세임을 알 수 있다.

계속해서 연령대별로 '통일에 대한 관심이 별로 없다'고 응답한 추세를 살펴보면 〈그림 4-4〉가 보여주는 바와 같이 '현재대로가 좋다'의 경우와 달리 20대와 30대의 의식 차이가 두드러지게 나타난다.[9] 즉, 20대의 경우는 전체 평균에 비해 '별로 관심 없다'라고 응답한 비중이 상대적으로 높은 반면, 30대는 2016년 이후 20대보다는 40대 이상과 유사한 추세를 보여준다. 다만 2023년 조사에서는 20대와 30대가 유사한 흐름을 보인다. 전체적으로 20대에서 '통일에 대한 관심이 별로 없다'고 응답한 '통일 무관심층'의 비중이 확연히 높게 나타난다.

---

8   보다 자세한 수치는 부록의 〈표 4-5〉에서 확인할 수 있다.

9   연령대별 '현재대로가 좋다'와 '통일에 대한 관심이 별로 없다'의 응답률에 대한 보다 자세한 수치는 부록의 〈표 4-5〉와 〈표 4-6〉에서 확인할 수 있다.

이상의 분석을 통해 다음 두 가지 사항을 확인할 수 있다. 첫째는 20대와 30대를 중심으로 남과 북이 분단된 '현재대로'를 선호하는 추세가 우리 사회 안에 확산하고 있다는 사실이다. 특히 20대와 30대의 경우 2022년 조사와 2023년 조사에서 이 비중이 30%를 넘어설 정도로 '현재대로'를 선호하는 추세가 확산했다. 특히 20대의 경우 2023년 조사에서 '현재대로가 좋다'는 응답의 비중이 40%를 넘어섰으며, '통일에 대한 관심이 별로 없다'고 응답한 비중인 15.5%를 합할 경우 과반이 넘는 56.8%의 응답자가 현재의 남북한 분단 체제를 선호하거나 통일에 대한 관심이 별로 없는 것으로 나타났다. 둘째는 일반적으로 'MZ세대'로 통칭되는 20대와 30대 사이에서도 통일에 대한 견해에서 다소 차이가 있다는 사실이다. '통일에 대한 관심이 별로 없다'고 응답한 이른바 '통일 무관심층'의 비중을 보면, 2017년 문재인 정부 출범 이후 2022년까지 20대가 30대에 비해 약 2배 정도 높은 것을 알 수 있다. 다만 2023년의 경우 이러한 차이가 상당 부분 사라졌다. 일반적으로 'MZ세대'로 통칭되는 20대와 30대 사이에 나타나는 이러한 흐름이 앞으로 어떠한 추세로 변화할지 지켜봐야 하겠다.

4. 통일 가능 시기

서울대학교 통일평화연구원의 「통일의식조사」는 국민들이 통일이 언제 가능하다고 생각하는지 알아보기 위해 2007년부터 매년 "○○님은 남북한 통일이 언제쯤 가능하리라고 생각하십니까?"라고 질문한 후 '5년 이내', '10년 이내', '20년 이내', '30년 이내', '30년 이상', '불가능하다' 가운데 하나를 선택하도록 요청했다. 〈그림 4-5〉는 이 질문에 대한 조사 결과를 정리해 보여준다. 남북관계와 국제정세 변화에 따라 응답이 들쭉날쭉해 두드러진 추세를 찾기가 쉽지 않지만, 남북정상회담과 북미정상회담이 연달아 열린 2018년을 제외할 경우 일반적인 추세는 통일이 '불가능하다'라는 응답과 '30년 이상' 지나야 가능하다는

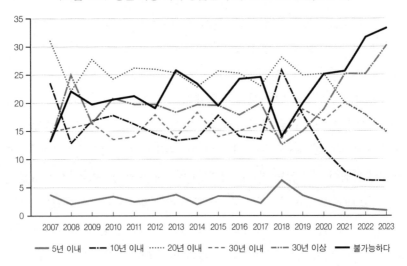

〈그림 4-5〉 통일 가능 시기 응답률 추세: 2007-2023년(단위: %)

━━ 5년 이내 ━·━ 10년 이내 ······ 20년 이내 --- 30년 이내 ━··━ 30년 이상 ━━ 불가능하다

응답이 상승 추세라는 사실이다. 특히 2023년 조사에서 통일이 '불가능하다'는 응답 비중은 2007년 조사를 시작한 이래 최고 수준인 33.3%까지 상승했다. 또한 통일이 '30년 이상' 지나야 가능하다는 응답도 30.2%에 달한다. 반면 통일이 10년 이내 가능하다는 응답은 '5년 이내'(1.0%)를 합산해도 7.2%에 불과하다. 앞서 언급한 민족통일연구원의 1994년 여론조사에서 응답자의 73.8%가 10년 이내 통일이 가능하다고 응답했다는 사실을 고려하면 이러한 최근 결과는 통일이 단기간에 이루어지기 어렵거나 또는 불가능하다는 비관적 전망이 우리 사회에 확산되었음을 시사한다.

이처럼 통일에 대한 비관적 전망이 확산한 배경에는 여러 요인이 있겠으나 가장 중요한 요인 가운데 하나로 20대와 30대의 통일의식 변화를 지적할 수 있다. 부록의 〈표 4-5〉에 나타나는 바와 같이 2007년부터 지난 15년 동안의 추세를 살펴보면, 2018년을 제외하고 다른 연령대와 비교할 때 상대적으로 20대와 30대에서 통일이 불가능하다는 응답 비율의 상승 추세가 두드러진다. 실례로 2022년 조사의 경우 20대와 30대에서 통일이 불가능하다는 응답 비중이 각각

40.9%와 35.8%로 2007년 조사를 시작한 이래 가장 높은 수준으로 상승했다. 2023년 조사의 경우 2022년보다는 다소 하락했으나 아직 높은 수준을 유지한다. 앞으로 이러한 추세가 어떻게 변화할지 관심을 갖고 지켜봐야 하겠다.

5. 나가며

지금까지 서울대학교 통일평화연구원의 「통일의식조사」 결과를 중심으로 우리 사회의 통일의식 변화 추세와 함께 20대와 30대에서 나타나는 통일의식 특징을 살펴봤다. 살펴본 내용을 간략히 정리하면 다음과 같다. 첫째, 통일 필요성에 대한 의식과 관련하여 「통일의식조사」 결과는 우리 사회의 통일 열망이 20대와 30대를 중심으로 점차 옅어지고 있음을 시사한다. 앞서 언급한 바와 같이 1990년대 이전 실시된 다수의 통일 관련 여론조사에서 통일이 필요하다는 응답 비중이 90%를 넘어설 정도로 통일 필요성에 대한 광범위한 사회적 합의가 존재했지만, 최근 「통일의식조사」에서 이 비중은 50% 미만으로 줄어든 것으로 나타난다. 반면 통일이 필요하지 않다는 응답의 비중은 과거 1990년대 이전 10% 미만에서 최근 25%를 넘어설 정도로 증가했다. 특히 20대와 30대에서 통일이 필요하지 않다는 응답 비중은 각각 40%와 35%를 넘어설 정도로 크게 증가했다.

둘째, 통일에 대한 견해와 관련해 「통일의식조사」 결과는 20대와 30대를 중심으로 통일보다 오히려 남과 북이 분단된 현재의 체제를 선호하는 경향과 통일에 대한 무관심이 증가함을 보여준다. 앞서 언급한 바와 같이 2022년과 2023년 조사에서 '현재대로가 좋다'의 응답 비중은 전체적으로 25%를 넘어서고 있으며, 특히 20대와 30대에서는 30%를 넘어선다. 또한 '통일에 대한 관심이 별로 없다'고 응답한 이른바 '통일 무관심층'의 비중을 보면, 전체적으로는 증가세가 두드러지지 않지만 20대의 경우 이 비중이 최근 들어 급격히 증가함을 알 수 있다. 실제로 2022년과 2023년 조사에서 '통일에 대한 관심이 별로 없다'고 응답한 비중이 전체적으로는 각각 8.9%와 9.9%에 불과하지만 20대의 경우 이 비중은 16.7%와 15.5%에 달했다.

셋째, 통일 가능 시기와 관련해 「통일의식조사」 결과는 20대와 30대를 중심으로 통일 가능성에 대한 비관적 전망이 확산 중임을 보여준다. 실제로 2023년 조사에서 통일이 '불가능하다'고 응답한 비중은 전체적으로 2007년 조사를 시작한 이래 최고 수준인 33.3%까지 상승했다. 특히 20대와 30대의 경우 통일이 '불가능하다'는 응답이 39.3%와 35.0%로 상승했다. 또한 통일이 '30년 이상' 지나야 가능하다는 응답도 전체적으로 30.2%에 달하며, 20대와 30대의 경우 이 비중이 32.0%와 30.5%에 달한다. 반면 통일이 10년 이내 가능하다는 응답은 '5년 이내'(1.0%)를 합산해도 전체적으로 7.2%에 불과하고, 20대와 30대에서 이 비중은 4.4%와 4.5%에 불과하다.

요컨대 「통일의식조사」에 나타난 우리 사회의 통일의식은 20대와 30대를 중심으로 통일에 대한 비관적 전망과 무관심이 확산하는 가운데 현재의 분단 체제를 선호하는 경향이 증가함에 따라 통일 필요성에 대한 인식 또한 낮아진 것으로 정리될 수 있다.[10] 지난 몇 년간 조사에서 일관되게 나타난 이러한 경향이 앞으로 남북관계와 국제정세 변화 속에 어떻게 변화해 나갈지 관심을 갖고 지켜봐야 하겠다.

참고문헌

김진환. 2015. 「남한 국민의 대북의식과 통일의식 변천」. ≪현대사광장≫, 7.
통일연구원. "KINU국민통일여론(1994~2008)". www.kinu.or.kr/www/jsp/prg/stats/PollList.jsp(검색일: 2023년 4월 8일).

---

10 2000년대 이후 20대와 30대를 중심으로 왜 이러한 변화가 발생했는지 원인을 분석하기 위해서는 심층 인터뷰 등을 통한 추가적인 보완 연구가 필요하다. 이 글에서는 우선 「통일의식조사」 결과 분석을 통해 이러한 변화의 추세를 살펴보는 것에 초점을 맞췄다.

부록

〈표 4-3〉 통일의 필요성에 대한 인식: 2007~2023년(단위: %)

연도	① 매우 필요하다	② 약간 필요하다	①+②	③ 반반/그저 그렇다*	④ 별로 필요하지 않다	⑤ 전혀 필요하지 않다	④+⑤
2007	34.4	29.4	63.8	21.1	12.7	2.4	15.1
2008	26.1	25.4	51.5	23.1	20.0	5.4	25.4
2009	24.7	31.2	55.9	23.6	16.1	4.4	20.5
2010	27.3	31.8	59.0	20.4	16.6	4.0	20.6
2011	28.8	24.9	53.7	25.0	16.8	4.5	21.3
2012	26.8	30.3	57.0	21.6	17.2	4.3	21.4
2013	23.6	31.3	54.8	21.5	18.5	5.2	23.7
2014	26.9	28.9	55.8	22.5	18.1	3.6	21.7
2015	21.6	30.4	52.0	24.5	17.8	5.8	23.5
2016	21.0	32.7	53.7	22.5	18.3	5.6	23.8
2017	18.0	36.1	54.1	24.5	17.3	4.1	21.4
2018	21.9	37.8	59.8	24.2	13.5	2.6	16.1
2019	20.5	33.1	53.6	26.4	15.3	4.7	20.0
2020	20.9	31.9	52.8	22.5	19.8	4.9	24.7
2021	13.8	30.8	44.6	26.0	24.6	4.8	29.4
2022	14.8	31.1	45.9	28.1	20.8	5.3	26.1
2023	15.3	28.6	43.8	26.3	24.2	5.7	29.8

주: 2021년 조사부터 이전까지 사용했던 "반반/그저 그렇다"를 "반반/보통이다"로 수정해 제시했다.

〈표 4-4〉 통일에 대한 견해 응답률: 2007~2023(단위: %)

연도	어떠한 대가를 치르더라도 가능한 한 빨리 통일되는 것이 좋다	여건이 성숙되기를 기다려야 한다	현재대로가 좋다	통일에 대한 관심이 별로 없다	합계 (N)
2007	10.6	70.6	11.8	7.0	1,200
2008	9.2	65.8	16.3	8.6	1,213
2009	8.6	68.3	15.6	7.5	1,203
2010	10.0	66.9	16.1	6.9	1,200

2011	9.6	66.9	15.3	8.2	1,201
2012	9.6	65.1	18.3	7.0	1,200
2013	11.3	61.8	18.9	8.0	1,200
2014	12.1	61.3	19.6	7.0	1,200
2015	11.7	57.5	21.8	9.0	1,200
2016	13.1	54.2	23.2	9.5	1,200
2017	12.1	54.7	24.7	8.4	1,200
2018	9.7	68.0	16.8	5.5	1,200

연도	어떠한 대가를 치르더라도 통일되는 것이 좋다	가능한 한 빨리 통일되는 것이 좋다	여건이 성숙되기를 기다려 점진적으로 통일되는 것이 좋다	현재대로가 좋다	통일에 대한 관심이 별로 없다	합계 (N)
2019	4.4	16.6	53.5	19.8	5.8	1,200
2020	3.9	12.3	55.6	21.4	6.8	1,200
2021	3.2	12.7	50.6	25.5	8.0	1,200
2022	3.4	13.9	48.2	25.8	8.7	1,200
2023	3.0	13.8	45.2	28.2	9.9	1,200

〈표 4-5〉 연령대별 '현재대로가 좋다' 응답률: 2007~2023년(단위: %)

연령대	2007	2008	2009	2010	2011	2012	2013	2014	2015
19~29세	14.6	16.0	22.8	20.8	22.1	19.6	22.4	28.6	28.9
30~39세	11.2	18.2	17.6	16.4	16.5	17.0	17.5	19.3	28.3
40~49세	13.1	17.0	9.5	14.8	12.7	17.9	17.4	17.4	19.6
50~59세	7.7	18.2	13.3	12.9	10.9	19.2	17.8	13.1	17.4
60세 이상	9.4	13.8	10.3	10.5	11.2	17.9	22.0	17.6	10.0
전체	11.8	16.3	15.6	16.1	15.3	18.3	18.9	19.6	21.8

연령대	2016	2017	2018	2019	2020	2021	2022	2023
19~29세	32.2	33.2	18.0	27.2	30.4	32.0	32.1	41.3
30~39세	24.5	35.6	18.9	27.2	25.2	30.8	33.3	30.0
40~49세	24.5	19.7	18.5	16.3	16.5	22.2	28.1	26.8
50~59세	19.4	15.4	13.4	15.3	18.0	22.9	19.5	24.6
60세 이상	12.7	18.9	14.9	14.8	18.6	21.7	19.4	22.0
전체	23.2	24.7	16.8	19.7	21.4	25.5	26.3	28.2

〈표 4-6〉 연령대별 '통일에 대한 관심이 별로 없다' 응답률: 2007~2023년(단위: %)

연령대	2007	2008	2009	2010	2011	2012	2013	2014	2015
19~29세	10.6	11.9	9.9	8.3	10.9	10.6	12.0	10.1	15.1
30~39세	6.1	8.6	6.4	6.7	8.9	8.2	9.1	11.3	9.3
40~49세	4.9	7.8	5.9	6.6	5.9	4.9	7.2	4.6	7.6
50~59세	7.7	5.6	7.7	5.7	9.0	5.0	5.9	6.6	5.1
60세 이상	3.5	7.5	8.1	7.0	3.4	6.3	3.0	1.9	6.7
전체	7.0	8.5	7.5	6.9	8.2	7.0	8.0	7.4	8.7

연령대	2016	2017	2018	2019	2020	2021	2022	2023
19~29세	12.2	13.3	10.8	7.9	11.7	17.8	16.7	15.5
30~39세	14.8	7.2	4.5	3.6	6.0	7.7	7.1	15.0
40~49세	7.7	6.8	5.8	4.2	4.3	5.8	7.9	10.0
50~59세	10.3	8.1	3.8	5.4	4.1	6.7	7.5	5.8
60세 이상	3.2	7.9	4.3	8.3	7.3	2.8	6.3	6.1
전체	9.6	8.6	5.8	5.8	6.8	8.0	8.9	9.9

〈표 4-7〉 연령대별 통일 '불가능하다' 응답률: 2007~2023년(단위: %)

연령대	2007	2008	2009	2010	2011	2012	2013	2014	2015
19~29세	17.6	22.7	19.5	25.7	20.9	21.2	28.4	31.1	27.6
30~39세	12.1	20.2	19.5	18.3	24.4	19.9	24.0	24.2	23.2
40~49세	11.2	21.8	16.4	16.1	19.2	15.6	23.9	23.0	19.6
50~59세	11.3	22.9	24.1	23.2	19.1	19.2	26.3	21.1	13.8
60세 이상	15.3	26.3	24.1	20.9	27.0	23.2	28.0	16.7	11.9
전체	13.3	22.1	19.8	20.6	21.4	19.2	25.8	23.9	19.3

연령대	2016	2017	2018	2019	2020	2021	2022	2023
19~29세	33.7	28.3	15.8	24.4	31.3	37.0	40.9	39.3
30~39세	29.1	22.1	15.8	20.8	26.6	24.5	35.8	35.0
40~49세	22.3	24.2	11.5	15.9	21.4	21.0	28.1	31.0
50~59세	19.0	22.3	14.2	17.9	21.1	23.6	23.0	29.6
60세 이상	18.6	25.0	15.3	21.3	26.1	23.2	32.3	32.9
전체	24.2	24.3	14.4	19.9	25.1	25.6	31.6	33.3

제2부

MZ세대의 인식

제5장

2030 젊은 세대의 핵무장 여론
20대는 핵무장을 더 지지하나?

조현주(서울대학교 통일평화연구원 선임연구원)

1. 들어가며

한반도를 둘러싼 군사·외교적 긴장과 불확실성이 증대되고 있다. 북한은 2022년에 40여 차례에 이르는 전례 없는 수준으로 미사일 시험발사를 실시했으며, 2023년에도 도발을 이어나갔다. 또한, 북한은 2022년 9월 8일 핵무력정책법 제정을 통해 핵무기를 선제적으로 사용할 수 있다는 것을 명시했다. 미중 간의 경쟁, 중국의 대만 침공 가능성에 대한 우려, 우크라이나 전쟁 장기화로 전 세계적으로 안보 불안이 심화되는 상황이다.

한국이 마주한 국제정세 현실과 실질적인 핵보유국 반열에 오른 북한의 위협에 대응하여 한국이 추구해야 할 외교 정책, 특히 핵 정책은 매우 중요한 문제다. 한국이 핵무장을 해야 하는지에 대한 다양한 설문조사에 따르면, 핵무장에 찬성하는 의견이 과반이 넘는 등 비교적 높은 수치의 찬성률을 보여왔다. 서울대학교 통일평화연구원의 「통일의식조사」에 의하면, 조사를 시행한 2013년 이후 핵무장을 지지하는 여론이 2022년에 56%로 가장 높게 나타났다. 이는 전년도(44.2%) 대비 11%p 이상 증가한 것으로 2013년도 이후 가장 높은 수치다.

한국의 높은 핵무장 여론을 어떻게 이해할 수 있을까? 이 글은 세대라는 요소가 한국의 핵무장 여론에 어떻게 반영되는지를 분석해 보고자 한다. '세대'는

'이념'과 더불어 정치, 경제, 문화 및 다양한 사회적 현상을 설명하는 주요 변수 중 하나다. '20대의 안보 보수화'라는 용어가 상징하듯이, 젊은 세대는 안보 영역, 특히 핵무기 관련 영역에서도 '보수화'의 경향을 보일까? 또한, MZ세대로 묶여서 지칭되기는 하지만 20대와 30대는 핵무장에 대해 동일한 생각과 태도를 가지고 있을까? 한국의 미래를 이끌어갈 젊은 세대들이 남북관계, 대북 정책, 그리고 외교에서 핵심 문제 중 하나인 핵무장에 대해 어떠한 의견을 가지는지 파악해 보고자 한다.

2. 한국의 핵 찬성 여론

핵무장 여론을 자세히 살펴보면 세대 내 차이가 뚜렷하다는 흥미로운 특징들을 발견할 수 있다. 우선 20대의 가파른 핵무장 지지다. 2022년에 20대의 핵무장 찬성 의견은 전년도 대비 16.6%p 증가하여 모든 세대와 비교해 가장 큰 폭으로 증가했다. 그다음으로 높게 증가한 세대는 30대로 이전 해와 비교해 12.7%p 증가했다(부록 〈표 5-2〉 참조). 「통일의식조사」가 핵무장에 대한 의견을 묻기 시작한 2013년 이후부터 2022년까지의 추세를 보면, 핵무장에 대한 20대와 60대의 의견 차이가 지속해서 감소하는 것을 볼 수 있다. 20대가 안보 영역에서 이른바 '보수화'되는 현상이 핵무장 찬성 영역에서도 보이는 것이다.

두 번째로 흥미로운 점은 MZ세대로 함께 일컫는 20대와 30대의 뚜렷한 차이다. 20대의 핵무장 지지 의견은 2019년 이후 30대를 처음 앞서기 시작하여, 2022년에는 6%p 정도의 차이를 보인다. 20대와 30대 모두에서 핵무장 지지 의견이 증가했으나, 20대가 보다 보수적인 인식을 나타낸다. 이처럼 한 세대 내에서도 다른 세대가 존재할 수 있다는 것을 보여준다. 이 글은 이 두 가지 특징에 대해서 더욱 자세히 살펴보고자 한다.

분석에 앞서, 한국의 '세대'를 나누는 기준이 다양하기에 어떠한 기준점으로

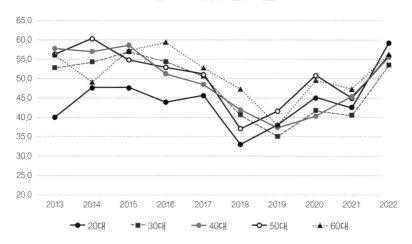

〈그림 5-1〉 핵무장 찬성 의견

분석했는지 명확히 할 필요가 있다. 통상적으로 MZ세대라 하면 1981년 이후 출생자를 지칭한다. M세대와 Z세대를 구분하는 방식은 조사나 연구마다 다소 차이가 있을 수 있는데, M세대는 1985~1996년 사이 출생자를 포함하며 Z세대는 1997~2010년 사이 출생자로 분류한다(《중앙일보》, 2019.11.25). 이 글에서 활용하는 「통일의식조사」에서는 19세 이상의 성인을 대상으로 조사를 실시하므로 Z세대 표본은 1997~2003년 출생자 사이에 국한된다. 이에 따라, M세대에 비해 표본이 현저히 부족하므로 출생연도에 따른 분류보다는 크게 20대와 30대로 나누어 핵무장에 대한 의견을 알아본다.

3. '20대의 안보 보수화'는 핵무장 영역에도 적용되는가?

「통일의식조사」가 핵무장 찬성 여론을 조사하기 시작한 2013년 이후의 자료를 보면 20대와 60대의 핵무장 찬성 의견은 비교적 격차가 있었다. 하지만 2019년에 20대의 찬성 의견이 처음으로 38%를 기록하며 60대와 비슷해졌고, 20대의 핵무장 찬성 의견이 가파르게 증가하여 2022년에 60대와 다시 비슷해졌다. 2022년에 20대의 59.1%가 핵 보유를 찬성했고, 60대는 56.3%가 찬성했다(오차 범위 이내 차이). 두 세대의 격차가 줄어든다는 점만으로 핵 보유에 대한 영역에서 20대의 보수화가 이뤄지고 있다고 봐야 할까?

우선 「통일의식조사」를 활용해 2022년 20대와 60대의 이념 분포를 보면, 20대가 60대보다 압도적으로 진보적이라는 것을 확인할 수 있다. 60세 이상에서 보수라고 답한 비율은 48.8%이고, 20대 중에서는 8.8%다. 또한, 진보라고 응답한 비율은 60세 이상이 13.2%이고, 20대에서는 21.4%다. 이에 따라, 20대 청년층 자체가 이념적으로 더욱 보수화되었다고 말하기 어려우며, 이는 이념보다는 다른 이유로 인해서 핵무장에 대해 20대가 60대와 비슷한 경향성을 보인다는 것을 뜻한다.[1]

한국의 경우, 미국과의 동맹에 더 우호적인 보수일수록 그리고 나이가 많을수록 핵무장을 지지할 가능성이 커진다. 2013년부터 2022년까지의 모든 표본을 합쳐서(8285명) 핵무장 찬성과 연령대의 상관관계를 살펴보아도 연령대가 높을수록 핵무장 찬성을 지지할 확률이 높다는 것을 확인할 수 있다. 60세 이상이 핵무장에 찬성하는 비율은 73%로 가장 높은 반면 20대의 찬성률은 65.4%로 가장 낮았다. 그 외 30대는 70.1%, 40대는 72%, 그리고 50대는 72.2%의 핵무장 지지율을 보였다.[2]

하지만 흥미로운 점은 최근 자료(2019~2022)를 보면(표본 3,257명), 20대와 60대의 핵무장 찬성률이 비슷해졌다는 것을 볼 수 있다. 20대와 60대 모두 약 68%의 비율로 핵무장에 찬성한다. 이는 40대(68.1%) 그리고 50대(70.3%)와도 비슷한

---

1 세대와 개인 이념 성향 교차분석은 부록 〈표 5-3〉 참조.

2 핵무장 의견과 연령대 교차분석(2013~2022년, 표본 8285명)은 부록 〈표 5-4〉 참조. 핵무장에 대한 의견은 5점 척도(매우 찬성, 다소 찬성, 반반/보통이다, 다소 반대, 매우 반대)가 아닌, '반반/보통이다'를 제외하고 찬성과 반대로 구분하여 교차분석을 했다. 이에 따라 핵무장에 대한 의견으로 5점 척도를 이용한 〈그림 5-1〉과 수치가 다르게 나타난다.

〈표 5-1〉 핵무장 의견과 연령대

연도		2013~2022	2019~2022
핵무장 찬성(%)	20대	65.4	68.5
	60대	73.0	68.6
핵무장 반대(%)	20대	34.6	31.5
	60대	27.0	31.4
표본 수		8,285명	3,257명

수치다. 반면 30대의 핵무장 찬성은 62.5%로 가장 낮았다.[3]

2019년부터 변화가 나타나는 이유는 그해 2월의 하노이 북미회담 결렬 이후 지속해서 경색된 남북관계의 영향을 받았다고 볼 수 있다. 남북 합의문의 이행을 둘러싼 마찰이 일어나고, 2020년 북한이 남북공동연락사무소를 폭파하는 사건이 발생했다. 2021년 남북 간 교류는 미미했고, 2022년과 최근까지 북한의 핵 개발과 강도 높은 미사일 발사가 이어져 왔다. 최근 추세와 지속되는 남북 경색 국면에서 봤을 때, 핵무장 지지에 대한 20대의 의견이 지속해서 높아질 가능성이 있다. 앞으로도 20대의 핵무장 찬성 의견이 다른 세대에 비해서 비교적 높은 수치로 나타날지 그 추이를 지켜봐야 할 것이다.

20대가 기성세대와 비슷한 '안보 보수화' 성향을 보이는 또 다른 부분은 북한으로부터 느끼는 위협이다. 특히 60대와 비교했을 때, 북한의 무력도발 가능성에 대해서는 더 높게 인식하는 경향을 볼 수 있다. 〈그림 5-2〉에 나타나듯이 2013년 이후를 보면(2020년과 2022년을 제외), 북한의 무력도발 가능성이 있다고 답한 비율은 20대가 60세 이상보다 꾸준히 더 높은 경향을 보인다. 북한의 핵으로부터 느끼는 위협의 정도는 다른 세대와 비교해 대체로 비슷한 수준으로 높은 위협을 느끼고 있다.[4]

---

3   전 연령이 포함된 표는 부록 〈표 5-5〉 참조.
4   2013~2022년 세대별 무력도발 가능성과 북핵 위협 정도는 부록 〈표 5-6〉 및 〈표 5-7〉 참조.

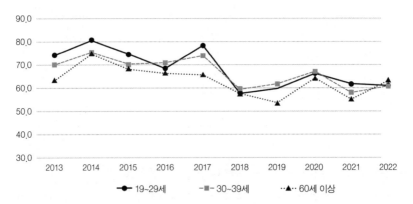

〈그림 5-2〉 무력도발 가능성

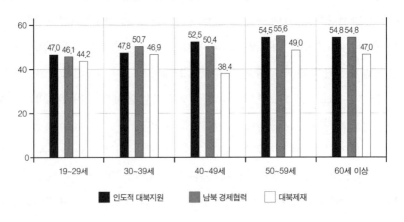

〈그림 5-3〉 북한 비핵화에 도움이 되는 정책

　20대가 60대처럼 '보수적'인 인식을 보이는 부분은 다른 안보 영역에서도 찾아볼 수 있다. 비핵화에 도움이 되는 정책으로 인도적 대북지원이나 남북 경제협력처럼 북한과 협력을 증진하는 정책을 지지하는 비율이 20대가 가장 낮았다(각각 47%, 46.1%). 반면 50대 이상에서는 도움이 된다고 답한 비율이 모두 55% 내외다. 또한 40대도 20대보다 인도적 대북지원(52.5%)이나 남북 경제협력(50.4%)을 더욱 찬성하는 것을 볼 수 있다.

이처럼, 핵무장 의견을 비롯한 여러 안보 영역에서 20대의 '보수화' 경향을 찾아볼 수 있다. '20대의 안보 보수화'가 새로운 현상은 아니지만, 핵무장 의견에 관련해서도 나타나는지는 기존에 잘 알려지지 않았었다. 또 다른 의문점은 이러한 '보수화'의 경향성이 MZ세대 내에서도 차이를 보이는지에 대한 부분이다.

4. MZ세대 내에서도 다른 세대

MZ세대로 함께 지칭되는 20대와 30대이지만, 사회정치적인 모든 영역에서 같은 경향을 보이는 것은 아니다. 「통일의식조사」에 따르면, 20대와 30대는 대북 인식 및 정책에 대해 유사한 혹은 다른 면모를 보인다. 이 중 핵무장 의견은 20대와 30대가 다른 경향을 보이는 영역으로 볼 수 있다.

2022년 「통일의식조사」를 활용해 세대와 이념 성향의 분포를 보면, 20대와 30대 모두 자신을 진보적이라고 답한 비율이 가장 높았다. 20대와 30대 모두 정치적으로 진보적 성향을 갖고 있다고 답한 비율이 21.4%이며, 보수라고 응답한 비율은 각각 8.8%, 7.8%이다. 이념 성향으로만 보았을 때, 두 세대 간에 뚜렷한 차이가 있다고 보기는 어렵다.[5]

가장 흥미로운 점은 〈그림 5-1〉에서 나타나듯이 2019년 이후 20대가 처음으로 핵무장 찬성에서 30대를 앞선 뒤, 두 세대 사이의 격차가 계속해서 늘어나고 있다는 점이다. 2022년에는 20대가 30대보다 6%p 높은 비율로 핵무장에 찬성한다고 답했다. 최근(2019~2022)의 핵무장 의견과 연령대의 관계를 살펴보아도 20대는 68.5%의 비율로 핵무장을 지지한다. 반면, 30대의 찬성률은 62.5%로 20대보다 낮다(부록 〈표 5-5〉 참조).[6] 핵무장이 협력보다 강경 정책을 지지하는 것

---

5   「2022 통일의식조사」, 세대와 개인 이념 성향 교차분석은 부록 〈표 5-3〉 참조.

6   핵무장에 대한 의견은 5점 척도(매우 찬성, 다소 찬성, 반반/보통이다, 다소 반대, 매우 반대)가 아닌, '반반/보통이다'를 제외하고 찬성과 반대로 구분해 교차분석을 하였다. 이에 따라,

이라고 봤을 때, 20대는 핵무장 여론에서 30대보다 더 강경한 모습을 보여준다.

북핵 위협 인식에서는 비슷한 수치를 보이지만, 〈그림 5-2〉를 보면 무력도발 가능성에 대해서도 대체로 20대가 30대보다 더욱 우려하는 모습을 나타낸다. 〈그림 5-3〉의 비핵화와 관련된 정책 그래프에서도 30대가 20대보다 대북제재를 더 지지하기는 했지만, 남북 경제협력이나 인도적 대북지원에서 20대보다 높은 비율로 찬성하고 있다.

비핵화와 관련된 부분에서 20대와 30대의 흥미로운 차이를 나타내는 또 다른 항목은 한미공조에 대한 인식이다. "한반도에 전쟁이 일어나면 주변 4국은 어떻게 대처하리라고 생각하십니까?"라는 질문에 미국이 한국을 도울 것이라고 생각하는 비율은 20대(67.3%)가 가장 낮은 것으로 드러났다. 미국이 자국의 이익을 따를 것이라고 보는 비율도 30.4%로 다른 세대에 비해서 20대가 가장 높게 나타났다. 이에 반해 30대는 미국이 도울 것이라는 견해가 71%로 가장 높았고, 자국의 이익에 따를 것이라고 보는 견해는 24.6%로 가장 낮았다. 미국이 자국의 실리를 따를 것이라 보는 비율이 20대가 30대보다 높은 것으로 보아, 20대는 미국이 유사시 한국을 도울 가능성에 대해 상대적으로 더 낮은 신뢰도를 보이며 이는 자체 핵무장 의견이 최근 들어 20대에서 가장 높게 나타난 것과 연결될 수 있다(부록 〈그림 5-4〉 참조).

이처럼 「통일의식조사」에 따르면 대북 정책, 특히 핵 정책과 관련해서 20대와 30대의 차이가 점점 더 두드러진다. 2019년을 기점으로 20대가 30대에 비해서 핵무장을 더 지지하는 경향이 뚜렷이 나타난다. 20대와 30대, 두 세대 간에 유의미한 차이가 존재하는 정치 및 사회적 영역들이 존재하는데, 핵무장도 그중 한 부분인 것으로 볼 수 있다. 한국의 핵 정책에 대한 방향이 매우 중요한 만큼, 두 세대를 분리해서 파악하고 각각의 특성을 이해해 보려는 노력이 필요할 것이다.

핵무장에 대한 의견으로 5점 척도를 이용한 〈그림 5-1〉과 수치가 다르게 나타난다.

5. 핵무장 영역에서 '20대 안보 보수화'의 원인

기존 연구에 따르면, 이처럼 대북 정책에서 20대가 보다 보수화되는 이유는 북한에 대한 부정적인 경험, 경제 및 사회적인 경험의 차이, 탈민족주의 등을 들 수 있다. 젊은 세대는 청소년 시기에 북한과 관련된 더욱 많은 부정적 경험을 하여 안보의 중요성을 더 강하게 인식할 수 있다는 것이다. 북한 핵 개발과 북한의 무력도발을 직접적으로 경험한 세대이기에 다른 세대보다 안보 문제에 대한 우려가 더욱 클 수 있다. 물론 북한에 대한 부정적인 경험이 위협의 중요한 요소이기는 하지만, 왜 30대가 아닌 20대만이 안보 보수층으로 불리는지 충분히 설명하지는 못한다. 따라서 20대와 30대가 핵무장과 관련된 영역에서 왜 차이점을 드러내는지 더욱 명확한 이해가 필요하다.

또한 젊은 세대는 북한을 하나의 민족공동체라기보다는 다른 국가로 보는 시각이 기성세대보다 더 강할 수 있다. 기성세대는 북한을 하나의 동포로 보는 인식이 남아 있지만, 젊은 세대는 북한과 단일민족이라는 인식이 상대적으로 약한 경향이 있다. 예를 들어, 최근의 「통일의식조사」(2019~2022)에 따르면 통일을 해야 하는 이유에 대해 20대는 '같은 민족이니까'라고 보는 비율이 31.1%로 30대(35.9%)와 60세 이상(47.3%)보다 낮았다. 20대의 경우, 민족주의에 기반한 당위성보다는 '전쟁 위협을 없애기 위해서' 통일을 해야 한다고 응답한 비율이 39.6%로 30대(33.1%)와 60대 이상(29.3%)에 비해 높은 편이었다(부록 〈표 5-8〉 참조).

'20대의 안보 보수화'를 이해하기 위해 고려해야 할 또 다른 하나는 20대와 30대의 사회·경제·정치 등 다방면에서의 경험 차이이다. 20대는 각박한 경쟁 사회 속에서 취업과 같은 어려움을 겪고 있기에 북한과의 협력적인 정책에 부정적 반응을 보일 수 있다 (≪중앙일보≫, 2021.9.15). 특히 20대는 30대에 비해서 취업, 주거 마련 등에서 더욱 불안정해 통일 문제를 비용 편익 측면에서 접근하거나, 인도적 대북지원 및 경제협력처럼 북한에 경제적인 도움을 주는 정책에 상대적으로 더욱 민감할 수 있다. 무엇보다도, 20대는 사회적인 이슈 전반에 관심이나 이해도가 낮아 핵무기를 개발했을 때 치러야 할 경제적 비용(국제사회의 제재 등)에 대한 고려가 부족할 수 있다. 이러한 부분들이 20대의 '안보 보수화'와 연결될 수 있으나, 20대와 30대의 분화 현상에 관해서는 지속적인 연구가 필요할 것이다.

종합적으로, 안보 의식이 더욱 강력하고 민족주의적인 성향이 더욱 약하며, 경제 및 사회적으로 가장 취약한 20대가 핵무장을 포함한 안보 영역에서 더욱 보수화된 인식을 보여줄 수 있다. 대북 정책에서 20대가 종종 보수적인 인식을 보여왔지만, 구체적으로 핵무장에서도 그러한 인식을 보이는지는 명확히 알려지지 않았었다. 북한의 무력도발과 핵 개발 고도화가 지속되는 상황에서 20대의 '보수화' 경향이 지속될지 살펴볼 필요가 있다. 특히, 한국이 자체 핵 개발을 하게 된다면 그에 따르는 비용(경제 제재 가능성, 국제사회로부터의 비판)에 대한 인식이 논의될수록 20대를 비롯한 다른 세대들의 핵무장에 대한 인식이 변화할 수 있다. 따라서, 핵무장에 대한 사회적 논의와 더불어 미래세대의 대북 정책에 대한 인식이 어떻게 변화하는지 분석하고, 이를 토대로 통일 정책을 수립해 나아가야 할 것이다.

6. 나가며

이 글에서는 '세대'라는 변수를 통해 한국의 핵무장 여론을 분석해 보았다. '20대의 보수화'는 핵무기 보유 영역에서도 나타나는 경향을 볼 수 있는데, 이러한 추세가 지속될지 지켜볼 필요가 있을 것이다. 남북관계가 경색되기 시작한 2019년 이후부터 2022년까지의 자료를 보면, 20대의 핵무장 찬성률은 다른 세대에 비해 가파르게 증가하고, 안보 보수층이라고 할 수 있는 60대와 격차가 감소하는 경향을 보인다. 또 다른 흥미로운 점은 같은 세대로 불릴 수 있는 20대와 30대의 의견 분화가 뚜렷하다는 점이다. 2019년 이후, 20대가 30대에 비해서 더 높은 핵무장 찬성률을 유지해 왔다. 이러한 현상은 북한 무력도발에 대한 경험, 탈민족주의, 사회 및 경제적인 경험 차이로 일부 설명될 수 있다. 특히 직업적·경제적으로 안정되지 못한 20대가 북한과의 협력을 추진하는 정책에 더욱 민감하게 반응할 수 있으며, 20대는 30대에 비해서 상대적으로 핵무기 개발에 대한 사회 및 경제적인 파급효과를 제대로 이해하지 못했을 가능성이 있다. 이렇듯 같은 세대이지만 한편으로는 다른 경향성을 보일 여러 요소가 존재하며, 이는 계속해서 연구해 나가야 할 분야다. 북한의 지속되는 도발과 고도화된 핵 능력에 대한 대북 및 외교 정책은 국제정세뿐만 아니라 국내 정치와도 긴밀히 연결된다. 복잡한 사회적 현상을 하나의 변수로 모두 설명할 수 없겠지만, 한국의 핵무장, 통일, 외교 정책에서 세대가 중요하게 고려되어야 할 요소임을 본 연구를 통해서 알 수 있다.

참고문헌

≪중앙일보≫. 2021.9.15. "[이상언의 '더 모닝'] 통일이 필요하냐는 20대, 설득 가능하십니까?".
≪중앙일보≫. 2021.11.25. "내년 베이비부머·X세대·밀레니얼 모두 바뀐다".
통일평화연구원. 2022.12.26. 「2022 통일의식조사」. 통일학연구 58.

부록

〈표 5-2〉 2013~2022 「통일의식조사」,
세대별 핵무장 찬성: 매우 찬성 + 다소 찬성(단위: %)

연도	19~29세	30~39세	40~49세	50~59세	60세 이상
2013	40.0	52.4	57.7	56.3	56.0
2014	47.6	54.0	56.9	60.4	49.1
2015	47.6	56.5	58.6	54.9	57.1
2016	43.9	54.0	51.1	52.9	59.3
2017	45.6	50.5	48.5	51.2	52.6
2018	32.9	40.5	41.9	37.2	47.2
2019	38.0	34.8	37.3	41.6	38.1
2020	45.1	41.6	40.3	51.0	49.4
2021	42.5	40.4	45.3	45.0	47.2
2022	59.1	53.1	55.4	56.0	56.3

문항) '한국도 핵무기를 가져야 한다'는 의견에 얼마나 찬성 또는 반대하십니까? '매우 찬성', '다소 찬성',
'반반/보통이다', '다소 반대', '매우 반대' 중에서 말씀해 주세요.

〈표 5-3〉 2022년 통일의식 조사, 세대와 개인 이념 성향 교차분석(단위: %)

연령	진보	중도	보수
19~29세	21.4	20.3	8.8
30~39세	21.4	19.4	7.8
40~49세	25.8	22.3	8.8
50~59세	18.4	21.2	25.8
60세 이상	13.2	16.7	48.8

주: Pearson chi2(8) = 171.8065 Pr = 0.000

〈표 5-4〉 핵무장 의견과 연령대 교차분석: 2013~2022년(표본 8285명, 단위: %)

찬반	19-29세	30-39세	40-49세	50-59세	60세 이상	전체
핵무장 반대	526	475	515	511	404	2,431
	34.6%	30.0%	28.0%	27.8%	27.0%	29.3%
핵무장 찬성	996	1,111	1,325	1,328	1,094	5,854
	65.4%	70.1%	72.0%	72.2%	73.0%	70.7%
전체	1,522	1,586	1,840	1,839	1,498	8,285
	100%	100%	100%	100%	100%	100%

주: * 핵무장에 대한 의견은 5점 척도 (매우 찬성, 다소 찬성, 반반/보통이다, 다소 반대, 매우 반대)가 아닌, '반반/보통이다'를 제외하고 찬성과 반대로 구분하여 교차분석을 하였다. 이에 따라, 핵무장에 대한 의견으로 5점 척도를 이용한 〈그림 5-1〉과 수치가 다르게 나타난다.
  ** Pearson chi2(4) = 28.1061 Pr = 0.000

〈표 5-5〉 핵무장 의견과 연령대 교차분석: 2019~2022년(표본 3257명, 단위: %)

찬반	19-29세	30-39세	40-49세	50-59세	60세 이상	전체
핵무장 반대	186	216	205	212	230	1,049
	31.5%	37.5%	31.9%	29.7%	31.4%	32.2%
핵무장 찬성	405	360	438	502	503	2,208
	68.5%	62.5%	68.1%	70.3%	68.6%	67.8%
전체	591	576	643	714	733	3,257
	100%	100%	100%	100%	100%	100%

주: * 핵무장에 대한 의견은 5점 척도 (매우 찬성, 다소 찬성, 반반/보통이다, 다소 반대, 매우 반대)가 아닌, '반반/보통이다'를 제외하고 찬성과 반대로 구분하여 교차분석을 하였다. 이에 따라, 핵무장에 대한 의견으로 5점 척도를 이용한 〈그림 1〉과 수치가 다르게 나타난다.
  ** Pearson chi2(4) = 9.8674 Pr = 0.043

<표 5-6>

2013~2022년 「통일의식조사」, 세대별 무력도발 가능성: 많이 있다 + 약간 있다(단위: %)

연도	19~29세	30~39세	40~49세	50~59세	60세 이상
2013	74.8	70.55	59.02	61.85	64
2014	80.64	75.47	71.71	71.28	75
2015	74.67	70.47	69.09	67.59	68.57
2016	68.29	70.89	63.5	65.4	66.52
2017	78.32	74.32	71.97	66.15	65.79
2018	57.66	59.46	53.46	53.26	57.87
2019	60.18	61.99	57.15	57.25	54.1
2020	66.08	67.29	55.25	58.62	64.43
2021	62.1	58.17	54.32	56.59	55.52
2022	61.39	60.87	63.64	58.37	63.44

<표 5-7>

2013~2022 「통일의식조사」, 세대별 북핵 위협 정도:
매우 위협을 느낀다 + 다소 위협을 느낀다(단위: %)

연도	19-29세	30-39세	40-49세	50-59세	60세 이상
2013	80.8	77.1	77.4	77.0	83.0
2014	87.9	88.7	86.8	91.6	88.0
2015	81.8	81.4	81.5	87.0	90.0
2016	79.5	81.0	77.7	79.5	82.8
2017	82.3	84.7	80.7	83.1	84.7
2018	79.3	77.9	74.2	77.8	79.6
2019	78.3	78.7	77.4	77.9	80.3
2020	79.0	75.7	71.0	77.4	78.7
2021	84.0	81.3	80.3	81.8	83.8
2022	77.7	78.3	83.1	80.9	83.2

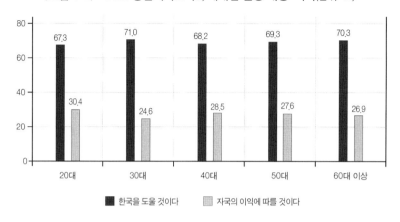

〈그림 5-4〉「2022 통일의식조사」, 세대별 전쟁 대응: 미국(단위: %)

■ 한국을 도울 것이다   ▨ 자국의 이익에 따를 것이다

〈표 5-8〉 통일이 되어야 하는 이유와 세대 교차분석: 2019~2022년(단위: %)

이유	19~29세	30~39세	40~49세	50~59세	60세 이상	전체
같은 민족이니까	273	304	406	445	496	1,924
	31.06%	35.89%	41.26%	42.91%	47.33%	40.13%
이산가족의 고통을 해결해 주기 위해	94	90	85	98	105	472
	10.69%	10.63%	8.64%	9.45%	10.02%	9.84%
남북 간에 전쟁위협을 없애기 위해	348	280	309	317	307	1,561
	39.59%	33.06%	31.40%	30.57%	29.29%	32.55%
북한 주민도 잘살 수 있도록	34	19	31	46	27	157
	3.87 %	2.24%	3.15 %	4.44%	2.58%	3.27%
한국이 보다 선진국이 되기 위해서	130	150	151	131	110	672
	14.79%	17.71%	15.35 %	12.63%	10.50%	14.01%
기타	0	4	2	0	3	9
	0.00%	0.47%	0.20%	0.00%	0.29%	0.19%
전체	879	847	984	1,037	1,048	4,795
	100.00%	100.00%	100.00%	100.00%	100.00%	100.00%

* Pearson chi2(20) =96.9234 Pr = 0.000

제6장

다문화사회로 가는 길목에 선 남한 청년들의 북한이탈주민에 대한 새로운 시선

최은영(서울대학교 통일평화연구원 선임연구원)

1. 들어가며

남한 사람들은 북한이탈주민에 관심과 동정을 표현하면서도, 그들이 대한민국에서 받는 정착지원을 '특혜'로 여기며 불편해하거나 그들이 국민기초생활보장 수급자로만 남을까 염려하기도 한다. 또한, 북한이탈주민을 통해 통일될 미래를 앞당기겠다는 기대감에 이들을 '통일 역군'으로 호명하며 환대하면서도 혹시 그들 사이에 간첩이 섞여 있지 않을까 하는 의심과 경계를 늦추지 않는다. 북한이탈주민을 바라보는 남한 사람들의 이러한 복잡한 시선은 그들이 같은 민족이며 같은 언어를 쓰는 이주민이지만, 언젠가는 통일될 수도 있는 (하지만 현재는 적대적인) 체제에서 탈출해 귀순한 이들이라는 인식에서 기인한다. 이 글은 북한이탈주민을 향한 남한 사람들의 이러한 복잡한 시선과 태도에 세대별 차이가 있는지 살핀다. 그중에서 특히 남한의 20대와 30대 청년들이 탈북민에 대해 가지는 인식이 그 이전 세대와 어떠한 차이가 있는지를 들여다보고자 한다. 청년층은 대한민국에 이주민이 급격히 증가하며 다문화사회로 이행되는 과정에 성장했고,[1] 다문화감수성 교육을 집중적으로 받은 세대다. 대다수가 〈우리의

---

1   경제협력개발기구(OECD)는 '다인종·다문화 국가' 기준을 인구의 5% 이상이 외국인일 경

소원은 통일〉이라는 노래를 학교에서 불러본 적이 없으며 통일과 민주주의라는 거대 담론보다는 일상의 불평등에 민감하다. 이러한 세대적 특징은 한국 사회의 변화상을 반영하며 이들의 탈북민에 대한 인식에 투영되고, 앞으로 북한이탈주민에 대한 정책 변화에도 영향을 미칠 것으로 예상된다.

북한이탈주민을 어떻게 인식하고 이들에 대해 어떤 정책을 펼쳐야 하는가에 대해서는 다음의 두 가지 접근법이 양립해 왔다. 하나는 북한이탈주민이 한민족이며 "앞서 온 통일"이기에 외국 출신 이주민과 구별해서 특별하게 대우해야 한다는 입장이고, 다른 하나는 이들 역시 새로운 사회문화 환경에서 적응해야 하는 이주민이기에 다문화주의 관점에서 접근해야 한다는 주장이다. 현행 법규와 정책은 탈북민을 다른 귀환한 재외동포 및 이주민과 구별한다. 대한민국은 헌법에서 북한을 대한민국 영토로 규정하기에, 한국에 입국한 북한이탈주민을 대한민국 국민으로 인정하고 북한이탈주민지원법하에 이들의 정착을 돕는다. 하지만 기존의 상상된 공동체를 기반으로 민족주의적 시각에서 북한이탈주민을 바라보고 정책을 세웠던 것이 현재의 저성장 다문화 시대에는 도전을 받고 있다. 이러한 시대적 상황에서 남한 청년들의 북한이탈주민에 대한 인식은 기존 세대와 차별점이 있는지를 살피는 것이 이 연구의 주된 목적이다.

이를 위해 서울대학교 통일평화연구원의 「2022 통일의식조사」와 통계청의 「2021년 국민 다문화수용성 조사」 통계 자료, 2021년 9월 8일에 서울대학교 통일평화연구원이 남북관계 발전과 남남갈등 해소를 주제로 진행한 〈10대부터 80대까지 남남갈등 토론영상〉[2]의 스크립트 콘텐츠를 분석해 북한이탈주민에

우로 규정한다. 대한민국은 2023년 9월 말 기준, 장·단기 체류 외국인이 251만 4000명으로 전체 인구 5137만 명의 4.89%다(≪동아일보≫, 2023.10.30). 노동 인구 감소에 대비해 외국인 노동자 유입 인원을 적극적으로 높이고 이주 노동자 정책을 완화하고 있어, 2024년에는 대한민국이 인구 대비 외국인의 비율이 5% 이상인 다인종·다문화 국가 시대에 접어들 것으로 예상된다. 아시아에서는 유일하게 OECD 기준 다인종·다문화 국가가 되는 것으로 외국인 근로자를 먼저 받아들인 일본(2.38%)보다 훨씬 빠른 속도다(≪한국경제≫, 2023.10.27).

대한 남한 청년들의 인식을 다문화 인식과의 비교로 살펴보았다. 이를 통해, 남한 청년들은 탈북민을 이주민에 대한 수용과 태도의 일반적인 특징 내에서 파악하는 경향이 더 두드러지는지, 아니면 북한 출신이라는 특수성을 부각해 남북관계 내에서 이들을 인식하는 경향이 더 강한지를 주의 깊게 들여다보고자 한다. 이뿐만 아니라, 남한의 청년층들은 생존 경쟁에 치여 이주민에 대해 지닌 부정적 인식을 북한이탈주민에게 그대로 전가한다는 기존의 연구에 주목하면서도 청년층이 만들어가는 북한이탈주민과의 관계 맺기 시도를 중요하게 드러내고자 한다. 즉, 상상된 하나의 민족공동체 내에서 북한을 바라보면서도 분단이데올로기에서 벗어나지 못한 채 북한이탈주민을 바라봤던 기존 세대와 청년세대의 인식에 차이가 있는지 살피고, 민족과 통일이라는 거대 담론을 벗어나 북한이탈주민을 이해하고자 노력하는 청년들의 일상적 실천에 의미를 부여하고자 한다. 남한 청년들이 북한이탈주민에게 갖는 인식과 변화 가능성을 파악하는 것은 현 한국 사회에 대한 이해뿐 아니라 통일 한반도의 사회통합 방안을 고려하는 데 중요한 자료로 활용될 것이다.

2. 다문화사회, 생존주의, 그리고 남한 청년들의 북한이탈주민에 대한 시선

다문화주의 관점에서 북한이탈주민을 파악하기 위해서는 남한 청년들의 국내 다른 이주민에 대한 인식과 비교해 살펴야 할 뿐 아니라 해외의 다문화주의에 대한 인식 변화도 함께 논의해야 한다. 유럽에서는 1990년대 중반부터 다문화주의를 비판하고 배격하는 움직임이 본격적으로 나타났다. 이민자들이 주류

---

2   토론 영상 및 스크립트는 서울대학교 통일평화연구원 홈페이지에 공개된 자료를 활용했다 (통일평화연구원, 2021.9.8).

사회에 동화되기보다 종족 커뮤니티에 고립되어 살아가고 사회구성원으로 소속감과 책임감을 갖지 않으며 사회 복지에 의존한다는 불만과 우려감이 표출되었다. 특히 이슬람포비아는 파리 테러[3] 이후 급격히 확산되었고, 이후 유럽에서는 이민자에 대한 정책이 정치에서 중요한 결정 요인으로 작용하기 시작했다. 유럽 내 반이민 정서가 확대되는 상황 속에서, 청년층은 어떠한지 잰 자마트(Jan Jamatt)와 애브릴 키팅(Avril Keating)은 흥미로운 연구를 진행했다(Jamatt and Keating, 2017). 이 연구에 따르면 영국 청년층의 관용(tolerance), 즉 다양한 소수자 그룹을 용인하고 선호하고 받아들이는 태도는 소수자의 성격에 따라 다른 양상을 띤다. 청년층은 다양한 문화에 대해 부모 세대보다 더 관용적이라고 일반적으로 인식된다. 하지만 연구 결과 전통적으로 차별받거나 소외되었던 동성애나 타 인종에 대해서는 청년층의 관용성이 증가했으나 이주민에 대해서는 오히려 관용성이 감소하는 것으로 나타났다.

그렇다면 한국 사회 청년들의 이주민에 대한 인식은 어떠한가? 북한이탈주민을 포함한 이주민에 대해 지닌 태도와 인식이 다문화사회로의 안정적 전환과 미래 사회통합에 가장 큰 변수가 될 전망이다. 1990년대 초반부터 외국인들의 이주가 급증하면서 한국 사회에서는 다문화주의에 대한 관심이 확대되었다. 다문화사회 소수자 집단들에 대한 한국인의 편견과 차별에 대한 자성의 목소리가 높아지며 한국의 다문화주의 담론은 온정적 성격을 띠었고, 무엇보다 폐쇄적 민족주의에 대한 성찰의 목소리가 높아졌다. 하지만 '다문화 열풍'은 2010년대에 들어서며 '다문화 피로감' 또는 '다문화 혐오증'에 직면했다(윤인진, 2016). 선주민에 대한 역차별 논란이 일었고 정부 부처들 간에 경쟁적으로 실행했던 다문화 정책에 대한 비판 역시 증가했다. 이러한 과정에서 성장한 한국 청년들

---

3 파리 테러는 2015년 11월 13일, 프랑스 파리에서 일반 시민을 표적으로 삼아 공연장 및 식당, 카페 7곳에서 동시다발적으로 발생한 총기 난사, 인질극, 폭탄 테러 사건으로 약 130여 명이 사망하고 350명이 부상당했다. 테러는 급진 수니파 무장세력 이슬람국가(IS)에 의한 소행으로 밝혀졌다.

은 다른 어떤 세대보다 다문화 노출 빈도가 높고, 학력이 높으며, 절대적 풍요 속에서 자랐음에도 불구하고 북한이탈주민 및 이주민에 대한 반감이 다른 어느 세대보다 부정적이라는 연구 결과가 있다(김진희, 2019; 박성원 외, 2018). 청년들은 이주민을 일자리 경쟁 상대로 보며 불편해하고 잠재적 범죄자로 인식하는 경향이 강하다는 평가다(허종호 외, 2020). 청년세대를 연구하는 학자들은 청년들이 빈부 격차의 심화를 경험했고, 동시에 '능력주의(meritocracy)' 이데올로기에 바탕을 둔 경쟁적 세계관이 확장되면서 사회적 불평등과 불공정에 대한 특수한 인식 구조가 형성되었다고 한다(이종임 외, 2021). 즉, 상대적 빈곤과 박탈감은 불공정과 역차별, 무임승차에 대해 민감하도록 만들었고, 이는 온라인 커뮤니티를 중심으로 혐오 표현으로서 나타난다. 특히, '타인' 또는 '타자'로 간주되는 집단에 대한 차별과 배제, 혐오로 드러나는데 그 대표적인 대상이 이주민이라고 이야기된다.

하지만, 온라인에서 표출되는 일부 청년들의 이주민에 대한 반감이나 혐오를 청년세대 전체의 인식으로 일반화하기에는 무리가 있다. 통계청의 「2021년 국민 다문화수용성 조사」[4]에 따르면 청년세대로 묶이면서도 20대와 30대의 이주민에 대한 인식에는 차이가 있다. 20대는 '이웃으로 삼고 싶지 않은 사람'은 누구인가라는 질문에 대해 에이즈환자, 동성애자, 마약중독자, 이주민, 난민이라는 모든 그룹에 대해 다른 어느 연령대보다 이웃이어도 '상관없다'라고 응답한 비율이 높아 가장 다문화수용성이 높은 연령대로 나타났다. 반면 30대는 동성애에 대해서는 20대 다음으로 열려 있는 반면, 난민을 이웃으로 삼고 싶지 않다고 대답한 응답률이 전 연령대 중에서 가장 높고, 이주민에 대해서는 40대보다 부정적이며 50대와 같은 정도로 이웃으로 삼고 싶지 않다고 응답했다. 이주민을 이웃으로 삼고 싶지 않다는 응답률이 가장 높은 연령층은 60대 이상이다. 이주

---

4   국민다문화수용성 조사(통계청, 2021)의 '외국인 및 외국이주민에 대한 자각된 위협 인식'과 '다문화수용지수'를 참고했다.

민의 유입에 대해 얼마나 위협적으로 인식하는가에 대해서는 청년층이 다른 연령대보다 더 위협적으로 인식한다고 말할 수 없다. "외국인 노동자가 증가하면 그들이 한국인의 일자리를 빼앗아감"에 대해 '대체로 그렇게 생각'하거나 '매우 그렇게 생각'한다고 응답한 비율이 20대(32%), 30대(33.4%), 40대(27.4%), 50대(32.7%), 60대 이상(38.5%)으로, 노동시장에 진입하는 20대와 30대가 외국인 노동자를 경쟁자로 인식하는 수준이 40대보다는 더 크지만 50대와는 큰 차이가 없으며 60대보다는 덜 그렇게 생각한다. 외국인이 증가하면 범죄율이 증가할 것이라고 생각하는 것 또한 20대(40.2%), 30대(40.3%), 40대(36.4%), 50대(44.6%), 60대 이상(45.3%)으로 청년층보다 50대 이상이 외국인 증가 시 범죄율 또한 높아질 것으로 생각한다. 이 통계 조사상으로는 청년들의 이주민에 대한 거부감이 다른 연령대보다 더 크고 이주민 유입을 더 위협적으로 생각한다고 일반화할 수는 없으며, 20대는 오히려 이주민에 대한 다문화수용성이 다른 어느 연령층보다 높은 것으로 나타난다.

청년들의 다문화수용성이 북한이탈주민에 대한 인식에는 어떻게 적용될까? 다문화수용성이라는 일반적 개념 안에서 북한이탈주민에 대한 남한 주민의 인식과 정서도 보편적으로 적용되는지 아니면 특별하게 형성되는지에 대한 흥미로운 연구가 있다. 윤인진은 한국인의 북한이탈주민에 대한 인식과 정서는 다문화수용성 내에서 형성된다고 주장한다(윤인진, 2016: 146). 탈북민에 대한 인식에서 다문화수용성을 가장 큰 변수로 봐서 탈북민은 북에서 온 이주민으로 인식되며, 한국인의 이주민에 대한 인식이 북한이탈주민에 대한 인식으로 그대로 전가된다고 주장한다(윤인진 외, 2010). 이와 같은 주장이 청년층에도 그대로 적용되는지를 확인하고자 서울대학교 통일평화연구원에서 조사한 「통일의식조사」 가운데 세대별 북한이탈주민에 대한 친근감과 북한이탈주민 정책 지지도를 살펴보았다. 전체적으로 북한이탈주민에 대한 친근감은 2019년 이후 감소하는 것으로 나타난다. 북한이탈주민이 '친근하게 느껴지지 않는다'는 2019년 21.2%에서 2022년 32.3%로 크게 증가했다. 연령별로 보면 젊은 층에

<표 6-1> 세대별 이주민에 대한 친근감: 2022년(단위: %)

세대	북한이탈주민	조선족	고려인	중국인	일본인	동남아시아 및 남아시아인	미국인	중동인
20대	17.8	11.5	8	8.7	26.2	21.6	46.1	4.1
30대	22.8	16.3	8.4	10.6	22.8	19.8	46.9	3.2
40대	22.9	18	12.5	12.1	22.5	24.4	43.3	6.8
50대	24.1	15.4	15.2	10.7	16.7	25.8	43.5	4.6
60대	26.4	17.9	13.5	14.2	20.3	24.9	43.3	5.4
평균	23.1	16.4	11.9	11.4	22.1	23.5	44.5	4.9

자료: 통일평화연구원(2022.12.26).

서 느끼는 북한이탈주민에 대한 거리감은 그 이전부터 뚜렷하게 나타난다. 〈표 6-1〉에서 보듯이 북한이탈주민에 대한 친근감은 연령이 낮을수록 친근감도 낮아진다. 60대가 가장 친근감이 높고 20대가 가장 친근감이 낮다. 전체 평균인 23.1%보다 20대는 약 6% 낮은 17.8%이고, 이는 60대 이상과 비교하면 9% 낮은 수치다.

북한이탈주민 지원에 대한 인식에서도 연령별 차이가 뚜렷하게 드러난다. 2000년대부터 북한이탈주민의 한국 입국이 본격화되고 2009년, 각종 언론이 탈북민 '2만 명 시대'를 외쳤다. 그 후 7년 만인 2016년 11월 11일부로 탈북민 '3만 명 시대'가 도래했다(채경희, 2016.11.26). 이 시기부터 남한 사람들은 북한이탈주민 지원에 대한 부담을 본격적으로 고민하기 시작한 것으로 보인다. 2011년부터 북한이탈주민 대상 추가 지원에 대한 부정적 의견이 증가하기 시작해 2012년부터 2015년까지는 추가 지원에 동의하는 비율과 동의하지 않는 비율이 49%와 50% 사이에서 비슷하게 유지되었다. 그러나 2016년부터는 북한이탈주민 대상 추가 지원에 대한 부정적 의견이 긍정적 의견을 크게 앞서기 시작해, 2020년에는 추가 지원에 동의하는 비율이 31.5%, 동의하지 않는 비율이 68.5%로 2배 이상 높았다. 2022년 현재는 추가 지원에 대한 동의가 43.3%, 동의하지 않음이 53.75%다. 〈그림 6-1〉에서 보듯이, 20대와 30대는 특히 북한이탈주민

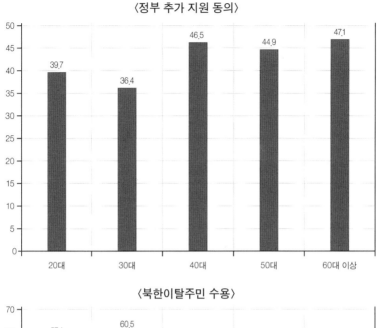

〈정부 추가 지원 동의〉

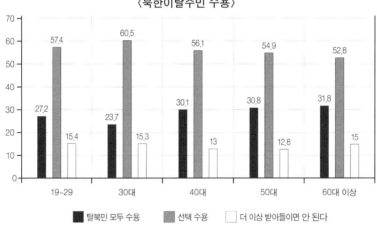

〈북한이탈주민 수용〉

■ 탈북민 모두 수용   ▦ 선택 수용   □ 더 이상 받아들이면 안 된다

에 대한 정부의 추가 지원에 동의하는 비율이 낮고 북한이탈주민에 대한 수용에 대해서도 소극적인 것으로 드러났다. 20대와 30대에서는 탈북민에 대한 선택적 수용과 '더 이상 받아들이면 안 된다'는 의견이 다른 연령대에 비해 높게

나타난다.

2007년부터 2015년까지의 서울대학교 「통일의식조사」 통계에서 19~29세까지 청년층의 북한이탈주민에 대한 태도를 회귀분석한 황정미는 2013년 이후 청년들은 실업 문제 우려가 높을수록 북한이탈주민에 대해 더욱 소원하게 느끼는 경향이 두드러진다고 분석했다(황정미, 2016: 311). 과도한 경쟁과 취업 위기에 직면한 청년들의 구조화된 무력감이 사회적 소수자에 배타적인 태도로 확산되며, 이것이 북한이탈주민의 수용에도 영향을 미쳤다고 보았다(황정미, 2016: 336~337). 청년층에서는 실업 문제를 심각하게 느낄수록 북한이탈주민에 대한 거리감이 더 커져 경제적인 이유가 북한이탈주민에 대한 인식에 가장 큰 영향을 주며, 다문화수용성은 청년층에서는 효과를 발휘하지 못한다고 주장했다. 노동시장 가설에 따르면 개별 국민의 이주자에 대한 태도는 자신이 노동시장에서 차지하는 위치와 관련해, 비숙련직의 주변부 노동시장에 종사하는 사람일수록 이주자에 대해 부정적인 입장을 취하는 것으로 알려져 있다(Scheve and Slaughter, 2001). 이러한 입장에 비추어 비정규직 비율이 높으며 N포 세대라 불리는 남한 청년들이 북한이탈주민에 대해 다른 연령대보다 부정적 입장을 취하는 것은 이들이 노동시장에서 처한 사회경제적 위치와 시대적 상황으로 해석할수도 있다.

하지만 이렇게 결론 내리기에는 남한 청년들이 이주 노동자의 시장 유입을 다른 연령대보다 위협적으로 본다고 할 수 없다고 제시한 앞의 통계청 「2021년 국민 다문화수용성 조사」의 통계 자료와도 대치되며(통계청, 2022.9.5), 청년층이 다른 이주민보다 북한이탈주민을 노동시장의 경쟁 상대로 본다는 근거도 없다. 비록 청년층이 북한이탈주민에 대해 사회적 거리감이 높고 이들에 대한 추가 지원에 대해 부정적인 것은 경제적인 이유가 크게 작용하겠지만, 북한이탈주민을 노동시장에서의 경쟁 상대로 보기 때문이라기보다 지원 대상으로 인식하기 때문이라고 파악된다. 즉, 청년들의 공정에 대한 인식하에서 탈북민이 무임승차를 하고 있으며 오히려 청년들이 역차별을 받고 있다는 생각에서 기인한 것으로 추정된다. 즉, 민족주의가 약화된 청년세대는 북한이탈주민을 다른 이주민보다 더 특수하게 대우해 주어야 한다는 정책에 동의하지 않으며, 북한이탈주민을 지원해 주어야 한다는 부담감이 사회적 거리감으로 나타난 것일 수 있다. 한국의 대학생을 대상으로 외국인 이주민에 대한 뉴스 보도가 혐오에 미친 영향을 분석한 김찬중에 따르면, 외국인이 위협이 될 수 있다는 기사뿐 아니라 외국인이 어려움에 처해 있어 도움이 필요하다는 메시지를 내는 온정주의적 기사 또한 내국인들에게 재정 부담으로 받아들여져 이주민 혐오를 불러일으키고 사회통합을 저해할 수 있다(김찬중, 2019). 그렇기에 김찬중은 단순히 불쌍하다는 논조가 아니라 외국인도 내국인에게 도움이 되었고 내국인과 화합하고 있다는 뉴스 발굴이 필요하다고 제안했다. 이러한 주장을 북한이탈주민과 연관해 보면, 북한이탈주민 3만 명 시대라는 구호와 북한이탈주민에 대한 지원을 독려하고자 동정 여론을 불러일으키려 했던 시도가 오히려 남한 청년들에게 부담과 거리감으로 작용했을 수 있다.

남한 청년들의 북한이탈주민에 대한 인식은 다른 국가 출신 이주민에 대한 인식과의 비교 내에서 살필 때 더 뚜렷하게 드러난다. 서울대학교 통일평화연구원의 「통일의식조사」에 따르면 북한이탈주민에 대한 친근감이 2017년에는 미국인에 대한 친근감 다음으로 높고, 일본인이나 동남아시아인에 대한 친근감보다 훨씬 높게 조사되었다. 그러나 2022년에는 일본인과 동남아시아인, 북한이탈주민에 대한 친근감이 모두 비슷한 수준인 것으로 나타났다. 연령별로 보았을 때 20대와 30대는 북한이탈주민에 대한 친근감이 다른 세대보다 낮고 미국인과 일본인에 대한 친근감이 다른 세대보다 높게 나타난다. 또한 20대와 30대에서는 조선족, 고려인, 중국인, 동남아시아인, 북한이탈주민에 대한 친근감이 다른 세대보다 상당히 낮다. 김석호는 성균관대학교 서베이리서치센터에서 시행한 「한국의 사회동향 2019」를 통해, 젊은 층은 외국인 출신 국가의 경제발전 수준에 따라 사회적 거리감의 차이가 두드러진다고 분석했다. 경제적으로 발전된 국가의 문화를 선호하고 그곳에서 온 이들에게 친근감을 느끼는 반면, 경제적으로 빈곤한 국가에서 이주해 오는 이들을 한국 경제에 편승해 이익을 취하러 오는 이들로 인식하는 경향이 있다는 것이다. 서울대학교 통일평화연구원의 「2022 통일의식조사」에서도 20대와 30대는 북한이탈주민, 조선족, 고려인, 중국인, 동남아시아인, 중동인에 대한 친근감이 전 연령 평균보다 낮고, 일본인과 미국인에 대해서는 평균보다 높게 나타난다. 청년층은 북한이탈주민을 한민족이라는 하나의 상상된 공동체 내에서 보기보다 가난한 이웃나라에서 온 이주민이지만 우리가 지원해 줘야 할 지원 대상으로 보는 경향이 증가하고 있다고 판단되기에, 다음 절에서는 청년층의 북한이탈주민에 대한 인식을 민족과 분단 디아스포라적 시각에서 살펴보고자 한다.

3. 민족과 분단 디아스포라, 그리고 남한 청년들의 북한이탈주민에 대한 시선

1990년대 중반부터 종교단체 등에서 중국 내 탈북민에 관심을 두고 지원활동을 시작했지만, 탈북민이 대한민국 언론에 집중적으로 등장한 것은 1990년대 후반이며, 그 후 2000년대에 들어 이들의 인권 문제와 한국에 입국한 탈북민 지원의 필요성이 국민적 관심을 끌었다. 탈북민 지원이 가장 활발하게 이루어졌던 때는 대한민국이 IMF 경제난을 겪던 때로, 실업의 공포와 생존이 화두이던 때였다. 그럼에도 각 종교단체 및 시민단체를 중심으로 '우리 민족'을 돕는다는 인식하에 탈북민 지원활동이 활발히 이루어졌다. 그렇기에 지금의 청년세대에서 탈북민에 대한 관심이 줄어든 것을 경제적 어려움과 생존주의만으로 설명하는 데는 한계가 있다. 현재 남한 청년세대의 민족의식과 통일에 대한 관심이 약화된 것, 냉전에서 비롯된 이산의 아픔에 대한 경험과 공감에서 멀어진 것 또한 청년세대의 탈북민 인식 변화에 영향을 미쳤다고 보아야 할 것이다.

그럼에도 북한이탈주민에 대한 시선은 청년들조차 분단이데올로기에서 자유롭기가 어렵다. 전영선은 북한이탈주민을 바라보는 시선의 심연에는 우리 사회의 분단 상처가 투영되어 있어, 분단 현실은 남북 주민의 경계 만들기와 적대감을 낳는다고 주장한다(전영선, 2014: 120~122). 그렇기에 북한이탈주민들은 북한이 싫어서 나왔음에도 북한으로 향하는 시선이 그들에게 직접적으로 투영됨을 느끼는 것이 힘든 경험이라고 지적한다. 남북관계 및 한반도 정치적 상황은 북한이탈주민에 대한 남한 주민의 인식에 과도하게 영향을 미쳐왔다는 주장이 일반적인데, 청년들은 어떠할까? 남북 분단 및 사회통합 측면에서 남한 사회의 청년들의 북한이탈주민에 대한 인식은 기성세대와 어떻게 다른지를 살필 필요가 있다.

북한이탈주민에 대한 사회통합은 일반적으로 두 가지 방식으로 접근한다. 하나는 체제 통합이며 다른 하나는 생활세계 통합, 즉 내적 통합이다(이수정, 2014). 남북한 주민 간에 대화와 협력을 통해 오해와 갈등을 해소하고 이해와 존중을 추구하는 일상생활에서의 내적 통합은 중요하게 추구해야 할 가치다(전경숙·송영호, 2019: 60~61). 그러나 이수정은 2000년대 이후 국가차원에서 탈북민을 총체적으로 지원해 온 시스템 자체가 오히려 역설적이게도 북한이탈주민과 남한 주민 간의 내적 통합을 저해한다고 평가한다(이수정, 2007). 지나친 지원이 탈북이주민이 주체적으로 한국 사회에 적응하는 것을 제한했을 뿐 아니라 남한 사람들이 이들을 동정의 대상이나 혐오의 대상으로 보는 기제로 작동해 왔다고 주장한다. 체제 통합을 위해 북한이탈주민을 '통일의 역군'으로 호명하며 지나친 역할을 기대하고, 물질적으로 지원해 어깨에 무거운 짐을 지우는 것도 오히려 남한 주민이 북한이탈주민에 대한 반감을 가지는 역할을 했다는 평가가 있다.

신난희는 남한에서 정치에 참여하는 탈북민은 북한 사회에 대한 강한 비판의식을 가지게 되며, 이것이 한국 사회 보수우익 정체세력과 정치 공학적으로 연대해 과잉 정치의 길을 걷게 만들었다 비판하고, 이러한 이들의 상황을 '분단의 디아스포라'로 정의했다(신난희, 2019: 19). 한반도 분단 체제는 남북이 상대를 부정하고 적대시하는 극단적 분단이데올로기를 생성해 왔으며, 탈북민은 이러한 한반도 분단 체제 속에서 출신 국가인 북한을 부정해야 자신의 정체성을 의심받지 않는 존재가 되었다. 그렇기에 탈북민은 한국 사회로 들어오는 것과 동시에 "위험한 타자로서 경계와 배제의 대상"으로 낙인찍히며, 때문에 한국 사회에서 존중받으며 사회적 통합을 이뤄낼 대등한 한 축으로서의 역할을 수행하지 못한다는 비판을 받는다(신난희, 2019: 4). 남한 사회의 탈북민들 중 상당수가 분단된 한반도의 정치적·사회적 현실에서 북한을 비판하며 보수적 정치색을 띠고 과잉정치의 길을 가기도 했으나, 통계상으로는 이들의 정치적 성향이 남한 사람들의 북한이탈주민에 대한 인식에 큰 영향을 미치지 않았던 것으로 보인다. 분단의 이데올로기 자체가 북한이탈주민에 대한 인식에 미치는 영향은 훨씬 다층적이고 가변적이다.

2012년부터 2016년까지의 서울대학교 통일평화연구원 「통일의식조사」 자료를 바탕으로, 정진원은 정치적으로 진보 성향이 강할수록 보수적 성향의 응답자보다 북한이탈주민에 대한 친근감, 북한이탈주민 수용도, 정부의 북한이탈주민 지원 지지도가 높다고 분석했다(정진원, 2019). 이는 진보 성향이 강한 사람일수록 북한에 대한 적대적 감정이 덜해, 이러한 태도가 북한이탈주민에게 투영되기 때문이라고 해석했다. 황정미는 서울대학교 「통일의식조사」 통계자료 분석을 바탕으로 통일의 필요성에 동의할수록 북한이탈주민에 대한 거리감이 줄어들며, 통일에 대한 긍정적 시각이 북한이탈주민에 대한 친근감을 높인다고 분석했다(황정미, 2016). 또한 다문화수용성이 높을수록 거리감이 줄어든다고 하였다. 정치적으로 진보 성향일수록 이민자와 사회적 소수자에 관용적이며 북한이탈주민에 대해 우호적인 반면, 보수적 성향의 사람일수록 북한정권에 대해 부정적인 인식이 강하며 북한이탈주민에 대해서도 부정적인 태도를 표출한다고 분석했다. 윤인진과 송영호는 북한에 대해 우호적일수록 북한이탈주민에 대한 친근감과 수용도가 높다고 분석했다(윤인진·송영호, 2011). 남북한 긴장 국면이 지속될수록 보수적 정치 성향의 사람들이 북한과 북한이탈주민에 대해 부정적인 경향이 강하며, 북한이탈주민에 대한 인식은 북한 인권에 대한 인식보다 북한에 대한 인식과 다문화 포용성에 더 영향을 받는 것으로 분석했다.

앞의 세 연구 모두 진보적 성향일수록 탈북민에 대한 포용성이 높은데, 이는 북한을 향한 적대감이 보수 성향의 사람들보다 덜해 북한에 대한 이미지가 탈북민에게 전가되었기 때문이고, 또한 진보적 성향의 사람은 다문화 포용성이 높기 때문이라고 주장한다. 그러나 탈북민에 대한 인식이 정치적 성향에 따라 상당히 가변적임은 서울대의 「2022 통일의식조사」 결과에서 뚜렷하게 드러났다. 2022년 7월 12일 통일부는 강제 송환 사진을 이례적으로 공개했다. 2019년 11월에 동료 선원들을 살해한 흉악범으로 조사를 받고 귀순 의사를 밝혔으나 판문점을 통해 송환된 탈북 선원 두 명의 당시 사진이었다. 강제 송환된 두 명의 남한 수용 및 북한에서의 처형 여부를 둘러싼 인권 문제가 정치화되고 이에 대한 기사가 각 언론사를 통해 쏟아졌다. 「2022 통일의식조사」는 2022년도 7월 1일부터 2022년도 7월 25일까지 25일간 시행되었기에, 탈북 선원에 대한 기사가 널리 유포된 시기와 조사 시기가 겹친다. 여기서 탈북 선원 강제 송환에 대한 언론 기사가 조사 대상자의 북한이탈주민에 대한 친근감, 탈북민 수용 및 북한이탈주민 지원 정책에 대한 인식에 상당한 영향을 미친 것으로 드러났다.

2022년도에 북한 선원의 강제소환 문제가 언론에 집중 보도되면서 탈북민 인권 이슈가 남한 주민의 관심을 불러일으켰을 뿐 아니라, 북한이탈주민의 수용 및 지원에 관한 남한 주민의 의식이 정치적 성향에 따라 크게 요동하는 계기가 되었다. 2021년과 2022년 모두 기존의 연구 결과와 동일하게 진보적 성향의 응답자들이 보수적 성향의 응답자들보다 탈북자 수용 및 탈북자 지원에 대해 적극적이다. 하지만 2022년에는 보수적 성향의 응답자들의 탈북자 수용 및 탈북자 지원에 대한 긍정적 답변이 크게 증가했다. 진보 성향의 경우는 탈북민을 모두 수용해야 한다는 것에 2021년에는 34.4%가 찬성하였지만, 2022년에는 31.1%가 찬성했다. 반면, 보수 성향의 응답자 가운데는 2021년에 20.7%가 찬성했지만 2022년에는 27.3%가 찬성했다. 여전히 진보 성향의 응답자가 보수 성향의 응답자보다 탈북민 수용에 적극적이지만, 진보 성향은 찬성 비율이 줄어들었고 보수 성향은 늘었다는 것에 주목할 필요가 있다.

이는 보수적 성향의 사람들이 북한에 대한 인식을 전가해 북한이탈주민을 바라보기보다 탈북민을 북한 체제를 탈출한 이들로 독립적으로 바라보는 경향이 증가했다는 의미로 해석할 수 있다. 이는 북한 선원 북송이라는 특정 사건을 집중적으로 언론이 보도하여 2022년 조사 결과에서만 나타나는 일시적인 현상일 수도 있으나, 2022년 조사 결과는 탈북민 수용 및 정책 지지가 정치적 영향력에 따라 보수와 진보의 진영 논리로 함몰될 수 있음을 보여준다. 즉, 2022년 조사는 북한이탈주민에 대한 남한 주민의 인식도 남북관계를 둘러싼 남한 사회 내부 갈등을 가리키는 용어인 '남남갈등'(손호철, 2004: 11~53)의 형태를 띨 가능성을 드러냈다. 이러한 변화는 북한이탈주민의 수용 및 지원 정책에 대한 견해뿐 아니라 북한 인권에 대한 인식 변화에서도 드러난다. 「2021 통일의식조사」에 따르면 북한 인권에 대한 인식의 정치적 성향의 차이는 거의 없었고, 오히려 진보 성향이 북한 인권 문제를 더 심각하게 생각하는 경향이 있었다.[5] 그러나 2022년도에는 보수적 성향일수록 북한 인권 문제를 심각하게 느끼는 것이 뚜렷하게 드러난다.[6] 이를 통해 2022년도 조사 결과는 북한 인권에 대한 인식 변화가 북한이탈주민에 대한 인식에 영향을 미쳤다고 파악된다.

2022년도 서울대학교 「통일의식조사」에서 북한이탈주민에 대한 친근감은 세대별로 뚜렷한 특징을 보이는데, 앞에서 언급했듯이 연령대가 높아질수록 북한이탈주민에 대해 친근하게 느낀다는 응답률이 높게 나타났다. 작년도 2021년 조사에서는 19세~29세 다음으로 북한이탈주민을 친근하지 않게 느끼는 연령

---

5   '북한 인권 문제가 매우 심각하다'에 대해 정치적으로 보수적인 성향의 응답자는 34.8%가 '매우 심각하다'고 응답했고, 진보적 성향은 35.2%가 '매우 심각하다'고 응답했다.

6   '북한 인권 문제가 매우 심각하다'에 대해 정치적으로 보수적인 성향의 응답자는 48.4%가 '매우 심각하다'고 응답했고, 진보적 성향은 31.7%가 '매우 심각하다'고 응답했다

대는 60대 이상이었다. 기존 연구에서는 60대 이상이 북한이탈주민에 대해 친근감을 느끼지 않는 것은, 민족적으로 동일하게 여기더라도 북한을 바라보는 시선을 이들에게 전가해 국가정체성에 따라 배타적으로 강하게 인식하기 때문이라고 분석했다(손애리·이내영, 2012: 19). 그러나 2022년도 조사에서는 이례적으로 60대 이상에서 북한이탈주민에 대한 친근감이 가장 높게 나타났는데, 이는 북한 선원 강제 송환 문제에 대한 언론 집중도가 높아지면서 북한이탈주민 및 북한 인권에 대한 대중의 관심도가 높아지고, 이 이슈가 남남갈등을 유발해 60대 이상 연령 보수층의 북한이탈주민에 대한 관심이 반영된 것이라 추정할 수 있다. 그러나 20대와 30대가 탈북민 수용 및 친근감에 대해 지닌 인식의 경우, 2021년과 2022년도 조사를 비교했을 때 정치 성향별로 큰 차이가 드러나지 않는다. 이는 20대와 30대가 남남갈등에 영향을 덜 받는 세대임을 방증한다.

통계수치 이면에 있는 청년세대들의 의식을 들여다보기 위해 다양한 세대가 모여 남남갈등에 대해 토론한 내용을 담은 스크립트를 살펴보았다. 청년세대는 북한이탈주민을 남북관계 내에서 바라보기보다 이주민으로 인식하며 대다수는 이들에게 무관심한 편인 것으로 파악된다. 다음 대화는 청년들이 북한을 적대국가도 화합의 대상도 아닌 "불편한 이웃 국가"로 인식하고 있기에 탈북민에 대한 인식도 기성세대보다 남북관계에 덜 영향을 받음을 짐작하게 한다.

민○○: (북한은) 사실 "이웃국가로 봐야 되지 않나"라는 생각을 하고요. 오히려 프레임에 쌓여 있는 건 아닌가, 적대 아니면 뭔가 화합해야 되는 그런 존재로 (북한을) 보는 것이 아닌가라는 생각이 들고요. 사실 청년세대 같은 경우에는 산업 문제가 되게 힘든데 너무 크고 광범위한 문제를 약간 이념적으로 접근하는 데 있어서 오히려 실용적으로 보는 관점이 필요하다는 생각에서 이웃국가 정도로 생각하고 있습니다.[7]

---

7   통일평화연구원, 2021.9.8: 0908/1.

통일에 대한 관심과 필요성은 급격히 감소 중이며, 특히 청년층에서 그 정도가 더 심각하다. 이러한 상황을 인식할 때, 남한의 청년들이 탈북민을 남북한의 이질적 관계 개선 및 통일에 필요한 역할을 할 수 있는 존재로 기대하는 비율이 다른 연령에 비해 매우 낮은 것은 당연한 결과일 수 있다. 또한 다음 대화는 북한이탈주민에 대한 지원을 통일운동과 민족적 차원에서 열정적으로 했던 기성세대와는 달리, 북한 내에 어려움이 다시 반복되고 탈북민이 급증하는 상황이 생겨도 이들에 대한 지원이 다른 관점과 다른 차원에서 이루어질 가능성을 시사한다.

> 정○○: 요즘에 우리 강○○ 학생은 미얀마 민족운동 단체들을 돕는 운동을 하고 계신 걸로 알고 있는데, 미얀마를 돕는 마음하고 북한을 돕는 차이가 있나요?
>
> 강○○: 사실 저는 같은 것 같습니다. 미얀마도 북한에 있는 국민들도 이유는 다르겠지만 불편하고 힘든 상황에 처해 있는 것은 같다고 생각을 하기 때문에, 게다가 북한도 미얀마를 보는 것과 같이 "다른 나라다"라는 인식이 강한 것 같아서 ……. 1년 전에 북한 인권에도 관심이 있어서 지원활동도 했는데, 제가 생각하기에는 미얀마를 보는 입장과 북한을 보는 입장이 거의 같다고 보면 될 것 같습니다.[8]

국제사회에서 지원활동을 할 때 미얀마의 국민을 돕는 마음과 북한 사람을 돕는 마음에 큰 차이가 없다는 20대 청년의 인터뷰 내용은 북한이탈주민에 대한 인식도 다른 이주민에 대한 인식과 큰 차이가 없음을 짐작하게 한다. 분단이라는 남북관계의 특수성이나 민족주의의 틀을 벗어나 북한과 북한 사람들을 바라보는 이러한 청년들의 인식은 이념 갈등으로 번질 가능성은 약하지만, 무관

---

8   통일평화연구원, 2021.9.8: 0908/10.

심으로 흐를 여지를 지닌다. 또한, 기꺼이 부담을 감내하면서까지 탈북민을 대한민국 시민으로 끌어안고 남북통일을 준비해야 한다는 기존의 정책적 담론에 대해 청년들의 반감이 증가할 수 있다. 하지만 북한이탈주민을 다른 나라에서 온 이주민보다 더 특별하게 대우할 이유에 쉽게 수긍하지 않고, 북한이탈주민을 동남아 이주민보다 더 친근하게 느끼지 않는다는 모습은 다른 이주민보다 북한이탈주민에 특혜를 주는 것을 당연하게 생각하지 않으면서 남북 통합을 이루려는 시도를 만들어낼 가능성으로 읽힐 수 있다. 다문화수용성이 높은 20대 청년들이 통일에 관심을 가질 때, 이들에게 다른 이주민들을 차별하지 않으면서 북한이탈주민도 끌어안는 새로운 사회통합의 모델을 기대할 수 있을 것이다. 독일은 통일 이후 이주민 차별 및 이들에 대한 폭행과 테러 문제가 심각하게 발생했다. 이는 독일 통합이 동독과 서독 사이에 평등하게 이루어지지 않으면서 분노한 동독인들, 그중에서도 특히 동독 청년들이 사회적 양극화와 대량 실업의 문제의 원인을 이주민에게 돌리면서 이들에게 분노를 폭발시켜 발생했다고 보는 시각이 일반적이다(최윤영, 2016: 11~13). 이러한 독일 사례를 보았을 때, 민족의 통일과 이주민 사회통합은 무엇을 더 우선시할 것인가가 아니라 동시에 고려하고 준비해야 할 사안이다. 다인종·다문화 사회로 접어든 한국에서 기존의 분단이데올로기나 민족주의 틀에 고착화된 방식으로 북한이탈주민을 바라보던 것은 한계에 부딪혔기에 다문화주의와 분단이데올로기를 모두 뛰어넘는 새로운 인식의 틀이 청년들에게 요구된다.

4. 나가며 | '질' 좋은 접촉을 통한 청년세대 인식 변화

남북이 나뉘기 전에 자유롭게 이동하며 같은 민족으로 살다가 분단과 전쟁을 직접 경험한 세대의 북한이탈주민에 대한 인식은, 소수의 탈북민이 남한 내에 살고 있는 것은 알지만 만날 경험이 거의 없으면서 언론을 통해서만 접하는 청년세대의 북한이탈주민에 대한 인식과 다를 수밖에 없다. 한국전쟁을 경험한 세대의 북한 인식은 구체적이고 경험적이기에 견고하고, 이들의 북한이탈주민에 대한 인식은 북한에 대한 경험과의 관계성 내에서 설정되는 경향이 있다. 반면 청년세대의 북한 사람 및 북한이탈주민에 대한 인식은 간접 경험을 통해 형성되는 경향이 있으며, 새로운 경험의 성격에 따라 탈북민에 대한 인식도 바뀔 가능성이 크다. 북한이탈주민과의 직접적인 접촉이 적은 청년세대는 언론 및 SNS를 통해 전파되는 이미지 그대로 북한이탈주민에 대해 인식하는 편이다. 탈북민이 직접 텔레비전에 출연하는 프로그램을 통한 '간접 접촉'으로도 왜곡된 이미지가 형성될 수 있다. 텔레비전 프로그램에 출연한 북한이탈주민들이 재현하는 북한과 북한 사람들, 북한이탈주민들은 현실과 괴리된 새로운 이미지로 생성되며, 시청률과 인기를 위해 더 자극적인 이미지를 생성·소모하기도 한다. 이렇게 형성된 북한과 북한 사람에 대한 이미지는 다수자인 한국인과 소수자인 북한이탈주민의 관계에 직접적으로 영향을 준다.

언론 및 SNS를 통한 북한의 이미지가 탈북민에게 전가되어 편견이 생성되는 것을 막고자 탈북민과 남한 청년들 간의 '질' 좋은 접촉을 늘릴 필요가 있다. 원숙연은 이주민에 대한 긍정적 인식이 늘기 위해서는 접촉의 빈도뿐 아니라 접촉의 '질'도 중요하다고 강조하며 '질' 좋은 접촉의 필요성을 주장한다(원숙연, 2019). 질이 나쁜 접촉은 오히려 편견을 강화하고 반감을 증폭시키는 결과를 낳을 수 있다. 다음 인용문은 남한 청년과 탈북민 청년 간의 질 좋은 직접 접촉을 보여준다. 탈북민과의 좋은 만남을 경험한 남한 청년이 이러한 개인적 차원의 긍정적 관계 형성이 남북한 간 사회통합으로도 확장될 수 있지 않을까를 고민한 내용이다.

민○○: 주변에 북한 청년이 같이 사는데요, 되게 외롭고 힘들게 살고 있어요. 한국살이가 힘들다고 할 때, 수강신청 할 때도 도와주고 밥도 같이 먹고 하는데, "이렇게 일주일에 한번이라도 보면 좋겠다" 얘기를 하거든요. 작년 추석에 20만 원 선물을 사서 저희 집에 온 거예요. 제가 한 것은 별로 없는데, 너무 고마웠다고 돈을 다 털어서 사 왔다고 하더라구요. 저는 이게 개인의 관계가 더 발전하면, 사회 국가의 관계가 발전한다고 생각하는데, 북한 주민을 어떻게 바라보고 있는가에 대한 근본적인 고민이 저에게 들더라구요 …….[9]

민○○(30대)은 주위 사람들의 도움을 받기만 하고, 사회보장제도의 혜택만을 누리는 탈북민에 대한 이미지가 아니라 서로 도움을 주고받는 관계의 따뜻한 사람으로서의 북한이탈주민에 대한 인식을 가지게 되었다. 편견은 직접 접촉뿐 아니라 질 좋은 접촉을 늘리려는 언론이나 매체를 통해서도 해소될 수 있다.

연세대학교 동아리 '지음'에서는 팟캐스트 〈사이좋게 부칸 친구와 함께 하는 작은 밥상: 사부작〉을 만들었다. 제작진인 이산하(25세) 학생은 "처음에는 탈북자 게스트를 어떻게 대해야 할지, 호칭은 어떻게 해야 할지, 보통 사람을 대할 때 군이 하지 않는 고민을 많이 하게 됐다"라면서 "지금 생각해 보니 문제가 있는 고민이었던 것 같다"라고 회상했다(BBC News 코리아, 2019.8.23). 이 뉴스에 따르면 제작진은 이 방송을 통해 탈북민을 '북한 사람'이라 규정하지 않고 각자 개성 있는 사람으로 대하는 법을 자연스럽게 배웠다고 한다. TV의 탈북민 관련 방송들은 분단이라는 구도를 흔들기보다 이를 고착화하는 경향이 있으며 출연하는 북한이탈주민은 쉽게 대상화한다. 하지만 청년들이 만든 '사부작'은 '북한' 출신 이주민이 아니라 이웃으로 온 '사람'에게 관심을 가지고 이들을 이해하고 이들과 협력하는 방법을 고민함으로써 아래로부터의 사회통합을 시도한다. 이는 거대 담론의 틀에서 북한과 북한이탈주민을 바라보며 쉽게 '남남갈등'의 소용돌이로 빠졌던 기성세대와 달리, 일상적이지만 구체적인 변화의 힘을 이끌어 내고자 하는 노력일 수 있다. 남한 청년들을 생존주의에 매몰되고 이주민 및 타자에 대한 혐오를 생산해 내는 집단으로 치부하거나, 북한 사람과 북한이탈주

---

9   통일평화연구원, 2021.9.8.

민에 대해 무관심한 이들로만 규정짓기보다 이러한 작은 시도들에 의미를 부여하고 확장할 수 있도록 지원하는 노력이 필요하다. 그렇게 할 때, 이들은 통일 이후에 다양성과 통일성의 균형을 맞추며 통일된 한반도가 직면할 남한과 북한 사람 간의 갈등과 다양한 이주민 간의 갈등을 동시에 해결할 방안을 찾아갈 수 있을 것이다.

참고문헌

권영승·이수정. 2011. 「글로벌·다문화 사회의 통일의식: N 세대 대학생을 중심으로」. ≪현대사회와다문화≫, 1(2).

김진희. 2019. 「한국 성인의 다문화수용성 비판과 이주민에 대한 편향적 태도 분석」. ≪평생학습사회≫, 15(2).

김찬중. 2019. 「외국인 이주민에 대한 뉴스 보도가 혐오에 미치는 효과 연구: 위협 보도와 온정주의 보도를 중심으로」. ≪한국방송학보≫, 33(5).

김홍중. 2015. 「서바이벌, 생존주의, 그리고 청년 세대: 마음의 사회학의 관점에서」. ≪한국사회학≫, 49(1).

≪동아일보≫. 2023.10.30. "곧 인구 5%가 외국인… 우리도 '다인종·다문화 국가' 진입".

BBC News 코리아. 2019.8.23. "북밍아웃: 탈북자 향한 보이지 않는 차별과 편견을 없애기 위해 만든 팟캐스트 방송". https://www.bbc.com/korean/news-49432977.

손애리·이내영. 2012. 「탈북자에 대한 한국인의 태도 연구: 국가정체성과 다문화수용성을 중심으로」. ≪아태연구≫, 19(3).

손호철. 2004. 「남남갈등의 기원과 전개과정」. 『남남갈등 진단 및 해소방안』. 창원: 경남대학교출판부.

신난희. 2019. 「분단 디아스포라와 탈북이주민의 과잉 정치참여 활동 사례 연구: 제19대 대선 시기를 중심으로」. ≪한국민족문화≫, 72.

신진욱. 2020. 「세대불평등 담론의 정치적 계보와 의미론: '386'담론의 구조와 변화에 대한 비판적 담론 분석, 1990~ 2019년」. ≪경제와사회≫, 126.

원숙연. 2019. 『다문화 사회의 다층성』. 서울: 이화여자대학교출판부.

윤인진. 2016. 「다문화 소수자에 대한 국민인식의 지형과 변화」. ≪디아스포라연구≫, 10(1).

윤인진·송영호. 2011. 「한국인의 국민정체성에 대한 인식과 다문화 수용성」. ≪통일문제연구≫, 23(1).

이수정. 2014. 「접촉지대와 경계의 (재)구성: 임대아파트 단지 남북한 출신 주민들의 갈등과 협상」. ≪현

대북한연구≫, 17(2).

이수정. 2017. 「"탈북자 심리"의 문화정치: 분단정치와 신자유주의적 통치의 절합」. ≪현대북한연구≫,
20(2).

이종임·박진우·이선민. 2021. 「청년 세대의 분노와 혐오 표현의 탄생: 온라인 커뮤니티 '에브리타임'의
'혐오-언어' 표현 실태분석을 중심으로」. ≪방송과 커뮤니케이션≫, 22(2).

이향규. 2018. 『후아유』. 서울: 창비교육.

전경숙·송영호. 2019. 「통일대비 북한이탈주민의 사회통합을 위한 탐색적 연구」. ≪다문화와 평화≫,
13(1).

전영선. 2014. 「북한이탈주민과 한국인의 집단적 경계 만들기 또는 은밀한 적대감」. ≪통일인문학≫, 58.

정진원. 2019. 「북한이탈주민에 대한 한국인의 태도 결정요인」. ≪사회과학연구≫, 30(1).

채경희. 2016.11.26. 「특별기고 탈북민 3만 명 시대」. ≪중앙일보≫.

최윤영. 2016. 『민족의 통일과 다문화사회의 갈등: 독일 문학의 예를 중심으로』. 서울: 서울대학교출판
문화연구원.

추병완. 2011. 「통일교육칼럼: 한국통일교육, 다문화 시민 양성 모색해야」. ≪통일한국≫, 326.

통계청. 2022.9.5. "2021 일반국민 다문화수용성지수". https://kosis.kr/statHtml/statHtml.do?orgId=154&
tblId=DT_154020_22BB000001&vw_cd=MT_ZTITLE&list_id=B_3_001_002&seqNo=&lang_
mode=ko&language=kor&obj_var_id=&itm_id=&conn_path=MT_ZTITLE(검색일: 2024년
1월 10일).

통일평화연구원. 2021.9.8. 〈10대부터 80대까지 남남갈등 토론영상〉. IPUS 오늘의 TV. https://ipus.snu.
ac.kr/blog/archives/conference/5629.

통일평화연구원. 2022.12.26. 「2022 통일의식조사」. 통일학연구 58.

≪한국경제≫. 2023. "한국, 내년부터 '다인종 국가'".

허종호·유수영·이채정. 2020. 「이주노동자 유입에 대한 세대 간 인식 차이 탐색: 수도권 거주 20대와 50대
비교를 중심으로」. ≪사회과학연구≫, 36(3).

황정미. 2016. 「사회적 위험 인식과 북한이탈주민에 대한 사회적 거리」. ≪아태연구≫, 23(2).

Cho Eun-Ah. 2018. "'Becoming' North Koreans: Negotiating gender and class in representations of
North Korean migrants on South Korean television." Cross-Currents: East Asian History
and Culture Review, 7(2).

Jamatt, Jan and Avril Keating. 2017. "Are today's youth more tolerant? Trends in tolerance among
young people in Britain". Ethnicities, 19(1).

Scheve, Kenneth F. and Matthew J. Slaughter. 2001. "Labor market competition and individual
preferences over immigration policy". Review of Economics and Statistics, 83(1).

제7장

세대주의를 넘어 동아시아 청년의 연대로
한국 청년세대의 주변국 인식

이문영(서울대학교 통일평화연구원 HK부교수)

1. 주변국 인식은 왜 중요할까? | 한반도와 비평화 복합 구성

분단과 북핵을 품은 한반도는 '조직화된 비평화(organized peacelessness)' 또는 '비평화 복합구성(configuration of peacelessness)'의 대표적 사례에 해당한다. 이는 비판적 평화학의 대표 이론가이자, 얼마 전까지만 해도 한국과 마찬가지로 분단 극복이 지상 과제였던 독일의 디터 젱하스(Dieter Senghaas)가 창안한 개념이다. 무릇 비평화란 국제 관계, 국내 문제, 국민 의식 등 다양한 요소가 서로 얽힌 복합구조로 존재한다는 뜻이다(이동기, 2013: 37).

실제로 한반도 문제의 근원인 분단도 냉전기 국제정세와 한민족 내부 갈등이 복합적으로 작동한 결과였다. 이후 남북관계 역시 국제정치적 환경, 국내정치적 계기, 경제발전 논리, 지도자 리더십, 여론 등 다양한 변수의 복합 구성으로 존재해 왔다. 이를 감안할 때 남북 분단이 글로벌 냉전 체제의 직접적 산물이었듯이, 통일 역시 탈냉전 시기 더욱 복잡해진 국제정치적 요소를 반드시 고려해야 한다(Lee, 2022: 187).

한반도 문제의 국제적 성격은 핵심 이슈인 북핵 문제에서 더욱 두드러진다. 북핵 문제가 한반도를 넘어 주변국 및 동북아 안보에 직접적이고 치명적인 영향을 미치는 지정학적 위기에 해당하기 때문이다. 따라서 미·중·일·러로 대표

되는 핵심 주변국은 한반도 평화 실현에 이차적인 외부 요소가 아니라, 이미 그 과정에 깊이 연루된 내적 계기로 간주되어야 한다. 한국인의 통일의식을 구성하는 핵심 항목에 '주변국 인식'이 빠질 수 없는 것도 이 때문이다.

국제성과 더불어 비평화 상황을 구성하는 또 다른 주요 요소가 바로 국민 의식이나 여론이다. 최근 통일의 주체인 남북한 주민들 사이 의식과 마음의 통합이 중요한 문제로 부상했다. 정치적·제도적 통일의 가능성과 지속성은 사회문화적 통합 수준에 크게 좌우되는바, 남북한처럼 이질적이고 적대적인 체제로 오래 살아온 사람들 사이에서 마음의 통합은 결코 쉽지 않은 과제다. "남과 북 사이 경계선이 가장 복잡하고도 아프게 작동하는 곳이 바로 우리 의식과 마음"이기에 경계선의 해체도 바로 그곳에서부터 시작되어야 한다(박명규, 2012: 28).

남북한 사람들 간 마음의 통합에 앞서 한국 국민 내부의 합의와 여론도 중요하다. 통일 및 대북 정책의 내용과 실현 가능성이 여론의 공감과 지지에 기반하기 때문이다. 하지만 분단이 70년 넘게 지속되고, 인구 중 전쟁을 직접 경험하지 못한 세대 비율이 압도적으로 높아지고, '세계화 키즈'로 불리는 Z세대의 성인 진입이 본격화되면서 한국인의 통일의식에도 세대별 분화 현상이 뚜렷이 나타났다. 일례로 「2022년 통일의식조사」에 따르면 '통일이 필요하다'고 생각하는 20대 비율(27.8%)은 60대 이상 응답자(61.2%)의 절반에도 미치지 못하고, 한국인 평균(46.0%)보다도 20%p나 낮다. 20대의 해당 수치는 조사가 시작된 2007년 이래 가장 낮은 것으로, '통일이 필요하지 않다'(39.7%)는 비율이 '필요하다'보다 높다. 이는 전 세대를 통틀어 유일한 현상이다. 이처럼 기성세대와 청년세대 간 극명하게 대조되는 통일의식은 양적 차이가 질적 변화로 전이되는 차원에 이르렀다.

그렇다면 주변국 인식은 어떨까? 통일의 필요성에 대한 인식처럼 주변국 인식에도 세대별 차이가 명확하게 나타날까? 이미 다양한 언론 기사를 통해 20대가 어느 세대보다 낮은 중국 친근감, 어느 세대보다 높은 일본 친근감을 보인다는 사실이 여러 차례 보도되었다. 이에 기반해 한국 청년세대, 또는 MZ세대 전체를 '반중 친일의 전위부대'로 규정한 보도 역시 드물지 않다.[1] 이러한 주장은 객관적 현실에 부합할까? 이 글은 주변국 인식과 관련한 세대 간 또는 세대 내 차이와 유사성을 밝힘으로써 이러한 질문에 답해 보고자 한다.

즉, 미·중·일·러(·북)을 중심으로 한국 2030세대의 주변국 인식이 기성세대와 어떻게 다른지, 또 20대와 30대 사이에는 어떤 차이가 존재하는지를 서울대학교 통일평화연구원이 2007년부터 실시해 온 「통일의식조사」, 한국의 동아시아연구원과 일본의 겐론NPO(言論NPO)가 2013년부터 공동으로 시행해 온 「한일 국민 상호인식조사」를 활용해 통계적으로 확인해 보고자 한다. 분석에 앞서 이 연구는 최근 5년에서 10년간 데이터의 시계열적 분석을 포함하는바, 표본 크기와 통계적 유효성 등을 고려해 청년세대를 'MZ'세대가 아닌 '2030'세대로 분류한다는 점을 미리 밝힌다.

2. 가장 친근한 나라? 가장 위협적인 나라?

특정 국민의 주변국 인식은 해당국과의 외교 관계에 직접적인 영향을 받는다. 이 중 특정 기간 양국 사이 발생한 사건 중 세대 불문, 모든 연령대에 영향을 미치며 '기간 효과(period effect)'를 발휘하는 역사적 사건이 주변국 인식에 특히 결정적인 요소로 작용한다. 예를 들어, 최근 10년을 기준으로 한국인의 중국 인식을 결정한 역사적 사건으로 2016년 한국의 사드 배치에 대한 중국의 경제 보복, 2020년 중국발 코로나 팬데믹을 들 수 있다. 일본의 경우 2015년 한일 정부

---

1   대표적인 언론 보도는 다음과 같다. "중국의 모든 것을 싫어하는 핵심 집단, 누굴까"(≪시사 IN≫, 2021.6.17); "586은 반미, 우리는 반중! MZ세대의 중국 혐오를 키운 것은?"(≪주간조선≫, 2021.5.24); "2030 열 명 중 여섯 '中 싫다'… 미래 세대 반중감정 치솟았다"(≪중앙일보≫, 2021.1.19); "'한국인, 日 가장 혐오' 통념 깨진다… 2030세대 '中이 더 싫다'"(≪한국일보≫, 2021.6.14); "한국인 '일본 싫다' 8%P 줄고 '중국 싫다' 14%P 증가"(≪중앙일보≫, 2021.9.29).

간 일본군 '위안부' 합의, 2019년 한국 대법원의 강제동원 판결로부터 개시된 양국 간 복합 갈등(역사·경제·안보 갈등)을 들 수 있다.

한편, 미국과 북한의 경우는 북핵 문제를 포함한 남북관계에 밀접히 연동된다. 2017년 정점으로 치달은 북핵 위기, 2018~2019년의 극적 반전 및 역사상 최초로 이뤄진 북미정상회담이 한국인의 양국 인식을 결정한 주요 사건으로 작용했다. 러시아의 경우 2022년 발발한 우크라이나 전쟁이 이에 해당한다. 각각의 기간 효과 사건, 그 사건들과 깊이 연동된 특정국 인식은 나머지 주변국에 대한 인식과 또 다른 영향 관계를 형성하며 한국인의 주변국 인식 전체의 위계와 특성을 결정한다.

그렇다면 주변국 인식에서 청년세대는 기성세대와 어떤 차이를 보일까. 「통일의식조사」 중 주변국 인식의 출발점에 해당하는 '친근감'과 '위협감' 항목을 통해 이에 접근해 보자.[2]

「통일의식조사」의 최근 10년 누적 평균에 따르면, (평균적) 한국인이 가장 가깝게 느끼는 나라는 '미국-북한-중국-일본'의 순인 것으로 드러났다. 30대에서는 이 순위가 그대로 유지되지만, 20대는 '미국-북한-일본-중국'의 순으로 중국과 일본 간 역전 현상이 발생했다. 한편, 마찬가지로 10년 누적 평균에 따르면 가장 위협적으로 느껴지는 나라는 한국인 평균과 20대, 30대 모두 '북한-중국-일본-미국'의 순인 것으로 드러났다.

누적 평균이 아닌 연도별 결과의 경우, 친근감에서는 미국이 2위인 북한과 큰 격차를 보이며 10년 내내, 세대 불문 부동의 1위를 차지했다. 위협감의 경우 5년 전까지만 해도 북한이 줄곧 '가장 위협적인 나라' 1위에 꼽혔지만, (2020년을 제외

---

2 러시아의 경우 친근감의 최근 10년(2013~2022) 누적 평균은 0.7%, 위협감은 2.3%로 10년 내내 양 지표 모두 5개 주변국 중 최하위를 기록했다. 위협감이 친근감보다 높기는 하지만, 이는 2022년 러시아의 우크라이나 침공으로 해당 수치가 전년 대비 약 900% 급증한 결과다. 이처럼 러시아는 친근감과 위협감 모두, 수치(정도)나 변화(순위) 모두에서 통계적 유의미성을 갖지 않기에 향후 서술에서 제외한다.

하고) 2018년부터 현재까지는 중국이 4년 내내 1위 자리를 차지했다. 이는 사드 보복의 영향과 남북관계 대전환의 효과가 어우러진 결과(2018~2019)이거나, 코로나 팬데믹의 후과(2021~2022)로 해석될 수 있다. 1위를 제외한 나머지 순위에서는 연도별로 역동적인 변화가 있었다. 특히, 친근감과 위협감 모두 미국과 북한에 비해 중국과 일본의 변동성이 매우 크게 드러났다. 이는 세대별 차이와 직결되기에 다음 항에서 보다 자세히 살펴보기로 한다.

1) 20대, 북한이 좋아지면 미국이 싫어진다?

먼저 미국과 북한 인식을 살펴보자. 「통일의식조사」의 최근 10년 누적 평균에 따르면, 70년 동맹인 미국, 같은 민족인 북한이 순서대로 한국인이 가장 가깝게 느끼는 나라 1, 2위를 차지했다. 하지만 미국의 친근감 지수가 평균 70%대라면 북한은 10%대로, 친근감의 정도에서 현격한 차이를 보인다. 세대별 차이와 관련해서는 30대가 한국인 평균과 비슷한 정도와 추이를 보인다면, 20대는 '평균보다 높은 미국 친근감, 평균보다 낮은 북한 친근감'이 특징이다.

"북미 월드컵이 열릴 경우 어느 팀을 응원할 것인가"라는 질문의 10년 누적 평균을 예로 들어보자. 한국인 전체의 '북한팀 : 미국팀' 응원 비율은 51.0 : 14.0, 30대는 49.2 : 14.2로, 30대는 전체 평균과 큰 차이가 없다. 반면 20대의 해당 비율은 38.1 : 17.2로, 북한 응원 비율이 평균보다 13%p나 낮고, 미국 응원 비율은 평균보다 높다. 북미 친근감을 나타낸 〈그림 7-1〉의 그래프도 20대의 이러한 특성을 경향적으로 반영한다.

특기할만한 점은 이런 경향의 예외적 사례가 2018~2019년 '남북 대(大)화해의 시기'에 발생했다는 사실이다. 그래프가 직관적으로 드러내듯이 2018년 72.1%였던 20대의 미국 친근감이 2019년 59.3%로 가파르게 하락한 반면, 북한 친근감은 2017년 9.7%에서 2018년 13.5%로, 2019년 다시 25.8%로 크게 상승한다. 이러한 경향은 위협감에도 똑같이 반영되었다. 20대가 보통 미국에 대해 한

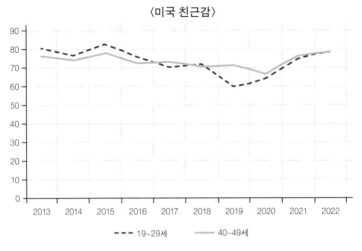

〈그림 7-1〉 한국인의 '미국 친근감'과 '북한 친근감'

〈미국 친근감〉

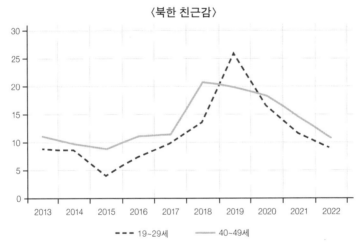

〈북한 친근감〉

국인 평균보다 높은 친근감을 보이는 만큼 위협감에서는 평균보다 낮은 수치를 보여왔다. 하지만 유독 2019년에는 20대의 미국 위협감이 전년 대비 두 배 가까이 증가해(9.0%) 한국인 평균(5.9%)을 훌쩍 뛰어넘었다.

반면 북한에 대한 위협감은 2017년 64.2%에서 2018년 32.0%로 불과 1년 사이 절반으로 대폭 감소했고, 이 수치는 2019년에도 비슷하게 유지되었다(32.6%).

동일한 현상이 북미 월드컵 항목에서도 발견된다. 20대의 미국팀 응원 비율은 2017년 18.1%에서 2018년 10.8%로 눈에 띄게 하락한 반면 북한팀 응원 비율은 31%에서 46.8%로 크게 상승했고, 이러한 추세는 2019년까지 이어져 10년 중 최고치인 47.5%를 기록한다.

남북화해 시기 20대에 나타난 이러한 특이성, 즉 미국과 북한 인식이 '음의 상관관계'로 긴밀하게 연동되는 현상은 시대 변화에 특히 민감한 청년의 세대적 특성이 반영된 것으로 해석될 수 있다. 2018~2019년 당시는 직전 해 최고조에 달했던 북핵 위기가 불과 1년 사이 3회의 남북정상회담, 2회의 북미정상회담을 거치며 극적인 반전을 거듭하다 결국 하노이 북미회담 결렬로 마무리된 시기다. 〈그림 7-1〉 그래프에 나타난 해당 시기 '미국 친근감의 대폭 하락과 북한 친근감의 대폭 상승'은 한껏 무르익은 남북화해의 기대 및 (이를 무효화한) 북미회담 결렬에 대한 20대의 반응을 반영하는 것으로 이해될 수 있다.

물론 남북/북미 관계에 발생한 대변동은 연령 불문, 한국인 전체에 영향을 미친 기간 효과에 해당하며, 따라서 한국인의 통일의식이 그 변화와 긴밀히 연동되는 것은 전 세대에 보편적인 현상이라 말할 수 있다. 하지만 20대의 세대적 특성은 그와 같은 변동성이 기간 효과의 보편성을 초과하는 강도와 예외성으로 발현된다는 점에 있다. 아직 완성된 세계관을 갖추지 못한 20대 청년의 경우, 극적인 시대 변화가 (주변국 인식을 포함한) 통일의식에 미치는 영향은 기성세대에서보다 더 크고 강력하게 나타날 수밖에 없다. 실제로 남북화해 분위기가 고조된 2018년 '통일이 필요하다'고 생각한 한국인이 전년 대비 5.6%p 증가했다면, 20대의 증가폭은 13.3%p로 전자의 두 배가 넘는다.

20대 특유의 '(시대) 변화에 대한 높은 반응성'은 미래세대 통일의식의 한계와 가능성을 동시에 보여준다. 실제로 20대의 북미 인식에 나타난 상술한 변화는 남북관계의 극적 전환이 실패로 끝난 후 바로 사라졌고, 각종 지표는 예전의 경향으로 되돌아갔다. 그 결과 2022년 현재, '통일이 필요하다'고 생각하는 20대는 한국인 평균의 반토막 수준으로 '역대 최저'를 찍었고, 북한팀 응원 비율도

'역대 최저'를 기록했으며, 북한 친근감 역시 10년 전인 2013년 수준으로 돌아갔다. 20대의 이러한 세대 특성은 변화의 항상성이나 지속성이 보장되지 않는다는 점에서는 한계일 수 있지만, 향후 남북관계에 따라 20대의 인식이 또 얼마든지 긍정적인 방향으로 변화할 수 있다는 점에서는 가능성이기도 하다.

아울러 같은 청년세대라도 20대의 이러한 특성이 30대에는 두드러지지 않는다는 사실은 통일의식의 세대 간 차이뿐 아니라 세대 내 차이에 주목해야 할 필요성을 시사한다.

2) 2030, 반중 전선의 전위부대? 20대와 30대는 다르다!

한국 청년세대의 주변국 인식과 관련해 가장 주목해야 할 나라는 중국와 일본이다. 먼저 중국의 경우, 최근 각종 미디어를 통해 한국 2030 또는 MZ세대가 한국 사회 전반에 확산되는 반중 정서를 최전선에서 견인하고 있다는 보도가 쏟아져 나왔다.

예를 들어 ≪주간조선≫의 2021년 5월 24일자 기사 "586은 반미, 우리는 반중! MZ세대의 중국 혐오를 키운 것은?"을 살펴보자. 기사에 따르면, 중국과 일본에 대한 20대의 감정 온도는 각각 12.8 : 26.0, 30대는 20.1 : 22.4로, 20대와 30대 모두 일본보다 중국에 대한 감정 온도가 훨씬 낮다. 즉, 2030 모두 일본보다 중국을 더 싫어한다. 또, 그들은 다른 세대보다 중국을 더 싫어하며, 중국의 영향력에 대해서도 다른 세대보다 더 낮게 평가한다. ≪중앙일보≫ 2021년 1월 19일자 기사 "2030, 열 명 중 여섯, 中 싫다 … 미래세대 반중 감정 치솟았다"도 대동소이한 내용이다. 중국을 싫어하는 2030이 전체의 63.5%에 달하고, 중국과의 협력 필요성도 기성세대보다 훨씬 낮게 인정한다는 것이다.

코로나 이후 중국 비호감도의 급증은 한국은 물론 전 세계에 공통된 현상이며, 특히 한국의 경우 젊은 세대에서 그 경향이 두드러진 것은 사실이다. 미국의 퓨리서치센터도 2020년 한 보고서에서 "한국은 나이가 어릴수록 중국에 더

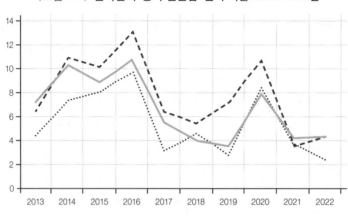

〈그림 7-2〉 한국인의 '중국 친근감' 인식 비율: 2013~2022년

.... 19~29세   - - - 30~39세   —— 평균

부정적인 유일한 나라"라고 지적한 바 있다(Pew Research Center, 2020.10.6: 10). 그럼에도 앞서 인용한 기사들의 주장이 20대와 30대 모두에 적용되는 것인지, 또 감정적인 호/불호 차원이 아닌, 중국의 국가적 중요성이나 협력 필요성 같은 실용적 측면에도 여전히 관철되는 특성인지에 대해서는 면밀한 분석이 필요하다.

실제로 장기 여론조사 데이터를 분석해 보면 언론 보도와 현실 사이의 불일치가 자주 발견된다. 일례로 2013~2022 「통일의식조사」에 따르면, 중근 친근감의 10년 누적 평균은 20대 5.4%, 30대 7.9%, 전체 평균 6.6%으로 나타났다. 즉, 20대는 기성세대보다 중국을 더 싫어하지만, 30대는 그렇지 않다. 30대의 중국 친근감 수치 7.9%는 평균보다 높을 뿐만 아니라, 모든 세대 중에서도 가장 높은 것이다.

한편, 〈그림 7-2〉의 그래프는 중국 친근감의 연도별 변화를 연령별로 표시한 것이다. 20대는 10년에 걸쳐 중국 친근감이 한국인 평균보다 낮거나, 가장 양호한 경우가 평균 정도에 머문다. 즉, 언론 보도처럼 기성세대보다 중국을 더 싫어하며 코로나 사태 이후는 더욱 그렇다. 하지만 30대는 다르다. 20대처럼

30대도 코로나 이후 중국에 대한 친근감이 급감했지만, 그 이전엔 한국인 평균 보다 높은 친근감을 보였고, 코로나 후 급감 상황도 현재 평균 수준으로 빠르게 회복되었다(이문영, 2023: 298).

이는 동아시아연구원과 겐론NPO의 데이터를 통해서도 확인된다. (코로나 사 태 이후 실시된) 2020년 조사에서 "일본과 중국 중 어느 나라에 더욱 친근감을 느 끼는가?"라는 설문 결과 중 20대의 '일본 : 중국' 선택 비율은 20.0 : 14.9, 30대는 13.0 : 21.7, 전체 평균은 14.0 : 24.4였다. 즉, 20대는 중국보다 일본을 더 친근 하게 여기지만, 30대는 평균적 한국인과 마찬가지로 아직까지 일본보다 중국 을 더 친근하게 여긴다.

언론 보도와 현실 간 괴리는 중국의 중요도 인식과 관련해 특히 두드러진다. 앞서 언급한 동아시아연구원과 겐론 NPO의 조사에서 "한국의 미래를 위해 일본 과 중국 중 어느 나라와의 관계가 더 중요한가?"라는 설문 결과는 30대는 물론, 20대 역시 '일본보다 중국과의 협력이 더 중요하다'고 여긴다는 것을 보여준다. 20대의 '일본 : 중국' 선택 비율은 6.3 : 29.1, 30대는 5.6 : 39.8로 2030 모두 중국 선택 비율이 훨씬 높았고, 30대는 전체 평균보다도 높았다. 다시 말해, 20대가 아 무리 중국을 싫어해도 국가적 중요성에서는 일본보다 중국이 더 중요하다는 것 을 인정한 것이며, 30대는 이러한 평가에 기성세대보다 더 적극적인 셈이다.

일본과 비교가 아닌, 중국만을 대상으로 삼은 설문에서도 동일한 결론이 도 출되었다. 〈그림 7-3〉의 그래프는 통일평화연구원 조사 중 "중국은 한국에게 어 떤 대상인가?"라는 질문에 (경쟁, 경계, 적대가 아닌) '협력'을 택한 한국인의 10년 추이를 세대별로 나타낸 것이다. 사드 보복과 코로나 사태를 거치며 중국에 대 한 부정적 인식이 크게 증가한 결과, 중국을 협력국으로 보는 비율이 10년 사이 크게 감소한 것은 사실이다.

하지만 그래프가 보여주듯이 이는 청년세대만이 아닌 한국인 전체에 공통적 인 경향으로 세대 간 차이는 그리 크지 않다. 이번에도 20대는 전체 평균보다 다소 낮은 인정률을 보이지만, 30대는 전체 평균과 큰 차이가 없거나, 오히려

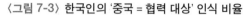

〈그림 7-3〉 한국인의 '중국 = 협력 대상' 인식 비율

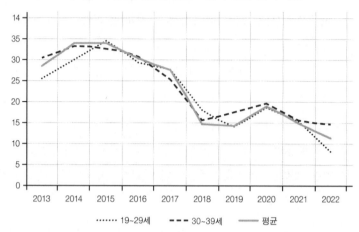

.... 19~29세 ━ ━ ━ 30~39세 ━━━ 평균

최근 5년간은 경향적으로 평균보다 높은 추세를 보였다.

　결론적으로 최근 중국 비호감도가 증가한 것은 사실이나 이는 한국 사회 전반의 보편적 특성으로, 그 정도나 추이에서 기성세대와 확연히 구별되는 것은 20대에 한정된다. 20대의 경우 전통적 반일 정서를 압도할 정도로 중국 비호감도가 크고 일관되게 나타나지만, 30대는 정도나 경향 모두 평균적 한국인과 비슷하거나, 그보다 우호적인 경우도 드물지 않다.

　또 개인적 감정이나 정서가 아닌 중요도나 영향력 평가의 경우 30대뿐 아니라 20대조차 중국을 적극적으로 인정하며, 30대는 그 정도가 기성세대보다 높은 경우도 빈번했다. 앞 장에서 다룬 북미 인식과 마찬가지로 중국 인식에서도 세대 간 차이만큼이나 중요한 '세대 내 차이'가 포착되는 것이다. 따라서 '한국 2030, 또는 MZ세대가 중국을 가장 싫어하고 중국의 모든 것을 싫어한다'식의 언론 보도는 통계가 보여주는 현실에 부합하지 않는다.

3) '예스 재팬' 세대? 문화는 문화, 역사는 역사![3]

주변국 인식 관련 현재 중국만큼이나 세대 간 차이로 주목받는 나라가 일본이다. 식민지배 등 과거사 문제로 인해 한국 기성세대에게 반일 정서는 일종의 상수로 존재해 왔다. 「한일 국민 상호인식조사」 중 '일본 인상(호감도)' 조사에 따르면, 2014~2021까지 8년 내내 한국인의 일본 호감도가 비호감도보다 높았던 적은 단 한 번도 없다. 강제동원 문제로 한일관계가 '수교 이래 최악'에 놓인 2020년 일본 비호감도(71.6%)는 호감도(12.3%)보다 무려 6배에 달하기도 했다. 한일관계에 따라 비/호감 수치가 해마다 달라지긴 하지만, 기성세대에게 아직까지 일본은 압도적으로 비호감의 대상이다.

하지만 2030, 특히 20대는 다르다. 물론 기성세대와 마찬가지로 2030의 일본 비/호감도 역시 양국 관계에 큰 영향을 받으며, 그 등락의 '경향', 또는 변화의 '추세'에서는 기성세대와 청년세대 간 차이가 없다. 하지만 비/호감의 '정도'에서는 세대 간 차이가 뚜렷하다. 한마디로 2030은 기성세대보다 일본을 훨씬 더 좋아하며, 이는 통계로도 입증된다.

「한일 국민 상호인식조사」에 따르면, 2021년 한국인(평균)의 일본 비호감도는 63.6%였는데, 20대는 그보다 20%p나 낮은 43.1%, 30대는 59%였다. 20대의 경우 호감도(29.9%)도 평균(20.4%)보다 10%p나 높았고, 심지어 2019년에는 호감도(41.9%)가 비호감도(33.9%)를 훌쩍 넘어서기도 했다. 일본 호감도가 비호감도를 추월한 것은 해당 조사가 실시된 기간 전체, 모든 세대를 통틀어 20대가 유일하다.[4] 2030, 특히 20대의 일본 선호는 확실하며, 30대는 그 정도에서 20대와 평균 사이에 존재한다.

그렇다면 역사 문제는 어떨까. 일본을 좋아하니 역사 문제에도 그만큼 관대

3　이 항은 ≪한겨레≫에 투고했던 칼럼을 보완해 작성한 것이다(이문영, 2023.3.20).
4　2018년에도 20대의 일본 호감도(38.2%)가 비호감도(37.7%)보다 높았지만, 미미한 차이였다.

할까? 아니면 젊기에 고리타분한 역사 문제는 아예 관심이 없을까. 2023년 3월 일본의 대표적 보수언론 ≪산케이신문(産經新聞)≫은 한국 젊은이의 '일본 사랑'을 거론하며 "반일 여론에 아랑곳하지 않고 일본 문화와 제품을 즐기는 '에스 재팬 세대'"가 한국에 존재하며, "한국 20대의 51%가 (윤석열 정부의) 강제동원 해법을 지지한다"라고까지 주장했다(≪한국일보≫, 2023.3.16). 과연 사실일까?

2021년 「한일 국민 상호인식조사」는 한일관계 발전을 위해 제일 먼저 해결해야 할 문제가 무엇인지 물었다. 한국인의 51.6%가 1순위로 '위안부, 강제동원 등 역사 문제'를 꼽았다. 2030은? 20대의 51.5%, 30대의 51.9%가 역사 문제 해결을 마찬가지로 1순위로 꼽았다. 30대는 한국인 평균보다도 높다. 강제동원 문제로 한일 갈등이 고조된 2019년의 경우도 마찬가지다. 당시 '대일 정책 우선순위'를 묻는 질문에 40대 이상의 모든 세대가 '수출규제 조치 등 무역분쟁 해소'를 1위로 꼽았다. 반면 20대와 30대는 '위안부 등 역사 문제 해결'을 1위로 꼽았다. 20대의 해당 비율은 48.1%로 기성세대는 물론, 30대(43.9%)보다도 높았다(윤석정, 2020.8.11: 13). 즉, 기성세대처럼 '젊은 한국인' 역시 역사에 전혀 무관심하지 않은 것이며, 때로 기성세대보다 더 높은 관심을 보인다.

그렇다면 역사 문제에 대한 그들의 생각은 어떨까? 2017~2018년 조사에 따르면, 2015년 한일 정부 간 일본군 '위안부' 합의에 대한 부정 평가는 20대 79.1%, 30대 82.3%로, 전체 평균 75%보다 오히려 높았다. 또 해법과 관련해 '재협상(즉, 2015년 합의 폐기)'이라는 가장 강경하고 원칙적인 입장이 전 세대를 통틀어 20대에서 가장 높게 나타났다.[5] 유사한 특성이 강제동원 이슈나 독도 문제 등 다른 역사 문제에서도 확인된다.

최근 가장 큰 이슈가 된 강제동원 문제를 통해 이를 다시 한번 확인해 보자. 2023년 3월 6일 윤석열 정부는 '제3자 변제안'을 강제동원 문제의 해법으로 제시했다. 그 내용은 일본기업의 배상 책임을 인정한 2019년 한국 대법원 판결을

---

5 20대 55.1%, 30대 50.9%, 40대 46.1%, 50대 49.0%, 60대 이상 47.8%, 전체 평균 48.2%.

무력화하고, 한국(기업)이 '일제강제동원피해자지원재단'을 통해 피해자에게 위자료와 지연 이자를 지급하는 것을 핵심으로 한다. 2030은 이 해법을 어떻게 평가할까.

2019~2020년의 「한일 국민 상호인식조사」에 따르면, '20대 - 30대 - 전체 평균'에서 '2019년 한국 대법원 판결을 긍정적으로 평가'한 비율(%)은 순서대로 '73.0 - 78.7 - 75.5', '(강제동원 피해자에게) 일본 기업이 배상해야 한다'고 생각하는 비율은 '55.2 - 59.8 - 58.1', '역사 문제에서 일본 측의 성의 있는 자세 없이는 (한국 정부가) 적극 대응할 필요가 없다'고 생각하는 비율은 '46.9 - 49.7 - 47.9'인 것으로 나타났다.

모든 항목에서 한국인 평균에 비해 20대는 약간 낮고, 30대는 약간 높다. 즉, 강제동원 이슈와 관련해 기성세대와 2030의 인식에는 큰 차이가 없고, 30대의 경우는 오히려 더 강경하다. 이번 해법과 직결된 문항에서도 마찬가지다. 2020~2021년 조사 중 관련 설문 결과의 평균을 내보면, '한국 사법부의 판결에 따라 강제집행이 이뤄져야 한다'에 대한 '20대- 30대 - 전체 평균'의 찬성 비율은 '31.3 - 33.4 - 34.4%'로 나타났다. 2030이 약간 낮지만, 한국인 평균과 큰 차이를 보이지 않으며, 다른 세대와 마찬가지로 2030도 이 안을 강제동원 해법의 1순위로 꼽았다. 특히 20대의 경우, '대법원 판결이 1965년 협정에 배치되므로 일본 기업이 따를 필요가 없다'를 선택한 비율(10.2%)이 평균(13.6%)보다 낮았고, '(일본기업이 아닌) 한국 정부가 보상한다'의 경우도 마찬가지였다(평균 15.2%; 20대 14.0%).

마지막으로, 윤석열 정부가 강제동원 해법을 제시한 직후 이뤄진 여론조사에서 한국인의 57.9%가 이를 '잘못된 결정'이라고 답했다. 2030은? 20대 60.1%, 30대 59.7%로 기성세대보다 더 부정적이다(≪매일경제≫, 2023.3.8). 현실은 ≪산케이신문≫의 주장과 정반대인 것이다.

결론적으로 한국 청년세대가 기성세대보다 일본을 훨씬 더 좋아하는 것은 사실이지만, 이는 역사에 대한 무관심의 결과도, 역사에 비례 적용되는 특성도 아니다. 아무리 일본이 좋아도 2030은 역사 문제 역시 허투루 넘기지 않으며, 기성세대보다 더 준엄한 경우도 드물지 않다. 이는 청년세대 특유의 높은 인권 의식이나 젠더 감수성과 직결되는바, 위안부나 강제징용의 문제는 역사를 넘어 인간과 여성, 보편적 가치의 문제기 때문이다.

2030의 이러한 일본 인식은 한마디로 '문화는 문화, 역사는 역사'로 요약될 수 있다. 이 경쾌하고 쿨한 감각은 2030의 세대 감성을 반영하는 동시에, 그간 모든 대일 정책자가 한 목소리로 외쳐왔으나 누구도 성공하지 못한 '역사·정치 vs 문화·경제' 간 투트랙 전략을 청년세대가 이미 일상에서 선취하고 있음을 보여준다.

3. 세대주의를 넘어 동아시아 청년의 연대로

본문을 통해 한국 2030세대의 주변국 인식을 살펴보았다. 무엇보다 주목해야 할 것은 세대 간 차이만큼이나 뚜렷한 세대 '내' 분화와 이질성이다. 미국과 북한, 중국과 일본 인식 모두 20대와 30대의 인식이 달랐다. 20대는 기성세대보다 미국을 더 좋아하고, 일본은 훨씬 더 좋아하며, 북한을 더 싫어하고, 중국은 훨씬 더 싫어한다. 반면 30대는 20대보다는 오히려 기성세대에 가까운 경향을 보이거나, 양자의 중간 정도에 위치했다.

즉, 20대와 30대의 주변국 인식 사이에는 '청년세대'라는 하나의 이름으로 통칠 수 없는 다양한 차이와 균열이 존재한다. 따라서 한국 청년세대를 논할 때 가장 중요한 것은 세대론에 내재된 '세대주의'의 함정에 빠지지 않는 것이다. 특정 세대의 특성을 부각하기 위한 과도한 일반화의 욕망, 성급한 동질화의 오류를 경계하고, 세대 내 차이와 유사성, 그 동시성과 비동시성을 섬세하게 구별하는 것이 그것이다.

나아가 한국 청년세대라는 동 세대 내의 비/동시성을 포착하려는 노력은 한중일 청년세대라는 또 다른 단위의 동 세대 내 비/동시성을 성찰하는 노력과 어우러질 필요가 있다. 후자는 특히 한중 양국 청년세대 간 최근 고조된 갈등과 관련해 시사하는 바가 크다. 몇 년 전부터 한국과 중국의 일부 청년이 역사나 문화, 한류 등을 주제로 각종 웹사이트와 개인 블로그, 게임 사이트나 아이돌 팬페이지 등 인터넷 하위문화 섹터에서 격돌하는 현상이 빈발했다. 2020년 김치의 기원을 둘러싼 논쟁, 같은 해 BTS의 밴플리트상 수상 소감 파문, 2022년 베이징 동계올림픽 개막식에서 한복 논란 등이 대표적이다.

2020년 10월 7일 발생한 BTS 수상 소감 사건을 살펴보자. 이 상은 한국전쟁에 참전한 미8군 사령관 제임스 밴플리트(James Van Fleet)를 기려 한미 양국 관계 발전에 기여한 인물에 수여된다. 상의 취지에 부응해 BTS는 "(한국전쟁 70주년을 맞아) 양국이 함께 겪은 고난의 역사와 수많은 남녀의 희생을 영원히 기억할 것"이라고 말했다.

하지만 중국 누리꾼과 ≪환구시보(环球时报)≫ 등의 언론은 이 발언이 전쟁 당시 중국인의 희생과 국가 존엄을 무시한 것이라며 격앙된 반응을 보였다. 이후 중국인의 BTS 팬클럽 탈퇴가 줄을 잇고, 중국 진출 한국기업이 BTS를 내세운 광고와 행사를 중지하는 등 파문이 일었다. 이 사건을 포함해 열거한 이슈들을 둘러싸고 양국 청년은 서로를 '짱깨'와 '빵즈'로 비하하고, 험악한 댓글 전쟁을 벌이며 반목했다(김정은, 2022: 236~256; ≪한국일보≫, 2020.10.12; 하남석, 2022: 1~3).

'온라인 내셔널리즘 배틀'이라 명명될 수 있을 이 현상의 본질은 한중의 젊은 키보드 전사들이 각각 '국뽕'과 '팬덤 민족주의'로 무장한 채 K-컬처와 중화주의의 위대함을 겨룬 데 있다. 여기서 '팬덤 민족주의'란 중국판 Z세대에 해당하는 샤오펀홍(小粉紅)의 애국주의를 일컫는 용어로, 마치 팬이 아이돌을 추앙하듯 조국에 열광하는 현상을 말한다(하남석, 2022: 8).

하지만 서로를 겨냥한 한중 청년의 애국주의는 '공적 자부심'과 '사적 불안'이 공존하는 '불안형 내셔널리즘'이라는 보편성을 나눈다. '불안형 내셔널리즘'은 일본학자 다카하라 모토아키(高原基彰)가 '동아시아 내셔널리즘의 동시성'을 함축하는 개념으로 제안한 것이다. 그는 전후(戰後) 동아시아의 '고도성장형 국가주의 내셔널리즘'과 세계화 시대의 '개인화 내셔널리즘'을 구분하고, 특히 후자가 사회 유동화에 내던져진 청년계층의 불안 속에 극대화됨을 주장했다. 이 '개별불안형 내셔널리즘'은 한중일 3국 청년에 예외 없이 적용되는 공통 현상에 해당한다. 한편 이병한은 다카하라의 논의를 보완해 동아시아 청년 내셔널리즘의 이러한 보편성을 사적 불안만이 아닌, '사적 불안과 공적 자부심의 기묘한 공존'에서 찾을 것을 제안했다(모토아키, 2007; 이병한, 2008: 486~487쪽).

실제로 현재의 한중 청년세대 공히 나고 자랄 때부터 자신의 조국을 선진국으로 인식한 최초의 세대에 해당한다. 한국의 경우 이들의 출생과 성장은 최초의 문민정부 출범, 외환위기의 성공적 극복, 선진국 및 문화강국으로의 도약의 경험과 겹친다. '(믿을 수 없을 정도로 짧은 기간에) 근대화와 민주화에 모두 성공한 나라', '원조 수혜국에서 공여국이 된 유일한 나라', 'BTS와 〈기생충〉, 〈오징어 게임〉의 나라' 등, 국가 자부심이 한국 기성세대에게 신기하고 낯선 경험이라면, 청년세대에게는 익숙한 감정이다.

한편 중국의 청년세대는 1980년대 출생자인 '80허우(80後)', 1990년대 출생자인 '90허우(90後)', 2000년대 출생자인 '00허우(00後)'로 구성된다. 이중 80허우와 90허우가 '펀칭(憤青)', 그보다 어린 95허우와 00허우가 '샤오펀홍'이라 불리는데, 각각 중국의 M과 Z세대에 해당한다. 펀칭과 샤오펀홍으로 구성된 중국의 청년세대는 고도경제성장기에 유소년기를 보내며 미국과 당당히 겨루는 세계 제2위의 경제대국이자 G2로 조국을 자각해 왔다.

따라서 한국의 청년처럼 이들에게도 국가 자부심은 매우 익숙한 감정이다. 실제로 펀칭과 샤오펀홍이 공유한 가장 큰 특징이 '애국주의'로, 전자가 애국적 민족주의에 불타는 열혈 진지 청년이라면, 후자는 주로 온라인 커뮤니티에서 유희적·공격적 방식으로 애국주의를 과시한다(하남석, 2022: 3~8).

하지만 한중 청년에 공통된 국가 자긍심은 세계화의 보편적 현실, 즉 신(新)중세가 거론될 정도의 가파른 양극화, 자본과 노동의 유연화가 초래한 극심한 고용 위기와 취업난, 극한 경쟁과 각자도생의 일상화 등 극도로 불안정한 신자유주의의 현실과 공존한다. 한국 청년에게 대한민국은 국뽕의 대상인 동시에 연애와 결혼, 출산까지 포기하며 아무리 '노오오오력'해도 소용없는 '헬조선'이다.

'중국몽(中國夢)' 나라의 젊은이들은 '아침 9시부터 밤 9시까지 일주일에 6일을 일하며(996談論)' '치열하게 경쟁해도(內捲)' 희망이 없음에 '낙담하고 비관(喪文化)'한다. '996담론'이나 '내권', '상문화' 등은 2010년대 이후 중국 청년세대에 회자된 유행어로, 그들의 좌절과 상실, 비관, 불안을 상징하는 단어들이다(하남석, 2022: 8~10).

체계가 생산한 이 불안은 청년의 삶에 가장 치명적이다. 한중 청년의 국가적 자부심은 바로 이 일상의 불안과 짝패를 이루어 온라인 공간 속 타자를 날카롭게 겨냥한다. 즉, 세계화 시대 유일하게 살아남은 담론이 민족주의인 것처럼 "동아시아 모든 국가에서 내셔널리즘이 자기들을 둘러싼 경제적 현실의 은폐장치로써 작동"하며, "개인화의 불안에 바탕하여 외부에서 적을 찾는 개별불안형 내셔널리즘이 점차 취미의 영역에 파고들면서 반일, 반한, 반중의 정념만이 사회에 자라나는" 것이다(모토아키, 2007: 271·259).

가상의 온라인 공간에서 한중 청년이 서로를 향해 벼리는 내셔널리즘은 불안과 불만을 먹고 자라지만, 이 불안과 불만은 세계화 시대의 공통감각이자 실존의 조건인 바, 한중 청년 모두 다 같이 세계화 시대의 고통받는 자식들인 것이다. 결국 한중 양국 청년 사이 격돌하는 내셔널리즘은 차이와 반목의 근원이기에 앞서, 같은 불안과 같은 곤경의 산물이며, "한국과 중국 청년들 사이에 격화되는 반목은 양자의 차이보다 공통성에 기인하는 바 크다"(조문영, 2021: 11). 따라서 불안과 불만의 뿌리는 한국과 중국 서로가 아닌, 양자를 넘어선 지점에서 찾아야 한다.

이 점은 일본도 예외가 아니다. 일본의 청년세대도 한중 청년처럼 공적 자부심과 사적 불안의 공존을 부분적으로 공유한다. 그들에게 선진국 자부심은 매우 익숙하고 여전히 유효한 감정이지만, 버블경제의 몰락 및 장기침체기에 나

고 자란 그들은 윗세대가 경험해 보지 못한 불안과 비관에 익숙하다. 일본 청년에게 이는 무기력, 무욕, 소극, 수동성 등으로 발현되며, 사토리(さとり) 세대가 이를 대표한다.[6]

이처럼 한중, 나아가 동아시아 청년세대에 내재하는 '비동시성의 동시성'을 온전히 이해할 때, 내셔널리즘이 하위문화로 소비되는 현재의 퇴행에서 벗어나 "국(國)과 민(民)의 수직적 관계로 회수되지 않는 민(民)과 민(民) 사이"(이병한, 2008: 487), 즉 동아시아의 청년과 청년 사이에서 같은 불안을 자각하고 넘어서려는 소통과 연대가 시작될 수 있을 것이다. 앞서 통계를 통해 확인한 현실의 의미 역시 이 연대를 위해 보다 적극적으로 성찰될 수 있기를 기대한다.

참고문헌

김정은. 2022. 「'짱깨'와 '빵즈'의 간극: 'BTS 논란'을 통해 나타난 한·중 문화교류의 '사상누각'」. ≪韓中言語文化研究≫, 59.

다카하라 모토아키(高原基彰). 2007. 『한중일 인터넷 세대가 서로 미워하는 진짜 이유: 불안형 내셔널리즘의 시대, 한중일 젊은이들의 갈등 읽기(不安型ナショナリズムの時代: 日韓中のネット世代が憎みあう本?の理由)』. 서울: 삼인.

동아시아연구원·겐론NPO. 2013~2021. 「한일 국민 상호인식조사」.

≪매일경제≫. 2023.3.8. "국민 과반 '강제징용 배상안, 한미일 공조 강화 계기될 것'".

박명규. 2012. 『남북경계선의 사회학』. 서울: 창비.

≪시사IN≫. 2021.6.17. "중국의 모든 것을 싫어하는 핵심 집단, 누굴까".

오승희. 2022. 「일본의 MZ세대가 바라보는 세계와 한국: 나다움, 가치소비, 공감연결」. ≪지식의비평≫, 32.

윤석정. 2020.8.11. 「청년세대(MZ세대)와 일본국 '위안부' 문제」. EAI 워킹페이퍼. '한일관계 세대분석: 청년세대(MZ세대)가 보는 한일관계' 보고서.

이동기. 2013. 「디터 젠하스의 평화론: 문명화의 복합구성」. ≪Oughtopia≫, 23(1).

---

6   사토리 세대에 대해서는 오승희(2022: 2~7) 참조.

이문영. 2023. "한국 청년세대의 중국 및 일본 인식: 국내 언론 보도의 사실 정합성 검토를 중심으로". ≪통일과 평화≫, 15(1).

_____. 2023.3.20. "[사설·칼럼 '왜냐면] 일본 좋아하는 한국 MZ세대, 강제동원 해법은 달랐다". ≪한겨레≫.

이병한. 2008. 「동아시아의 젊은 '집합지성'이 온다」. ≪창작과비평≫, 36(4).

조문영 엮음. 2021. 『문턱의 청년들: 한국과 중국, 마주침의 현장』. 서울: 책과함께.

≪주간조선≫. 2021.5.24. "586은 반미, 우리는 반중! MZ세대의 중국 혐오를 키운 것은?".

≪중앙일보≫. 2021.1.19. "2030 열명 중 여섯 '中 싫다'… 미래세대 반중감정 치솟았다".

_____. 2021.9.29. "한국인 "일본 싫다" 8%P 줄고 "중국 싫다" 14%P 증가".

통일평화연구원. 2008.2.18~2022.12.26. 「통일의식조사」. 통일학연구.

하남석. 2022. 「중국의 청년 세대: 애국과 소비의 주체를 넘어서」. ≪지식의비평≫, 32.

≪한국일보≫. 2020.10.12. "'국가존엄 무시'… BTS 수상소감에 억지부리는 중국 여론".

_____. 2021.6.14. "'한국인, 日 가장 혐오' 통념 깨진다… 2030세대 "中이 더 싫다".

_____. 2023.3.16. "윤 대통령, 한국의 '예스 재팬' 세대가 반일 여론 완화시킬 거라고 기대".

Lee Moon-Young. 2022. "Korean Conflict and Reunification Efforts." in Lester R. Kurtz(ed.). *Encyclopedia of Violence, Peace and Conflict*(3rd Edition). MA: Elsevier Academic Press.

Pew Research Center. 2020.10.6. "Unfavorable Views of China Reach Historic Highs in Many Countries".

제3부

MZ세대의 국제 비교

제8장

시장화와 한류의 교차점에 선 그들
북한의 MZ세대는 누구인가?

김택빈(서울대학교 통일평화연구원 선임연구원)

1. 북한의 MZ세대

최근 우리 사회를 관통하는 핫이슈 중 하나가 'MZ세대'다. 일상의 영역에서도 MZ세대라는 용어가 보편적으로 사용되고, 소위 'MZ스러움'에 대한 글과 책들이 쏟아져 나오고 있다. 특히 이제 막 사회생활 초년기에 진입한 Z세대가 지닌 독특한 세대적인 특성들이 사회 전반적으로 많은 관심을 끌었다. 기성세대들은 MZ세대가 말하고 생각하고 행동하는 방식이 뭔가 분명히 다르다는 것을 알지만, 정확히 그것을 표현할 언어를 찾기 어려워한다. 그래서 이른바 'MZ스러움'이 그 자체로 하나의 형용사적 표현처럼 사용되는 경향마저 나타나고 있다.

통일된 한반도의 미래라는 관점에서 본다면, 우리가 요즘 남한의 MZ세대에 대해서 갖는 관심만큼이나 북한의 MZ세대에 대한 관심은 큰 중요성을 갖는다. 한반도 통일이 다가올 미래의 일이라면 결국 한반도 통일의 미래를 함께 열어가는 세대는 남한의 MZ세대와 그들의 '카운터파트'인 북한의 MZ세대이기 때문이다. 이러한 관점에서 북한의 MZ세대는 누구이고 그들은 어떤 특성을 갖는 사람들인지 살펴보는 것은 긴요하고도 흥미로운 일이라 할 수 있다. 물론 북한의 MZ세대에 대해서 체계적으로 이해하고 분석하는 일은 쉽지 않다. 근본적으로 모든 북한 관련 연구가 그렇듯, 그들을 직접 마주하고 관찰할 기회를 얻기가 현실적으로 어렵기 때문이다. 하지만 간접적인 방식으로 그들의 성향과 가치관을 분석하려는 일부 시도들은 존재해 왔다. 이 글에서는 이러한 기존 연구들의 분석과 더불어, 서울대학교 통일평화연구원에서 진행한 2022년 북한이탈주민 의식조사 인터뷰 자료를 바탕으로 과연 북한의 MZ세대란 누구인지, 그들은 어떤 특성을 가진 세대인지 조망해 보고자 한다.

먼저, 북한에서는 어떤 방식으로 세대를 구분할까? 북한에서 보편적으로 사회의 젊은 세대를 일컫는 용어 중 하나는 '새 세대'다. 이미 1950년부터 최근에 이르기까지 북한의 공식 매체에서는 젊은 세대들을 통칭하는 용어로서 '새 세대'를 여러 차례 사용한 바 있다. 이미 북한은 1955년부터 김일성사회주의청년동맹 중앙위원회의 기관지 ≪새세대≫를 발행했고, 1980년대 말에 이르러서는 각종 언론 매체를 통해 새 세대들 사이에서 널리 퍼진 가치관의 변화와 사상적 동요에 대해 언급한 바 있다. 특히 1989년 평양에서 열린 제13차 세계청년학생축전 이후부터는 공식 매체들을 통해 '새 세대들의 사상적 이완 현상, 무사안일풍조, 개인주의적 생활태도'를 강도 높게 비판한 것은 북한 당국의 젊은 세대들에 대한 관심과 우려를 잘 반영한다.

이러한 경향은 오늘날까지도 계속 이어진다. 2022년 11월 4일자 ≪노동신문≫에서는 젊은 세대들을 과학기술인재로 키워나가기에 앞서 애국심을 키워야 한다고 강조하며 "새 세대들에 대한 교양을 잘하지 못하면 혁명의 배신자들의 반사회주의적 책동에 말려들고 자기를 먹여주고 입혀주고 공부시켜 준 제도의 고움을 망각하게 된다는 것이 사회주의가 붕괴된 나라들의 실태가 보여주는 력사적 교훈"이라 언급했다. 이처럼 '새 세대'에 대한 북한 당국의 관심은 단지 이들이 나라의 앞날을 책임질 미래 주역이라는 데 그치는 것이 아니라, 이들 사이에서 확산되는 개인주의적 생활 방식, 반체제적 가치관이 체제의 불안정 요소가 될 수 있다는 인식과도 연결된다.

북한에서 이들 젊은 세대들을 구분하는 또 다른 용어는 '혁명 4세대'라는 용어다. 북한에서는 각 세대가 경험한 중요한 역사적 사건을 바탕으로 세대를 구분해 왔다. 먼저 혁명 1세대로 불리는 세대는 일제 강점기 김일성과 함께 항일 빨치산 활동을 한 북한 건국의 주역으로 인식된다. 혁명 2세대는 한국전쟁에 참가했고 1960년대 전후 복구 시기에 천리마 운동을 벌이며 사회주의 체제 건설에 핵심적인 역할을 한 세대로 인식된다. 혁명 3세대는 1970~1980년대 북한의 공업화와 3대 혁명소조 운동, 3대혁명붉은기쟁취운동 등을 주도한 세대로 일컬어진다. 혁명 4세대는 1990년대 고난의 행군 시기에 성장기를 보낸 세대를 의미한다. 이들 중 북한의 MZ세대로 분류될 이들은 혁명 4세대에 포함된 사람들이다. 혁명 4세대를 규정짓는 가장 중요하고 특징적인 역사적 사건은 북한의 사회 전반에 커다란 충격을 준 1990년대 중반의 경제위기라 할 수 있다. '고난의 행군'으로 일컬어지는 북한의 1990년대 중반부터 2000년경까지의 경제위기는 사실 특정 세대뿐 아니라 북한 사회의 모든 구성원들에게 커다란 충격과 상흔을 남겼다. 이 기간을 거치며 북한의 사회 경제 시스템은 완전히 마비되었고, 사회주의 체제와 제도에 대한 사람들의 신뢰는 깨져나갔으며, 사회주의 도덕 대신 동물적인 생존을 최우선의 목표로 하는 삶의 방식이 사회 전반에 자리 잡게 되었다. 그들 중 가장 심대한 영향을 받은 사람들은 누구였을까?

2. 경제위기와 시장화, 그리고 현실주의

고난의 행군 시기에 태어나 성장기를 보낸 사람들은 심각한 경제난의 여파를 몸과 마음으로 모두 받아낸 세대로 요약할 수 있다. 북한 주민들의 신체적 왜소와 국가 권력 사이의 관계에 주목한 김영희 박사는 북한 주민들, 그중에서도 특히 젊은 세대 사이에 만연한 신체 왜소가 국가 권력이 주민들의 몸에 각인된 결과라는 주장을 편다(김영희, 2013). 2011년 2월 14일 강원도 철원군 비무장지대를 통해 월남한 21살짜리 북한군 병사는 키 154cm에 체중 47kg이라는 충격적인 발육 상태를 보여주었다. 이는 동년배 남한 남성의 평균 신장보다 약 20cm,

평균 체중보다는 무려 22kg이나 적은 것이다. 이러한 북한 젊은 세대들의 신체 발달상 문제는 일부 통계 자료를 통해서도 확인된다. 북한 당국에서 공식적으로 주민들의 신장이나 체중 등 신체 발달 상태에 대한 통계 자료를 발표하지는 않지만, 하나원에 입소한 탈북민들을 대상으로 측정한 통일부 자료에 따르면 19~29세 사이 남성 탈북민들의 평균 신장은 165.4cm이고 여성 탈북민들의 평균 신장은 154.9cm였다. 동년배의 남한 청소년에 비해 남자는 8cm 이상, 여자는 6cm 이상 작은 것이다. 일본의 정치사회학자 미쓰히코 기무라(木村光彦)는 일제 강점 시기인 1940년의 남북한 지역 간 차이를 언급하면서 당시 한반도 북쪽 지방 성인 남자의 평균 키는 163.4cm로 남쪽 지방(162.3cm)보다 오히려 1.1cm가 큰 것으로 조사됐다고 밝혔다. 즉, 오늘날 남북한의 키 차이는 유전적 차이가 아니라 해방 이후 남북이 서로 다른 정치 시스템을 채택하고 서로 다른 경제발전의 경로를 겪으면서 발생된 사회적이고 인위적인 산물이라는 이야기다.

북한의 경제난이 미친 여파는 단지 키 차이에 국한되지 않는다. 2021년 유엔 산하 식량농업기구·세계식량계획·세계보건기구·유니세프가 공동 발표한 자료에 따르면 2017년부터 2019년을 기준으로 북한 주민의 47.6%가 영양부족을 겪고 있고, 특히 6~23개월 영유아 중 '최소 허용 식단' 이상의 식사를 하는 비율은 고작 28.6%에 그쳤다. 즉, 해당 연령대 영유아 10명 중 7명은 영양학적으로 제대로 된 식사를 하지 못한다는 의미다. 식량 사정이 많이 좋아졌다고 하는 2010년대 이후에도 이렇듯 북한은 여전히 고질적인 경제난과 식량 부족의 문제를 해결하지 못하고 있다.

북한 건국 이래 최악의 경제난이라고 언급되는 '고난의 행군' 시기에 태어났거나 성장기를 보낸 북한의 MZ세대는 이것의 충격을 그대로 흡수한 세대다. 이 세대들은 평생의 신체 발육이 완성되는 시기에 필요한 영양분을 제대로 공급받지 못했고, 그로 말미암아 신체 발육이 충분히 이루어지지 못했다. 많은 가족 동반 탈북민들은 북한에서 살던 당시에 저발육 상태였던 자녀들이 중국 체류 기간에 급격하게 키가 크고 체중이 불어나는 경험을 겪고는 한다. 이와 같이 북한의 어려운 경제 상황과 식량 사정은 고난의 행군 시기에 태어났거나 성장기를 보낸 북한의 MZ세대에게 직접적이고 강력한 충격을 가했다. 하지만 이러한 여파는 단지 신체에 국한된 것이 아니었다.

북한 사회의 심각한 경제난과 사회 시스템의 붕괴는 주민들에게 '스스로의 힘으로 살아남아야' 한다는 의식 변화를 추동했다. 이러한 생존을 향한 몸부림 속에서 나타난 것이 '장마당'으로 불리는 자생적 시장의 등장이다. 고난의 행군 시기에 등장한 장마당은 오늘날 북한의 실질 경제를 움직이는 동력으로 작동한다. 북한의 MZ세대를 가리키는 또 다른 용어는 '장마당 세대'다. 이들이 태어나고 성장한 시기에는 이미 국가로부터의 생필품 공급이 중단되고 시장에 의존하여 생활을 꾸려나가는 삶의 방식이 북한 전역에 보편화된 상황이었다.

2016년 통일연구원은 구글 어스 인공위성 이미지를 통해 북한 전역의 공식 시장 분포와 현황에 대해 조사한 바 있다. 이 자료에 따르면 2016년 12월 기준 북한 당국에 의해 공식적으로 운영되는 시장의 숫자만 북한 전역에 404개 소에 이른다. 북한의 각 도별 평균 시장의 개수는 33.7개이며 북한 공식 시장 1개당 인구 비율은 5만 6699명에 이른다(홍민 외, 2016.12). 하지만 북한에는 허가된 공식 시장 외에 훨씬 더 많은 수의 비공식 시장들이 형성되어 있다. 공식적으로 허가된 시장에서는 시(군)인민위원회 상업과 및 재정과에 의한 관리가 이뤄지고, 정해진 매대에 들어가 장사를 하게 되면 정해진 자릿세와 장세를 납부해야 한다. 그에 반해 비공식 시장은 '장마당'으로 통칭되며 골목이나 길거리 등 공식적으로 허가되지 않은 장소에서 개개인들 간에 임의로 이루어지는 장사 행위의 형태라 할 수 있다. 대다수의 탈북민들은 시장이 오늘날과 같은 형태로 정비되고 제도적으로 허용되기 시작한 시점이 2000년대 초반이라 말한다. 이처럼 북한의 시장화는 주민들의 생존을 위해 자생적으로 출발해 점차 제도권으로 편입되는 형태를 띠었다. 그리고 오늘날 북한의 시장화는 이렇듯 공식적인 시장과 비공식적인 장마당이 혼재된 양상으로 나타난다.

시장화가 진행되는 과정 속에서 북한 주민들의 삶과 의식은 시장이라는 공

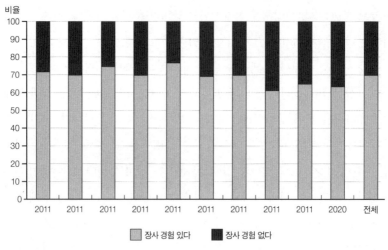

〈그림 8-1〉 탈북민들의 장사 경험 비율: 2011~2020년

비율

자료: 김병로 외(2022).

간을 통해 크게 변화했다. 우선 그들의 경제활동과 소비 행태의 측면에서 시장 의존성이 크게 심화된 것은 여러 자료를 통해서 뚜렷하게 확인된다. 현재 서울대학교 통일평화연구원에서 2011년부터 2020년까지 매년 발간된 북한 사회변동 조사 자료에 따르면 탈북민들의 절대 다수가 일상생활의 영역에서 시장에 크게 의존하며, 그 정도는 이미 대체 불가능한 지경에 이르렀다. 절대 다수의 탈북민들이 장마당을 통해 일상을 영위한다고 해도 과언이 아닐 만큼 장사를 경험한 탈북민들의 비율은 거의 70%에 육박한다. 장사를 할 수 없는 학생, 군인과 같은 사회적 신분이나 고령인구를 제외한다면, 노동 가능 인구 중의 절대 다수가 장사를 통해 생계를 이어간다고 볼 수 있다. 다시 말해, 이제 시장화의 흐름은 거스를 수 없고 과거와 같은 배급제 사회주의 시스템으로의 복귀는 현실적으로 불가능한 지경에 이른 것이다.

심지어 최근 탈북한 탈북민들의 증언을 통해 살펴보면, 장마당 중심의 소비 구조가 남한과 같은 개인 마트, 편의점과 유사한 형태로까지 변모하는 경향도 관찰된다. 2021년 탈북한 20대 A의 인터뷰 내용을 살펴보면 평양 외 지방에서도 몰이집으로 불리는 개인 마트 형태의 상점이 보편화된 것으로 보인다.

장마당 가면 물품들이 다양한가요?

A: 네, 다 있죠. 지금은 그리고 약간 여기 편의점처럼 집집마다 꾸려놓고 하거든
　요. 편의점보다 더 큰 마트 느낌? 그거를 약간 먼 데서 XX라든가 그런 지역에
　서 가져와서 장마당 가격하고 비슷하게 해서 팔아요.

뭐라고 불러요?

A: 몰이집이라고 부르는데, 거기가면 다 있어요. 쌀 같은 거는 장마당에서 사고,
　다른 식료품하고 조미료나 간식, 옷, 가전제품 같은 것도 있는 데가 다 있어요.
　구역마다 이렇게 독점하는 거예요. 장마당까지 갔다 오기 귀찮잖아요. 다 그
　쪽으로 몰리니까 이게 점점 커져요.

계셨던 곳에는 마을에 그런 곳이 몇 집이나 있었나요?

A: 저희 마을에 서너 집?

　문제는 시장의 확산이 북한 주민들의 실제 생활뿐 아니라, 가치관과 의식구
조에도 상당한 영향을 미친다는 데 있다. 시장은 기본적으로 당국의 통제로부
터 벗어난 공간이다. 여기서는 공식적으로 허용되지 않는 다양한 남한 물품이
나 외국 물품, 영화나 드라마 등 불법적인 문화 콘텐츠가 거래된다. 또한 시장은
다수의 사람들이 모이는 공간으로서 유통업, 서비스업 등 다양한 거래가 발생
하는 자본주의 경제 시스템의 맹아가 싹트는 곳이라 할 수 있다. 북한의 MZ세
대는 아주 어린 시절부터 이미 시장과 함께 성장했다. 사회심리학의 이론 중 '각
인 시기 가설'은 20세를 전후로 한 청소년기에 형성된 인식과 태도가 일생에 걸
쳐 유지된다는 점을 지적한다. 즉, 세상을 향한 가치관과 태도가 형성되는 시기
에 어떠한 것을 보고 듣고 경험하느냐는 그 사람의 전체 일생에 걸쳐 영향을 미

친다는 것이다. 이러한 측면에서 이미 보편화된 시장과 함께 태어나고 성장한 북한의 MZ세대는 그들의 부모 세대와는 상당히 다른 가치관을 가질 수밖에 없다. 그들에게 시장은 자연스러운 일상의 일부인 것이다. 이러한 시장화가 그들의 인식에 어떠한 영향을 미쳤을까?

시장화의 첫 번째 영향은 개인주의적 가치관의 확산을 꼽을 수 있다. 1990년대 중반 배급제가 사실상 붕괴된 이후, 현재까지도 북한의 배급제는 정상화되지 못했다. 국가에 전적으로 의존해 살아가던 생활 방식에서 더 이상 직장의 월급과 국가 배급에 의존해서는 살아갈 수 없는 환경이 조성된 것이다. 이러한 생활 방식이 주민들 사이에 미친 가장 큰 영향은 "더 이상 누군가에게 의존할 수 없으며 스스로의 생존을 자기 힘으로 책임져야 한다"라는 의식의 확산이라 할 수 있다. 즉, 각자도생의 생존 방식이 사회 전반에 뿌리내리게 된 것이다. 개인주의적 가치관의 확산은 다양한 방식으로 측정되는데, 그중 하나는 나와 내 가족을 우선시하는 풍조로 요약될 수 있다. 사회나 국가와 같은 공동체를 우선시하기보다는 스스로의 힘으로 자신과 가족의 운명을 먼저 책임져야 한다는 인식인 셈이다. 많은 탈북민들이 아직까지도 주체사상에 대해 긍정적인 인식을 갖고 있는 경향도 이러한 측면에서 이해될 수 있다. 주체사상에 대한 긍정은 북한 체제에 대한 긍정이나 최고 지도자에 대한 존경의 의미가 아니라, 주체사상이 지닌 텍스트 자체로의 의미, 즉 자기 운명의 주인은 자기 자신이고 그 운명을 개척하는 힘도 스스로에게 있다는 내용에 대한 적극적인 동의의 의미로 해석된다. 즉, 북한의 MZ세대에게 주체사상은 개인주의적·현실주의적 태도를 지지하는 삶의 철학으로 이해되고 있다. 이러한 경향은 2019년에 탈북한 20대 여성 B, 2018년에 탈북한 30대 여성 C, 2019년에 탈북한 30대 여성 D를 통해서도 확인된다.

혹시 북한 사람들은 지금도 주체사상에 대해서 자부심을 가지고 있다고 생각하세요?

B: 자부심이라기보다는 주체사상이 나쁘진 않죠. 실제로 보면 남한테 의존하지 않고 내 힘으로 사는 게 주체사상이잖아요. 그거를 지금도 저는 나쁘다고 보지 않아요. 그런데 자부심까지는 잘 모르겠어요. 일단 내 운명의 주인은 나 자신이다. 이거는 지금도 너무 좋아요.

(최근에도) 여전히 주체사상을 학교에서 많이 가르치죠?

C: 우리는 주체사상하면 내 운명의 주인은 내 자신이다 이것밖에 몰라요. 그게 누가 만들었는지도 모르고, 저는 이거 만든 분이 황장엽이라는 거 여기 와서 알았어요. 그 정도? 이걸 모르기 때문에 계속 주입을 하는데 어차피 저희(젊은 세대)도 계속 변하고 자꾸 몰래몰래 (남한문화) 접하게 되고 하다 보니까 이게 쉽지는 않거든요. 지금 자라나는 세대들한테는. 그래서 주입은 시키는데 그 정도밖에 몰라요. 이 내용 뜻이 뭔지도 모른다고 해야 되겠죠.

세대로 구분했을 때는 어떤가요? 40대 정도부터는 그래도 주체사상에 대해 관심도가 높을까요?

C: 네, 왜냐면요, 이게 또 중요한 이유가 있는데, 40대 이후이신 분들은 10년제 의무교육이라고 하거든요. 그걸로 다 학교를 나왔어요. 그런데 한 30대 이하부터는 학교를 거의 못 다녔어요. 고난의 행군 하면서 기본적인 교육을 받지 못하다 보니까 어쩌면 이것도 잘 모를 수 있어요. 대개 보면 저도 한국에 와서 검정고시를 했는데, 40대 이후 분들은 (이미 북한에서 학교를 다 나왔기 때문에) 검정고시 본 사람들이 없어요. 다 졸업하고 심지어 대학도 갔다 오신 분들도 있고 해서.

10대들은 문화가 좀 어떤 것 같아요?

D: 북한에서도 말하거든요. 우리는 고생하고 살았잖아요. 우리 딸이 10대잖아요. 애네는 장마당 세대다 우리는 그러거든요. 왜? 눈 딱 뜨니까 장마당을 다니거든요. 애네는 (아무리 어려워도) 안 죽어. 장마당을 안다는 거는 자본주의를 안다는 소리거든요. 자본주의를 알기 때문에 개인 이기주의를 뿌리 뽑아라 하지만 그렇게 될 수가 없는 거죠. 그러니까 장마당 세대라는 것 자체가 이제는 (변화의) 원점에 있는 거예요.

이처럼 국가나 사회보다 개인이 더 우선한다는 개인주의적 가치관은 개개인이 홀로 생존의 문제와 싸울 수밖에 없었던 냉혹한 현실 속에서 자연스럽게 배태된 가치관이라 할 수 있다. 또한 C와의 인터뷰 내용에서 나타나듯, 고난의 행군을 거치며 붕괴된 북한의 공교육 시스템은 북한의 MZ세대가 기성세대와 달리, 개인주의적이고 현실주의적인 태도를 갖게 만든 하나의 중요한 요인으로 판단된다.

시장화의 두 번째 영향은 물질주의적 가치관의 형성이다. 북한 MZ세대에 대해 많은 기성세대들은 계산이 빠르다, 영악하다, 현실적이다 등의 평가를 내린다. 북한의 MZ세대는 시장을 중심으로 한 생활양식이 일반화된 환경에서 자랐고, 그들의 부모들이 돈벌이를 위해 시장에서 다양한 경제활동을 하는 모습을 보며 성장했다. 어린 시절부터 시장은 그들에게 만남과 소비의 공간이었던 동시에 생계유지를 위한 장사 활동의 공간으로 인식되었고, 이곳에서 자연스럽게 돈의 중요성과 물질에 대한 갈망을 학습하게 되었다. 이러한 물질주의적 가치관을 강화하는 장소는 비단 시장만이 아니다. 학교에서도 소위 돈 있는 학생들은 친구들과 교사들로부터 인정받으면서 떳떳하게 학교생활을 할 수 있는 반면, 못 사는 학생들은 학교생활에서부터 각종 비용이나 물품 헌납 요구에 제대로 응하지 못하며 위축된 생활을 해야만 한다. 이렇듯 북한 사회에서 돈의 중요성은 어떠한 면에서는 공식적으로 자본주의가 인정되는 남한에서보다 훨씬 더 크고 강력하다고 할 수 있다. 시장으로부터 시작된 물질주의적 가치관은 북한 사회 전체, 그리고 MZ세대의 의식구조 속에 뿌리 깊은 영향을 남겼다. 많은 탈북민들이 북한 사회에서 대다수 사람들의 삶의 목적은 '잘 사는 것'에 있다는 데 동의한다. 출신과 성분에 의한 태생적 한계와 사회적 성취가 명확히 존재하는 현실 속에서 개인이 노력을 통해 성취할 수 있는 많은 부분들은 결국 물질적 성취와 긴밀하게 연결되기 때문이다. 또한 시장화의 바람은 출신이나 성분과 관계없이 누구나 노력하고 능력만 있다면 얼마든지 물질적 성취를 누릴 수 있다는 희망을 전체 북한 주민들, 특히 젊은 MZ세대에게 심어주었다고 할 수 있다.

3. 디지털 매체와 한류

북한 당국은 이미 1990년대부터 외부 세계로부터 유입되는 CD나 DVD 등의 저장매체를 통한 불법 녹화물을 단속하기 위해 전문 검열 그루빠를 조직하여 강력한 통제에 나섰다. 2003년 10월 9일 김정일의 특별 지시로 설립한 일명 109(백공구) 상무는 자본주의 국가로부터 들어온 각종 물품을 단속하는 대표적인 조직으로 언급된다. 이들은 북한 주민들을 한 달에 두 번 이상씩 경기장에 모이게 하고 검열에 단속되어 노동교화소로 보내질 사람들을 직접 보게 함으로써 사회 전반에 비사회주의적 행태에 대한 공포 분위기를 조성했다. 북한 당국은 2009년부터 이 조직을 상설 기구로 전환해 자본주의 문화 확산에 대한 적극적인 단속 의지를 대내외에 보여주기도 했다. 이 외에도 다양한 단속 기관과 검열 조직들은 외국에서 들어온 불법 도서와 녹화물 등 다양한 매체를 중첩적으로 감시·단속한다. 이러한 검열 및 단속 분위기는 김정은 체제 이후 다시 강화되는 실정이다.

최근 언론을 통해 많이 보도된 '반동사상문화배격법'의 경우, 청년교양보장법(2021) 및 평양문화어보호법(2023)과 함께 김정은 시대의 대표적인 사회 통제법으로 이해될 수 있다. 이들은 외부 문화의 유입과 유통을 막고 특히 청소년 계층의 사상적·문화적 변질과 동요를 억제하기 위한 목적으로 제정되었다. 그 내용을 살펴보면, 오늘날 북한 사회에서 디지털 매체를 활용한 자본주의 문화 유입이 얼마나 광범위하게 확산되었는지 잘 알 수 있다. 반동사상문화배격법의 경우 그 처벌의 범위와 강도 측면에서 유례없이 강력한 사회통제법이라 할 수 있다. 북한 당국에서 반동사상문화라 규정하는 문화 콘텐츠를 유입시키거나 유통하는 경우, 지위 고하를 막론하고 최대 극형에까지 처할 수 있는 내용을 담았기 때문이다. 특히 북한의 열악한 노동교화소 처우를 고려한다면 이미 수년간의 노동교화형은 단순한 징역형 이상의 엄중성을 가지게 된다. 이 법에 따르면, 원칙적으로 단순히 외국 라디오 방송을 듣거나 남한의 영화, 도서, 노래 등을 접하는 것만으로도 5년에서 15년까지 노동교화형에 처해질 수 있다. 또한 '남한식'으로 말하거나 노래를 부르는 것조차도 노동교화형의 처벌 대상이 된다는 점에서 사법 당국의 광범위한 자율성을 부여한다는 점이 특징적이다.

북한 당국이 이렇듯 강력한 사회통제법을 제정한 이유는 무엇일까? 먼저, 한류 문화의 광범위한 확산을 들 수 있다. 최근 북한의 MZ세대를 중심으로 디지털 매체가 확산되고 이를 활용한 한류문화가 광범위하게 유통되고 있는 것은 탈북민들의 설문조사와 증언을 통해 교차적으로 확인된다. 디지털 매체의 경우 북한에서도 이미 CD와 USB를 넘어서 SD카드가 널리 유통되고 있으며, 특히 손전화기나 태블릿 PC, 스마트 TV 등의 첨단 디지털 기기도 국내 생산체계가 갖춰지면서 점차 빠르게 확산 중이다. 손전화기(휴대폰)는 2015년 이후 북한 내에서 단말기 생산체계가 갖춰지고 경쟁력 있는 국산 제품들이 출시되기 시작하면서 보급률이 크게 늘어났다. 물론 북한에서는 남한처럼 휴대전화가 다양한 기능적 용도를 가지진 못한다. 북한 당국의 엄격한 통신 검열로 인해 자유로운 통신이나 다양한 콘텐츠 접촉이 제한되고 인터넷망으로의 연결도 불가능하기 때문이다. 그럼에도 불구하고, 휴대전화는 생계상의 필요성, 또래 집단과의 관계 형성, 사회적 체면과 시선, 그리고 남한 노래나 드라마 같은 문화 콘텐츠 감상 등의 이유로 꾸준히 증가하는 실정이다. 특히 지역 간 교류와 정보 교환이 제한된 북한 사회

〈표 8-1〉 반동사상문화배격법의 주요 조항 및 내용

주요 조항	내용
제27조 (괴뢰사상문화전파죄)	괴뢰영화나 록화물, 편집물, 도서, 노래, 그림, 사진 같은 것을 보았거나 들었거나 보관한자 또는 괴뢰노래, 그림, 사진, 도안 같은 것을 류입, 류 포한자는 5년 이상 10년 이하의 로동교화형에 처한다. 정상이 무거운 경 우에는 10년 이상의 로동교화형에 처한다. 괴뢰 영화, 록화물, 편집물, 도서를 류입하였거나 류포한 경우에는 무기 로동교화형에 처한다.
제28조 (적대국 사상문화전파죄)	많은 량의 적대국 영화나 록화물, 편집물, 도서를 류입, 류포하였거나 많 은 사람에게 류포한 경우 또는 집단적으로 시청, 열람하도록 조직하였거 나 조장한 경우에는 무기로동교화형 또는 사형에 처한다.
제32조 (괴뢰문화재현죄)	괴뢰식으로 말하거나 글을 쓰거나 괴뢰창법으로 노래를 부르거나 괴뢰 서체로 인쇄물을 만든자는 로동단련형에 처한다. 정상이 무거운 경우에 는 2년 이하의 로동교화형에 처한다.
제35조 (위법행위를 저지른 공민에 대한 로동교양처벌)	다음과 같은 반동사상문화배격질서를 어긴 공민에게는 3개월 이상의 로 동교양 처벌을 적용한다. 1. 국가적으로 상영 또는 발행, 열람이 중지된 영화나 록화물, 편집물, 도 서, 사진, 그림 같은 것을 류포한 경우 2. 비법적으로 록화물, 편집물, 또는 인쇄물을 만든 경우 3. 비법적으로 손전화기 조작체계 프로그램을 설치해 준 경우 4. 다른 나라 손전화기를 보관한 경우

에서 휴대전화 이용자의 증가는 제한적으로나마 지역 간 소통과 연결을 가능하게 하고 있다. 한편, 한류 문화 확산의 측면에서 북한의 MZ세대는 휴대전화를 통해 주로 남한의 가요를 듣는 것으로 나타난다. 초소형 SD카드의 휴대성과 은 닉의 용이성을 활용해 단속을 피하고자 별도의 SD카드에 남한 노래를 넣고 다 니며 안전한 공간에서만 듣는 경우가 대부분이라고 한다. 이외에도 노트텔(중국 산 EVD플레이어)이나 중국산 저가형 태블릿 PC 등이 북중 접경 지역을 통해 북한 전역으로 유통되면서 남한 영상물 시청을 용이하게 하고 있다.

북한 당국이 강력한 사회통제법을 제정한 이유는 단지 디지털 매체의 발달로 정보의 유통과 확산에 대한 국가적 통제가 어려워졌다는 데 국한되지 않는다. 실제로 한류 문화를 포함한 외부 세계의 사상 문화가 전파되면 그것이 북한 주 민들, 특히 젊은 세대들의 의식에 지속적이고 중대한 영향을 미치기 때문이다.

남한 영화, 드라마를 시청하면서 북한의 MZ세대가 가장 먼저 갖게 되는 감정은 남한에 대한 궁금증이다. '썩고 병든 자본주의' 혹은 '거지가 깡통 차는 세상' 등으로 북한에서 교육받던 내용과는 달리, 남한 사회의 풍요롭고 자유로운 모습을 간접 체험하면 과연 저쪽 세상은 어떤 곳이고 저쪽에 사는 사람들은 어떤 삶을 살지에 대한 호기심을 갖게 된다. 점차 시청이 반복되고 남한의 드라마와 영화에 깊이 몰입하게 되면서, 이들은 영화나 드라마 속 등장인물들의 정서에 깊이 공감하는 동시에 남한에 대한 부정적인 인식이나 적개심이 자연스레 사라지는 경험을 하게 된다. 북한 MZ세대가 남한의 문화 콘텐츠를 접하며 의식이 바뀌어가는 과정에 대한 설명은 상당히 흥미롭다. 남한의 드라마와 영화를 처음 접할 때에는 호기심과 궁금증, 기존의 지식과 다른 내용들로 인한 의구심 등이 복합적으로 들지만, 영상물 시청 횟수가 반복되고 정보가 누적되면 점차 남한 영상물의 내용을 확신하고 각인하게 된다. 특히 이러한 시청 경험이 다른 채널을 통한 각종 정보들(중국 조선족들과의 교류 과정에서 듣게 되는 남한 이야기, 먼저 탈북한 가족이나 이웃들로부터 전해 들은 남한 관련 이야기, 북한 매체의 허위성에 대한 인식 등)과 결합될 경우 남한 문화 콘텐츠의 접촉 효과는 더욱 배가된다. 정보가 철저히 차단된 북한에서는 의식의 틀을 스스로 깬다는 것이 대단히 어렵지만, 남한 드라마와 영화를 접하면서 의식 변화의 싹이 트고, 그것이 다른 정보들과 맞물리면 상당한 수준까지 의식적 변화가 이뤄지는 것이다.

탈북민들이 전하는 의식 변화의 과정은 우리가 미처 예상하지 못하는 방식으로 출발하기도 한다. 남한이 북한 당국에서 선전하는 것과 달리 훨씬 풍요롭고 잘산다는 인식은 드라마에 등장하는 길거리의 모습, 차로 가득 찬 거리, 배우들의 매번 바뀌는 옷, 매끈하고 하얀 피부, 아무리 못사는 집이 묘사되더라도 쌀밥에 여러 가지의 반찬이 차려지는 모습 등을 통해 서서히 조금씩 스며든다. 많은 탈북민들은 남한 영상을 처음 접했을 때에는 남한의 거리 모습이나 배경 등이 모두 의도적으로 각색되고 꾸며진 것이라 인식했다고 말한다. 하지만 영화와 드라마를 반복적으로 시청하면서 조금씩 이러한 인식이 변화하기 시작했다는 것이다. 일부 탈북민들은 드라마가 아닌 시사 교양 프로그램을 접하면서 이러한 의식이 깨졌다고 말하기도 한다. 어떤 탈북민은 드라마를 볼 때에는 남한의 발전상을 믿지 않았지만, 〈6시 내고향〉 교양 프로그램을 시청하면서 그것이 꾸며진 거짓이 아니라 실제 남한 사람들의 생활이라는 것을 비로소 깨닫게 되었다는 증언을 한다(강동완, 2015).

그렇다면 북한의 주민들, 특히 MZ세대들이 남한의 드라마와 영화에 유독 더 열광하는 이유는 뭘까? 가장 큰 이유는 남한의 영상물들이 북한에서 만든 영화나 드라마에 비해 훨씬 재미있다는 데 있다. 영화나 드라마를 포함한 모든 예술 창작물에 정치적 내용, 수령에 대한 충성과 찬양이 가미된 북한의 예술창작물과 달리, 사람들의 보편적 정서와 재미에 호소하는 남한 드라마와 영화의 내용은 청소년들의 문화 콘텐츠 선호에 커다란 영향을 미칠 수밖에 없다. 당국에 의해 철저히 검열되고 통제된 메시지만을 담아야 하는 북한의 예술 창작 환경은 북한의 영화나 드라마가 대중들이 선호할 만한 재밌고 창의적인 내용을 담을 수 없도록 만든다. 반면 창작자의 자율성과 개성, 창의성이 완전히 발휘될 수 있는 남한의 제작 환경은 대중문화 콘텐츠의 질과 수준을 북한의 그것과 비교할 수 없는 수준으로 끌어올리는 것이다. 최근 북한의 영화 및 드라마 산업이 완전한 사양길로 접어든 것은 한류 문화가 북한 전역에서 선풍적인 인기를 누리게 된 것과 무관치 않다. 한 번 남한 드라마와 영화를 접하고 거기에 눈높이가 맞춰진 소비자들은 더 이상 북한 당국에서 만든 이데올로기 중심의 드라마나 영화에는 흥미를 느낄 수 없게 되어버리기 때문이다. 2021년에 탈북한 20대 남성 A와의 인터뷰는 이러한 점을 잘 보여준다.

남한 드라마는 어떤 부분 때문에 보는 거 같아요?

A: 북한 거보다 훨씬 나은 거죠. 재밌고, 신선하고, 로맨스도 많이 있고. 말투가 폼 나잖아요. 북한에서 안 쓰던 말투니까. 또, 한 번 보면 거기서 끝나지 않잖아요. 중독성이 있어가지고. 근데 북한 영화는 중간에 갑자기 장군님이 막 뛰

쳐나오고. (웃음) 난 영화를 보면서 저기서 저 사람이 왜 나올까? 계속 그런 생각을 하는 거예요.

한편, 북한 당국에서 강력한 사회통제법을 제정해서라도 남한 문화의 유포를 필사적으로 막고자 하는 것은 실제로 이러한 한류 문화 접촉 경험이 북한 MZ세대의 이른바 '비사회주의적 태도' 형성에 영향을 미친다고 보았기 때문이다. 실제로 많은 연구에서 한류 문화 접촉 경험과 북한 주민들의 의식 변화는 밀접한 연관성을 갖는 것으로 나타났다. 일부 연구에 따르면 한류 콘텐츠 접촉 경험이 있는 북한 주민들의 경우 남한에 대한 우호적 태도, 남한 중심의 통일에 대한 긍정적 인식 등이 유의미하게 증가한 것으로 나타났다(정동준, 2018: 111~148). 구체적으로, 남한 문화에 대한 노출이 잦을수록 통일에 대해 더 긍정적으로 바라보고 남한 중심으로의 통일을 지지하는 경향성이 더 뚜렷하다는 것이다. 그렇다면 현재 북한의 MZ세대 사이에서 한류는 얼마나 광범위하게 확산되어 있을까? 북한 MZ세대를 기준으로 한 번이라도 한류 문화를 접촉한 경험이 있는 탈북민의 비율은 90%에 달한다. 이러한 통계적 수치뿐 아니라 인터뷰를 통해서도 북한의 청소년 계층 사이의 한류 열풍은 확인된다. 그리고 일부의 경우, 이를 단속해야 할 단속 기관에서 이것을 적극적으로 유포하는 행태마저 관찰된다. 2018년에 평양 외 지역에서 탈북한 30대 여성 D의 인터뷰를 살펴보도록 하자.

탈북 전에 살았던 XX지역도 이제 노트북이나 컴퓨터 가끔 집에 가지고 있는 사람들이 불법 영상 같은 거 본다고 말씀해 주셨잖아요. 그런 게 남한 드라마 이런 것들인가요?

D: 남한 드라마, 미국 영화, 그다음에 음악. 이게 참 웃기는 게 뭐냐면 영상에도 애초부터 들어오는 통로가 있어야 되잖아요. 그게 다 보안서에서 나와요. 우리 올 때 당시 뭐가 유행했냐면 〈태양의 후예〉 한창 유행했어요. 그 영화도 XX군에 퍼뜨린 게 보안서예요.

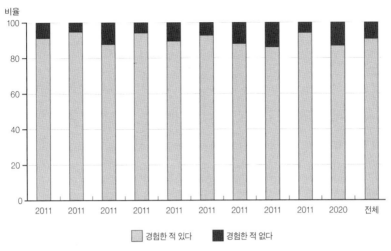

〈그림 8-2〉 북한 MZ세대의 한류 문화 경험 비율

비율

자료: 김병로 외(2022).

10대, 20대 이런 친구들이 많이 보나요?

D: 걔네 무서워요. 많이 보는 정도가 아니에요. 80%는 걔네가 유포시켜요. 저는 핸드폰을 어떤 용도로만 썼냐면 그냥 전화만 하고, 심심할 때마다 사진이나 찍고, 녹화 조금 하고, 노래나 듣고, 게임 좀 하는 정도에요. 근데 젊은 애들 핸드폰 가지고 별짓을 다 해요. 여기 한국처럼 놀아요. 인터넷도 없는 데서 영상물도 많이 보고 공유도 하고 그렇게 한다는 거 보면 북한 젊은 애들이 (남한 젊은 세대보다) 핸드폰을 더 잘해요.

오늘날 북한의 MZ세대 사이에서 남한풍 문화는 또래집단을 이끄는 학생들이 향유하는 멋지고 세련된 문화로 인식된다. 즉, 남한 문화는 '동경과 모방'의 대상인 것이다. 특히 이들은 한류 문화 콘텐츠 속에 등장하는 남한 사회의 풍요로움와 자유로움을 간접적으로 경험하면서 그와 반대되는 열악하고 억압된 북한의 현실과 극명한 대조의 감정을 느끼게 된다. 일부 탈북민들 사이에서 한류 문화 접촉 경험이 탈북의 주된 동기가 된다는 점은 한류 문화 콘텐츠가 가진 이러한 영향력을 잘 말해준다. 한류 문화 콘텐츠 접촉이 탈북을 직접적으로 추동하지는 못한다고 하더라도, 북한 주민들의 의식 변화에 미치는 영향은 상당한 것으로 보인다.

특히 아직 가치관이 완전히 성숙되지 않은 북한 청소년들에게는 성장기의 한류 문화 콘텐츠 접촉 경험이 집단주의에 대비되는 의식 변화, 남한 체제에 대한 경계심 이완, 남한 문화에 대한 동경, 자유로움에 대한 갈망 등 이른바 반사회주의적 반동사상에 젖어들게 만드는 주요한 요인이라 할 수 있다. 하지만 북한 MZ세대의 남한에 대한 인식에서 한류 문화 콘텐츠가 언제나 긍정적인 기능만을 하는 것은 아니다. 남한 드라마나 영화 가운데 상당수는 남한 사회의 부정적인 측면을 소재로 하는 경우도 있기 때문이다. 영화나 드라마 속에 등장하는 물질만능주의와 배금주의, 조폭 등으로 대변되는 비인간적이고 폭력적인 사회의 모습, 등장인물 사이의 갈등 관계와 빈부격차 등은 남한 사회와 자본주의 시스템을 부정적인 방식으로 바라보게 만들기도 한다. 하지만 어떠한 방식으로든 한류 문화 콘텐츠 접촉 경험이 늘어나는 것은 북한 사회로부터 주입된 고정관념이 깨지고 의식구조가 바뀌는 데 상당한 영향을 미치는 것만은 분명해 보인다.

4. 북한 MZ세대와 통일

북한 MZ세대의 성장 환경과 그로 인해 그들이 가지게 된 가치관은 한반도 통일 문제에 어떠한 변수로 작용할까? 서울대학교 통일평화연구원의 탈북민 대상 설문조사에 따르면, 북한의 MZ세대는 기성세대보다 통일 필요성에 대해 상대적으로 더 부정적인 인식을 갖는 것으로 나타났다. "통일이 얼마나 필요하다고 생각하십니까?"라는 질문에 대해 북한의 MZ세대 집단은 기성세대 집단보다 더 부정적으로 답했고, 이러한 응답 평균 점수의 차이가 통계적으로 확인된다. 하지만 그럼에도 불구하고, 여전히 전체적으로 북한 주민들은 남한 주민들보다 통일에 대해 훨씬 우호적인 태도를 지닌다. 북한 MZ세대 응답자 1240명 중에서 통일이 '전혀 필요하지 않다'고 응답한 사람의 비율은 채 1%가 되지 않는다. 남한 MZ세대 중에는 통일이 '전혀 필요하지 않다'고 응답한 사람의 비율이 23%를 넘는 것에 비하면 이는 매우 큰 차이라 할 수 있다. 즉, 북한의 MZ세대가 기성세대보다는 통일에 조금 더 부정적인 인식을 갖고 있지만, 그래도 여전히 그들의 통일 인식은 남한 MZ세대의 그것보다는 훨씬 더 우호적인 쪽에 위치하는 것이다. 앞서 살펴본 것처럼 북한의 MZ세대는 경제위기와 시장화 흐름 속에서 현실주의적 사고방식을 가진 세대며, 동시에 디지털 매체와 한류 문화로부터 많은 영향을 받은 세대다. 이러한 그들의 세대적 특성이 한반도 통일의 미래에 미칠 영향을 쉽사리 예단하기는 어렵다.

하지만 북한의 MZ세대가 지닌 개인주의적·현실주의적 속성은 그들 세대가 지닌 또 다른 가능성에 대해서도 생각하도록 만든다. 통일이 그들에게 확실한 혜택과 이익을 가져다준다고 인식하게 된다면 기성세대보다 훨씬 더 적극적이고 전향적인 태도를 지닐 수 있기 때문이다. 특히 경제적으로 훨씬 더 발전된 남한 사회의 모습을 보게 된다면 북한 MZ세대가 받게 되는 문화적 충격과 그로 인한 태도의 변화는 상당히 클 수 있다. 이러한 차원에서 생각해 본다면, 어쩌면 통일의 필요성에 대해 우리가 더욱 큰 관심과 노력을 기울여야 하는 대상은 북한의 MZ세대보다 우리의 MZ세대일지 모른다. 왜냐하면 우리나라의 MZ세대는 북한에 비해 통일의 필요성 인식이 이미 더 부정적일 뿐만 아니라, 통일 이후 발생하게 될 사회적 비용과 혼란을 직접 겪고 부담할 세대이기 때문이다.

중요한 점은 남한의 MZ세대가 자신들의 '카운터파트'인 북한의 MZ세대를 어떤 식으로 이해하고 받아들일 것이냐 하는 문제일 수 있다. 북한의 MZ세대를 같은 언어와 문화, 역사를 공유하는 하나의 민족이자 통일 한반도의 동등한 구성원으로 받아들일 수 있다면, 통일에 대한 우리 MZ세대의 인식도 보다 전향적으로 바뀔 수 있다. 최근 북한에 널리 퍼지고 있는 한류 문화와 열풍은 한편으로는 남북한 젊은이들의 사고와 취향을 하나로 묶는 순기능을 하고 있을지 모른다. 세대효과라는 개념 자체가 20세를 전후한 성장기에 겪는 공통의 경험과 그로 인해 형성되는 지속성 있는 태도 및 가치관이라고 한다면, 남북한의 젊은 세대가 비록 국토는 분단되고 사회도 단절되었을지언정 일정 부분 서로를 이해하고 공유하며 무언가를 만들어나가는 데 한류 문화는 하나의 중요한 채널이 될 수 있다는 생각을 해본다. 그리고 여기서 출발한 공통의 무언가가 조금씩 확대되고 정착될수록 남북한 MZ세대가 서로를 이해하고 받아들이는 수용 폭도 점차 넓어질 수 있으리라 기대한다.

참고문헌

강동완. 2015. 『북한에서의 한류 현상: 그 의미와 영향』. 서울: 통일교육원.

김병로·김학재·송원준·조동준·최은영·이정철. 2022. 『김정은 집권 10년, 북한주민 통일의식』. 시흥: 서울대학교 통일평화연구원.

김영희. 2013. 『푸코와 북한사회: 신체왜소의 정치경제학』. 고양: 인간사랑.

정동준. 2018. 「북한주민의 남한 문화 경험이 통일의식에 미치는 영향: 2011년부터 2016년까지 북한이탈주민 설문조사를 중심으로」. ≪통일과 평화≫, 8(2).

홍민·차문석·정은이·김혁. 2016.12. 「북한 전국 시장 정보: 공식시장 현황을 중심으로」. KINU 16-24.

제9장

독일 통일 여론의 변화와 세대
민주주의는 어떻게 통일을 이뤘는가?

김학재(서울대학교 통일평화연구원 HK조교수)

1. 들어가며

최근 몇 년간 한국 사회에서는 세대 문제에 대한 논의가 사회적 관심을 받으며 학술적·정치적 논쟁이 진행되었다. 이런 현상이 한국 사회에서만 특징적인 것은 아니고 보편성을 가진 현상이어서 국내외의 세대에 관한 연구와 사회경제적 상황에 관한 연구들도 소개되고 있다(신진욱, 2022; 이철승, 2019; 더피, 2022; 트웬지, 2023).

세대 문제와 세대 간 차이는 통일 문제와 관련된 의견에서도 확인되었다. 즉, 2018년 남북 정상회담 이후 남북관계가 교착되자 20대와 30대에서 통일에 대한 부정적 인식이 증가하는 추세가 뚜렷하게 확인된다. 일반 국민도 남북관계에 부정적이거나 관심이 줄어드는 모습이 관찰되었지만, 특히 젊은 세대의 관심이 멀어지는 모습이 뚜렷했다.

2023년 현재 20~30대의 28.2%만이 통일이 필요하다고 응답했으며, 41.2%는 통일이 필요하지 않다고 답했다. 통일이 가능한 시기에 대한 질문에 대해 20~30대의 39.3%가 '불가능하다'라고 인식하는 것으로 나타났다. 그뿐만 아니라 2022년에는 20대의 42.9%, 30대의 45.9%만이 북한을 협력 대상으로 인식해 다른 세대에

---

* 이 글은 《통일과 평화》 제16집 1호에 실린 「독일 통일 여론의 변화와 세대: 민주주의는 어떻게 통일을 이뤘는가?」(김학재, 2024)를 수정·보완한 것임을 밝힌다.

비해 협력 인식이 낮았으며 북한에 대한 신뢰도는 20대가 29.3%, 30대는 25.2% 로 가장 낮은 모습을 보였다(김병로, 2022.12.26: 79~84; 김범수, 2023.12.21: 33).

오늘날 한국에서 나타나는 세대 간 의견 차이의 특징은 무엇이며, 통일문제에 대한 세대 간 의견 차이는 어떻게 설명할 수 있을까? 통일 필요성에 대한 지지가 높던 2018년과 낮아진 2023년을 비교해 MZ 세대의 통일의식 결정 요인을 분석한 기존 연구에서는, 2018년에는 MZ 세대들이 한국의 경제 상황에 만족할 경우 통일 필요성에 긍정적 경향을 보였고, 다른 세대들의 경우 정치 성향에 따라 통일 필요성이 달라진 것으로 나타났다. 그리고 2023년에는 소득수준이 높고 정치 성향이 중도인 MZ 세대는 통일의 필요성이나 시급성을 낮게 판단하고 있었다. 젊은 세대는 경제 상황과 소득수준의 영향을 받으며, 기성세대는 정치 성향에 따라 통일 문제를 바라본다는 것이다(김성희, 2023.12.21: 191~193).

통일에 대한 견해는 경제, 소득, 정치 성향에 따라 달라지기도 하지만 지역 차원의 국가 간 대립, 경쟁, 위협과 같은 지정학적 상황 변화의 영향을 받지 않을까? 세대 간 인식의 변화 역시 단기적인 특정 세대의 특성이라기보다 그 자체로 더 장기적인 사회·경제적 변화의 산물이지 않을까? '통일 문제'에 대한 인식이 국내 경제, 정치 상황뿐 아니라 국제적인 지정학적 상황의 영향을 받는지, '세대 변화'는 어떤 사회경제적 변화의 산물인지 보다 복합적이고 다차원적인 이해를 필요로 하고 있다.

최근의 통일 인식 변화와 세대 간 차이를 이해하기 위해, 이 글에서는 독일의 역사적 사례를 살펴보고자 한다. 한국처럼 냉전으로 분단되었다가 통일을 이룬 독일에서도 세대에 대한 논의가 사회적 주목을 받은 적이 있다.

독일에서 세대 문제가 주목받은 것은 통일 이후 약 10년이 지난 2000년대였다. 먼저, 한편으로 '세대 간의 투쟁'을 강조하며 독일에서 구세대와 젊은 세대의 사회·경제적 격차를 정치적으로 접근하려는 흐름이 있었다. 다른 한편에서는 이를 독일만의 정치적 문제로 보기보다 고용, 노동 불안정성 문제 등 유럽의 젊은 세대가 경험 중인 좀 더 일반적인 흐름으로 인식하는 방식도 있었다(전상진, 2010: 127~150).

독일에서 세대 문제를 독일만의 정치적 문제로 보았건, 더욱 일반적인 범유럽적 사회현상으로 이해했건, 독일은 통일이라는 거시적인 지정학적 변화를 이룬 '이후에' 다시 사회 '내부'에 존재하는 차이와 격차의 문제에 주목하게 된 것이었다.

반면 오늘날 한국 사회에서 부상한 세대론은 통일이라는 거시적·지정학적 문제를 해결하기 '이전에', 사회 내부의 세대 문제를 겪고 있는 상황이라고 할 수 있다.

이 글의 목적은 분단과 통일을 경험한 독일 사례를 통해 한국 사회가 최근에 경험하는 주변국 관계의 변화와 통일 여론 변화, 특히 세대별로 다르게 나타나는 인식 차이의 원인을 이해해 보는 것이다.

독일과 한국 사회는 냉전 갈등으로 분단되었다는 역사적 유사성과 함께 사회경제적인 측면에서도 상당한 유사성을 지닌다. 하지만 독일이 유럽 지역 전반의 화해, 동서독 통일, 유럽 통합의 과정으로 나아간 반면, 한국은 동아시아 지역의 지정학적 긴장과 국가 간 경쟁이 지속되며 화해, 통일, 지역 협력으로 나가지 못한다는 점에서 큰 차이가 있다.

그런데도 독일의 통일 과정과 통일 이후의 변화 과정은 현재와 미래의 남북관계에 많은 시사점을 준다. 독일의 사례는 통일 이전인 1950~1960년대 냉전 시기의 여론 변화뿐 아니라 통일 과정인 1990~2000년대의 여론, 나아가 통일 이후인 2010~2020년대의 여론 변화까지 약 70년간의 긴 변화 과정을 보여주는 사례이기 때문이다.

통일이라는 거시적인 변화를 아직 경험하지 못한 한국은, 독일 사례를 통해 통일 과정 전체를 간접적으로 이해하고 역사적 교훈을 얻을 수 있을 것이다. 특히 최근 수년간 젊은 세대의 통일 인식 변화가 뚜렷해진 오늘날, 한국의 경험을 독일 사례에 반추해 봄으로써 이를 단기적 갈등의 관점에서 바라보기보다는 좀 더 장기적인 관점에서 포괄적이고 입체적으로 이해할 수 있을 것이다.

보다 구체적으로 이 글은 독일 통일 과정을 두 시기로 나누어 여론 변화 과정을 분석해 보고자 한다. 첫 번째로 이 연구는 냉전 시기인 1950~1960년대 서독의 통일 여론을 분석함으로써 냉전 초기 서독과 유럽의 안보 환경 변화, 통일 정책 변화가 여론에 어떻게 반영되었는지 살펴볼 것이다.

두 번째로 이 연구는 1990~2000년대에 통일 과정에서 독일 국민들의 통일 여론 변화를 살펴봄으로써 통일을 이룬 후 어떤 쟁점이 제기되었으며 각 쟁점에 대해 정치, 세대, 성별 등에 여론의 차이가 있었는지를 확인해 보고자 한다.

세 번째로 이 연구는 한국의 최근 여론 변화에서 세대, 이념, 정치, 소득, 주변국 인식의 영향이 어떻게 나타나는지를 살펴보고자 한다.

결론에서는 이상의 검토를 통해 독일의 통일 여론 변화가 한국 사회의 최근 변화에 어떤 시사점을 줄 수 있는지를 제시하려 한다.

2. 동방 정책 전후의 통일여론 |

지정학적 갈등의 심화와 데탕트 필요성의 대두

독일의 여론 변화는 2차 세계대전 이후부터 살펴봐야 긴 역사적 흐름을 이해할 수 있다. 2차 세계대전 이후 4강에 의해 분할 점령된 독일은 미소 간의 냉전이 본격화되면서 1949년에 동서독으로 분단되었다. 서독 정부는 미국, 영국, 프랑스의 담당하에서 서유럽의 경제 복원과 군사동맹을 구축하는 과정에 참여하게 되었고, 동독에 대해서는 할슈타인 독트린(Hallstein Doctrine)으로 대표되는 엄격한 대립 정책을 취했다. 동독 정부는 소련 관리하에서 동유럽 국가들과 경제적, 정치적으로 통합되는 과정을 겪었고, 이렇게 1950년대에는 동서독과 동·서 유럽 간의 분단이 점차 심화되었다.

다음의 〈그림 9-1〉은 1950~1960년대 베를린에서 시민들이 가장 중요하게 생각하는 사회적 과제가 무엇인지에 대한 여론조사 결과다.

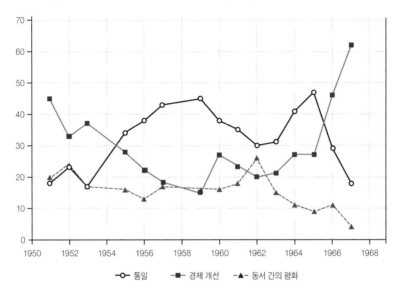

〈그림 9-1〉1950~1960년대 독일의 통일, 평화, 경제 관련 여론의 변화

─○─ 통일   ─■─ 경제 개선   ─▲─ 동서 간의 평화

자료: Institute for Demoskopie Allensbach(1967: 1).

　보이는 것처럼 1950년 서독에서는 경제 상황을 개선하는 것이 가장 중요한 과제로 여겨졌다. 이는 2차 세계대전 이후 폐허에서 경제를 재건하기 위한 상황을 고려하면 당연한 것이었다. 그런데 점차 경제가 개선되던 1950년대 내내 통일이 가장 중요한 과제라는 의견이 점차 상승했다(1952년 20% → 1959년 45%). 이는 단순히 경제보다 통일이 더 중요해졌다는 여론 변화가 아니라, 당시 아데나워(Konrad Adenauer) 정부(1949~1963)가 동독에 대한 힘의 우위를 바탕으로 할슈타인 원칙에 따라 분단을 인정하지 않고서 2차 세계대전으로 상실한 독일의 영토를 회복해야 한다는 정책을 펼쳤는데, 이를 지지하는 통일 여론이 점차 증가한 것으로 이해해야 할 것이다.

　그런데 1960년대 초반부터 여론의 변화가 나타났다. 1961년 8월 베를린의 중심부를 가로지르는 베를린 장벽이 설치된 이후 독일의 분단은 더 분명하게 현실화되었고 동서독 간의 교류나 이동이 매우 제한되는 상황이 벌어졌다. 베를린 장벽의 설치로 독일의 분단이 비로소 현실로 다가온 것이다. 이에 따라 통일이 우선적인 과제라는 의견이 조금씩 하락하기 시작한 것을 알 수 있다. 서독 정부의 방침을 따른 통일이 당장은 쉽지 않고 냉전과 분단이 현실화되었으며, 통일은 장기적 과제가 될 수 있다는 인식 변화가 나타난 것이다.

더구나 1961년에는 소련이 핵실험을 실시했고, 1962년에는 쿠바 미사일 위기가 발생하는 등 미국과 소련 두 초강대국 사이의 냉전 갈등과 위협이 고조되었다. 이렇게 강대국 사이에서 안보 위협과 갈등이 고조된 1962년에 동서독의 통일이 중요하다는 여론은 하락하고 동서 간의 평화가 우선이라는 여론이 상승하는 모습을 확인할 수 있다.

그 결과 등장한 것이 바로 신동방정책으로 대표되는 데탕트 외교였다. 안보 위기를 겪은 이후 서독 정부는 동독, 소련, 동유럽과 적극적인 관계 개선 정책을 추진하면서 긴장을 완화하고 더 장기적인 관점에서 통일의 가능성을 열어두었으며 동서독 간 관계가 단절되지 않도록 민간·경제 교류를 지속하는 정책을 추진했다. 이렇게 긴장 완화를 우선시하고 교류협력을 시작하자 통일이 가장 중요한 과제라는 의견이 다시 상승하는 한편, 평화가 우선한다는 여론은 다시 하락했다.

그런데, 거대한 지정학적 긴장을 겪은 독일이 데탕트를 통해 우선 긴장을 해소하고 장기적인 교류협력을 지속하자, 1960년대 중반 이후에는 분단을 해소하는 과제가 다소 장기적인 과제로 여겨지며 통일의 우선성이 하락하기 시작했다. 주목할 것은 1962년 쿠바 미사일 위기 해소 이후에는 평화의 필요성도 마찬가지로 감소했다는 것이다. 전반적으로 거시적·지정학적 과제의 시급성이 하락하기 시작한 것이다.

대신 물가, 임금, 주거, 일자리, 실업 문제 등 문제를 해결해 경제의 개선이 중요하다는 여론이 급격히 중요해지기 시작했다. 서독은 1966년 이전 시기의 고도성장에 비해 낮은 성장률을 보이고 실업자가 증가하며 재정적자가 증가하는 경제적 어려움을 겪었다(손선홍, 2005: 140). 1966년부터는 경제 상황 개선이 중

<표 9-1> 소련과의 안보와 독일 통일 중 더 중요한 문제는?

답변	1952.7	1953.7	1954.10	1958.1	1959.4
안보	51	52	59	53	55
통일	33	36	27	33	30
미응답	16	12	14	14	15

자료: Institut für Demoskopie Allensbach(1967: 20).

요하다는 여론이 급증한 것을 확인할 수 있다.

이처럼 1950~1960년대 독일의 사례는 서독에서 통일 정책이 서방 정책에서 동방 정책으로 변화하는 과정, 지정학적 긴장 완화와 장기적인 교류협력 정책이 등장하는 과정, 통일 여론과 평화 여론의 상호 관계, 그리고 긴장을 완화해 동서독 관계가 안정되자 국내의 경제 문제의 우선성이 커지는 모습 등 오늘날 한국의 여론을 이해하는 데 중요한 여러 참고점을 제공해 준다.

즉, 경제가 호황이고 힘에 의한 우위 정책을 취하던 아데나워 정부 시기에는 통일 정책에 대한 우선순위가 높았고, 베를린 장벽의 수립, 쿠바 미사일 위기와 같은 안보 위협이 고조되자 평화의 우선순위가 높아졌으며, 안보 위협이 해소되고 경제적 어려움이 발생하자 평화와 통일의 우선순위가 낮아지고 경제의 우선순위가 상승했다. 통일, 평화, 경제의 우선순위는 안보 상황, 정책 환경의 변화, 경제 상황과의 상호작용을 통해 변화했던 것이다.

다른 여론조사에서도 1960년대 후반과 1970년대 초반 동방정책이 추진되기 직전 지정학적 상황이 변화하는 과정에서 독일 시민들의 인식 변화를 더 구체적으로 엿볼 수 있다. <표 9-1>에 나타난 것처럼 1952년부터 1959년까지의 여론 변화에 따르면, 독일의 분단이 현실화되고 유럽 차원의 동·서 냉전이 심화되던 당시 독일 시민들은 독일 통일보다 소련과의 안보 갈등 문제 해결이 중요하다고 인식하는 모습을 보였다.

또한 <표 9-2>에서 보이는 것처럼, 독일 시민들은 본격적인 동방정책이 추진되기 이전인 1960년대 중반까지도 동독을 독립된 국가로 인정해서는 안 된다

<표 9-2> 동독을 독립 국가로 인정해야 하나?

답변	1955.12	1958.11	1964.1	1964.4	1967.3
불인정	62	63	69	70	54
인정	9	12	11	9	20
모름	29	25	20	21	26

자료: Institut für Demoskopie Allensbach(1967: 27).

<그림 9-2> 독일은 가급적이면 다음 중 어떤 나라들과 협력해야 하는가?

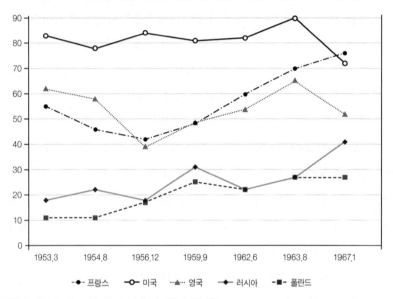

자료: Institut für Demoskopie Allensbach(1967: 49~50).

고 여겼으며 2차 세계대전 영토 상실을 인정하고 독일과 폴란드 사이의 오데르
나이세(Oder-Neisse)선을 국경으로 인정하기 어렵다는 여론이 많아 아데나워
정부의 정책과 유사한 경향을 보였다. 하지만 1960년대 후반부터는 점차 국경
과 분단의 현실을 받아들여야 한다는 여론이 증가했음을 알 수 있다.

동방 정책 직전의 서독 여론에서 눈여겨 볼 부분은 주변국 간 협력 인식의 변
화 과정이다. <그림 9-2>에서 보이듯이 독일의 외교에서 미국과의 협력 중요성

은 대체로 유지되었다. 하지만 안보 위기가 심화되고 동서 분단이 현실화되면서 아데나워 정부가 교체되는 1962~1963년 전후 국제협력 인식이 변화한 것을 확인할 수 있다. 주변국 중 유럽 내 협력의 중요성, 특히 프랑스와의 협력 필요성이 점차 증가했고, 동서 분단 문제를 푸는 데 소련과도 직접 협력할 필요가 있다는 의견이 증가하는 경향이다.

결국 1960년대 후반, 1970년대 초 동방 정책이 추진되기 전까지의 여론 변화는 이렇게 정리할 수 있다. 먼저 냉전 초기 아데나워 정부에서 서유럽 우선의 독일 정책이 추진된 배경의 여론(동독 불인정, 분단 및 영토 상실 불인정)이 확인되며, 베를린 장벽 설치와 쿠바 미사일 위기를 거쳐 분단 현실을 인정하고, 지정학적 위기와 안보 위협 문제를 소련 및 폴란드 등 동유럽 국가들과 직접 풀고 협력할 필요성이 있다는 의견이 증가했다.

이런 여론 변화가 바로 동방 정책이 추진된 배경이었다. 1960년대 후반부터 독일의 외교 정책은 다소 방향을 전환해 분단이 영구화되기 전에 지정학적 긴장을 완화하고 통일 문제를 장기적으로 접근하려는 인식이 등장했다. 1972년 빌리 브란트(Willy Brandt) 정부는 모스크바 조약, 베를린 4강 합의, 동서독 기본 조약 등을 체결했고, 동서독 및 동·서 유럽의 긴장이 크게 완화되었으며, 동서독 간 단절이 회복되어 교류협력이 지속되었다.

동방 정책의 결과 지정학적 긴장이 완화되고 주민들의 교류와 같은 시급한 인도적 문제가 해결되고, 통일 문제를 장기적으로 접근하는 정책이 도입되자, 역설적이게도 통일 문제의 시급성에 대한 사회적 관심이 낮아졌다.

특히 학생들의 통일에 관한 관심들이 낮아지자 1978년에 서독 국회는 독일 문제에 대한 공청회를 개최하고, 교육 실태에 대한 보고가 이루어지기도 했다. 즉, 서독의 각급 학교 학생들이 분단의 원인을 잘 이해하지 못하고, 막연한 반공주의적 의식을 갖고 있고, 통일을 위한 제반 활동에 참여 준비가 결여되어 있다는 것이었다.

이러한 정치교육의 가치와 지향이 점차 변화하는 맥락에서 등장한 것이 바로

1978년 독일 문제에 대한 서독 교육부의 교육 지침(Empfehlungen zur Behandlung der deutschen Frage im Unterricht, 1978.11.23 규정)이다(김학재, 2021: 80~81). 지정학적 긴장은 완화하고 동서독 교류협력은 지속하는 한편, 통일 문제에 대한 장기적인 접근을 지속하며 미래 세대에 대해서도 간접적인 교육으로나마 독일이 처한 상황에 대한 지식을 전달하고자 노력한 셈이다.

1970년대 후반에도 서독은 지속적인 안보 위협을 겪었고 세계적인 냉전도 지속되었다. 즉, 70년대 후반 소련이 중거리 핵미사일을 동독과 체코슬로바키아에 배치하며 군비를 증강하자 NATO 국가들은 안보 위협을을 느끼고 소련과 군축 대화를 지속하되 핵미사일을 철수하지 않으면 서독과 서유럽에 핵무기를 배치한다는 '이중 결의'를 채택했다. 그러나 소련은 대화에 응하지 않은 채 1979년 12월 아프간을 침공했으며, 이로써 미소관계는 악화되고 미국은 전략무기협정(SALT II) 비준을 유보하고 1980년 모스크바 올림픽에도 불참했다. 1980년 폴란드에서 자유 노조 설립 시위가 시작되었고, 1981년 레이건(Ronald Reagan)이 미국 대통령으로 취임해 강경 정책을 취한 것도 미소관계 악화와 경쟁 지속의 요인이 되었다(손선홍, 2005: 218~219). 냉전 종식은 1980년대 중반 이후에나 가시화되었다.

서독의 냉전 시기 여론 변화는 한국의 통일 여론 변화를 이해하는 데 어떤 시사점을 주는가? 서독에서도 대결적인 정책이 지속되는 경우, 큰 안보 위협이 발생하는 경우, 안보 위기가 해소되고 경제 위기가 심화되는 경우 등 지정학적, 경제 환경의 변화가 '통일'과 '평화', '경제 문제'에 대한 여론의 우선순위 변화에 영향을 주었다는 것을 알 수 있다. 지정학적 상황의 변화는 정책 우선순위의 변화에 영향을 주었을 뿐 아니라, 그런 변화를 인식하는 국민의 '주변국 협력 필요성'에 대한 여론과 정책의 방향도 변화시켰다.

이 중 1961년 베를린 장벽 수립, 1962년 쿠바 미사일 위기, 그리고 이 문제를 풀어가기 위한 미소 간의 외교와 대화는 주로 초강대국 간 냉전의 영향을 받았다고 볼 수 있다. 이 시기의 외부 강대국 간 냉전 및 긴장 해소 노력이 서독의 정책과 여론 모두에 영향을 주었을 것이다.

그런데 서유럽 지향적 정책에서부터 동유럽 간 긴장 완화를 추진하는 동방 정책으로의 전환은 서독 정부의 자체적인 노력 결과로도 볼 수 있다. 이 시기에 프랑스, 영국뿐 아니라 소련과도 직접 협상이 필요하다고 본 여론 변화는 주변국 정세 변화에 대한 서독 정부와 국민의 판단이 상호 작용한 결과일 것이다.

그리고 1966년 경제 불황의 경우는 온전히 서독 정부의 정책 실패라고 보기 어렵지만 주로 서독 내부 경제 상황 변화의 산물로 이해할 수 있다. 경제 개선 문제로 여론의 우선순위가 변화한 것은 당장 시급한 안보 위협 해소와 경제 불황이 동시에 발생한 상황에서 정부 정책과 여론의 변화 모두가 반영된 결과라고 봐야 할 것이다.

따라서 한국 사회가 최근 경험하고 있는 '통일', '평화', '경제 상황' 인식에 대한 세대 간 인식 차이는 미중 간 경쟁과 안보 위협, 국내 정책의 변화, 경제 상황 변화에 따른 정부 정책과 여론 변화, 그리고 주변국 협력에 대한 인식 변화를 복합적으로 확인해 상호 관계를 규명할 필요가 있다.

3. 통일과 유럽 통합 | 동·서 차이에서 세대 차이가 된 통일 과정과 결과

두 번째로 살펴볼 부분은 통일 전후 독일에서 경험한 여론 변화와 그 특징이다. 잘 알려져 있듯이 동방 정책이 추진된 약 20년 후 독일은 여러 안보 위협과 위기를 거쳐 실제로 통일을 이루었다. 이런 통일 과정에서 독일 시민들은 어떤 태도를 보였을까? 통일의 어떤 문제들이 여론의 주요 관심사였을까? 통일의 장단점, 이익과 부담, 통일과 집단적 정체성의 문제, 동독 체제에 대한 인식, 주변국에 대한 인식들에 세대 간, 정치적 차이는 없었을까? 20년간 교류협력이 진행된 이후에 통일이 이루어졌음에도 불구하고, 통일은 거시적인 지정학적 변화이고 큰 사회 변화였다. 그리고 통일의 여러 쟁점과 측면에 대해 다양한 여론 차이가 나타났다.

잘 알려진 것처럼, 통일 초기에는 긍정적인 여론이 압도적이었다. 만프레드 쿠흘러(Manfred Kuechler)의 통일 직후 여론조사 분석에 따르면, 베를린 장벽이 무너진 1989년 통일에 대한 지지는 78% 수준이었고, 이는 점차 상승해서 동서독 간 공식 통일이 이루어진 1990년에는 85%에 달했다.

그런데 통일에 대한 높은 긍정적 여론이 있던 통일 초기에도 나이에 따라(서독 주민 가운데 34세 이상 78%, 34세 미만 67%) 그리고 정치적 입장에 따라(기민당 지지 81%, 사민당 지지 72%) 약간의 차이가 있는 것이 확인되었다. 그리고 서독 주민들보다 동독 주민들의 긍정적 응답은 더 높았다. 동독 주민들은 나이와 지지 정당을 막론하고 90% 이상이 기쁘다고 응답했다(34세 이상 92%, 34세 미만 90%, 기민당 95%, 사민당 93%).

통일 과정에서 서독에서부터 동독으로의 막대한 지원이 있었다는 것은 잘 알려져 있다. 이 문제는 통일의 실질적 부담에 대한 것으로서, 한 여론조사는 "서독 주민들이 어느 정도 희생할 준비되어있느냐?"라는 질문을 통해 이에 대한 시민 여론을 물었다. 조사 결과 나이가 많을수록, 그리고 기민당 지지층일수록 긍정 응답 비율이 높았다(Kuechler, 1992: 57~61). 통일 자체에 대해서는 긍정적 여론이 훨씬 많았는데, 통일의 부담에 대해서는 통일을 추진한 정당의 지지층, 그리고 주요 지지층이었던 세대의 여론이 더 높았던 것이다.

다른 문제에 대해서도 세대 간, 젠더 간, 지역 간, 혹은 정치적 성향 간 의견 차이가 있었을까? 독일 통일에 대한 여론의 변화를 좀 더 시계열적으로 확인할 수 있는 자료는 독일 일반사회조사(1991~2018)와 퓨리서치센터의 통일 20주년 특별 여론조사 등이 있다.

먼저 통일 직후인 1991년과 20년 후인 2009년에 통일과 관련된 여론조사를 실시한 퓨리서치센터의 특집 보고서를 보면, 1991년에는 서독 주민의 79%, 동독 주민의 89%가 통일을 좋은 일이라 생각했고, 20년 후인 2009년에도 여전히 구서독 주민들의 77%, 구동독 주민들의 81%가 통일에 대해 긍정적인 인식을 하고 있었다(The Pew Global Attitude Project, 2009: 45). 통일이 좋은 것이라는 기본적인 쟁점 자체에 대해서는 시간이 지나도 큰 변화가 없었다. 그런데 이 조사에서는 나이가 어릴수록(18~29세) 통일 결과에 더 긍정적으로 생각하는 양상이 나타났다. 젊은 세대의 85~86%가 통일을 긍정적으로 보았고, 이는 오히려 50대 이상보다(서독 77%, 동독 79%) 높은 수치였다. 통일 20년 후에 젊은 세대가 기성세대보다 통일을 더 긍정적으로 보았다는 것에 대해서는 추가적인 분석이 필요하다.

그리고, 다소 전격적으로 이루어진 1989~1990년 통일 과정과 속도에 대한 질문의 응답에는 성별 차이가 확인되었다. 통일 과정과 속도가 적절했는지는 '통일을 최대한 빨리하는 것이 중요했다'라는 응답(50%)과 '너무 빨리 이뤄졌다'라는 의견(46%)이 반반이었다. 그런데 1991년 당시 여성들(58%)의 경우 남성들(47%)에 비해 다소 빨리 이뤄졌다고 생각하는 편인 것으로 나타났다.

통일 이후 상황이 더 좋아졌는지 아니면 나빠졌는지에 대한 질문에 대해서는 서독인들의 67%가 통일로 크게 영향받지 않았다고 응답했고, 동독인들의 63%는 더 좋아졌다고 응답했다.

전반적으로 통일 결과에 대한 긍정적 응답이 유지되는 가운데 세대 간, 남녀 간, 동서독 주민 간에 약간의 차이가 확인된다. 이렇듯, 단편적으로 이루어진 몇몇 여론조사를 통해 독일 통일 이후 통일 자체, 통일의 결과, 통일 과정, 주변국 관계와 안보 환경, 민족 정체성과 지역 정체성의 분야에서 세대, 지역, 성별에 따른 차이들이 일부 확인되었다.

이러한 의견 차이 양상과 변화 과정을 좀 더 일관된 자료를 통해 구체적으로 확인해 볼 필요가 있다. 독일 통일에 대한 여론을 좀 더 장기적인 시계열적 변화를 통해 살펴볼 수 있는 자료는 독일 일반사회조사(ALLBUS/GGSS) 자료다. 1980년부터 2018년까지 누적 자료를 제공하는 이 설문조사 자료에는 1991년부터 2018년까지 통일에 대한 10여 개의 설문 문항 자료를 포함한다. 이 자료를 '통일의 이익', '통일의 부담', '통일과 정치·사회적 변화', 그리고 '통일과 정체성 변화'라는

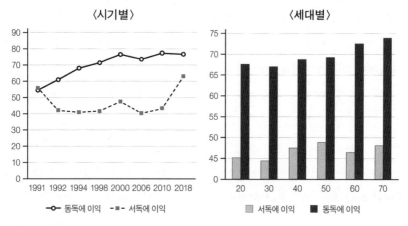

〈그림 9-3〉 통일이 동서독에 이익이라는 의견의 시기별, 세대별 변화

주: 〈그림 9-3〉부터 〈그림 9-6〉까지의 자료들에서 상단의 그래프에는 시기에 따른 여론의 변화를, 하단 그래프에는 각 응답에 대한 1991~2018년 전 기간의 자료를 세대별로 나누어 긍정 답변 비율을 표시했다.

자료: ALLBUS(2021.7.10).

분야로 나누어 살펴보려 한다.

먼저 통일 직후 독일 통일 자체에 대해서는 대다수가 긍정적인 인식을 보였다면, 통일이 가져온 이익에 대해서는 동서독 주민들이 어떻게 생각했을까? 독일 일반사회조사 자료에 따르면 앞의 〈그림 9-3〉에 보이듯이, 통일이 서독과 동독 중 어느 편에 더 이익이었는지 묻는 질문에서 서독에 이익이라는 의견보다 동독이 더 이익이라는 의견이 전반적으로 높았다. 하지만 서독이 이익이라는 의견 역시 1990년대에 비하면 2010년 이후 점차 상승해서 최근으로 올수록 상당히 높아지는 추세를 띤다는 점에도 주목할 필요가 있다.

세대별 차이의 경우, 전반적으로 연령대가 높을수록 통일이 '동독에 이익'이라는 의견이 많았으며, 40~50대 이상 중장년층의 경우 다른 젊은 세대보다 통일이 서독에도 이익이라는 의견이 높은 편이었음을 확인할 수 있다.

분단이 오랫동안 지속되며 심화된 동서독 상호 체제의 차이를 완화하기 위해 독일 통일 과정에서 첫 10년간 서독이 동독에 상당한 지원과 경제적 비용을

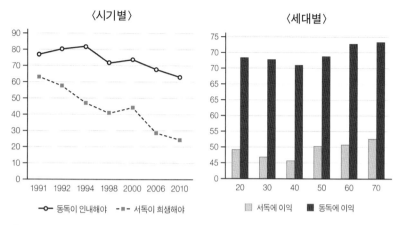

〈그림 9-4〉 서독의 희생과 동독의 인내에 대한 시기별, 세대별 의견 차이

자료: ALLBUS(2021.7.10).

부담했다. 이 과정에서 통일 이후 삶의 조건이 향상될 것이라는 동독의 기대와 동독 역시 함께 노력해야 한다는 서독의 인식을 상호 조율해야 하는 과제가 있었다.

이를 확인할 수 있는 질문은 서독이 더 희생해야 하느냐는 질문과 동독이 더 인내해야 하느냐는 질문이다. 〈그림 9-4〉에서 보이듯이 1991년부터 2010년까지의 20년간 추세를 보면 "서독이 희생해야" 한다는 의견은 통일 직후에는 높았다가 점차 줄어들었고, "동독이 더 인내해야" 한다는 의견도 통일 초기에 높았다가 점차 줄어드는 모습을 보였다. 통일로 인한 경제적 부담과 노력에 대한 인식은 첫 10년이 지난 이후에 점차 사라져간 것을 알 수 있다.

단 여기에 약간의 세대 간 인식 차이가 확인되는데, 〈그림 9-4〉에서 확인할 수 있는 것처럼 대체로 나이가 많을수록 서독이 더 희생해야 한다는 질문과 동독이 더 인내해야 한다는 질문 모두에서 긍정 응답 비율이 높아졌다. 20~30대도 긍정 응답이 가장 낮은 40대보다는 상대적으로 높은 긍정 의견을 보였다. 전반적으로 통일 이후 시간이 지날수록 양측의 희생과 인내에 대한 인식은 줄어들었으며 사회경제적 조건이 더 안정된 세대에서 희생과 부담에 대한 인식이 높았던 것을 알 수 있다.

통일에 대한 기대와 기쁨이 컸던 만큼, 통일 이후 기대와 다른 현실과 당장 생활 여건이 개선되지 않는 것에 대한 동서독 주민의 인식 차이는 여타 조사들에서도 나타났다. 예컨대 서독 지역 주민들에게서 통일 이후 동서독이 함께 성장하고 있고, 큰 차이가 아니라 약간의 차이만 있다는 의견이 점차 증가했다. 구동독 지역 출신 지역 주민들에게는 여전히 두 지역에 큰 차이가 있다는 의견이 더 많다. 하지만 동독 주민들 사이에서도 시간이 갈수록 동서독이 함께 성장 중이며 약간의 차이만 있다는 의견이 점차 증가했다(서독 주민: 2010년 36% → 2014년 41%, 동독 주민: 2002년 6% → 2014년 23%). 지역 간 발전 차이에 대한 인식은 분명히 존재했지만, 시간이 갈수록 조금씩 줄어들었던 셈이다(Winkler, 2017: 46~54).

다음으로 독일 통일이 동독의 체제 전환 과정이었기 때문에 동독 사회의 변화에 대한 인식을 묻는 질문들이 있다. 동독의 어려움에 대한 독일 사회 인식을 확인할 수 있는 질문으로 동독 주민들이 "과거에 슈타지(Stasi: 동독 비밀경찰)에서 일했는지에 관해 묻는 것을 멈춰야 한다"라는 질문과 "동독에 대한 체제 전환 압력이 너무 크다"라는 질문이 있다. 슈타지에서 일한 과거를 그만 물어야 한다는 의견이 시간이 갈수록 증가했고(1991년 33% → 2018년 67%), 특히 나이가 많을수록, 그리고 청년층에서도 이런 견해에 공감하는 모습이 나타났다. 상대적으로 긍정 응답 비율이 가장 낮은 것은 40~50대였다. 고령층은 과거청산 문제가 통일 초기에 어느 정도 해소되었다고 인식한 것으로 보인다.

그리고 〈그림 9-5〉에서 보이는 것처럼 "체제 전환 과정이 동독에 너무 큰 압력"이라는 의견의 경우 시간이 지날수록 큰 압력이라는 의견은 점차 줄어들었다. 그리고 연령별로는 나이가 많을수록 체제 전환이 동독에 큰 압력이라는 의견에 더 공감하는 모습을 보여 세대 간 차이가 확인되었다.

이와 유사하게 "사회주의는 아이디어는 좋지만 잘못 이행되었다"라는 질문이 있는데, 이에 대해서도 대체로 나이가 많을수록 공감하는 의견이 많았다(60대 57%, 70대 61%). 과거의 사회주의를 경험한 중장년층일수록 부정적 경험에 따른

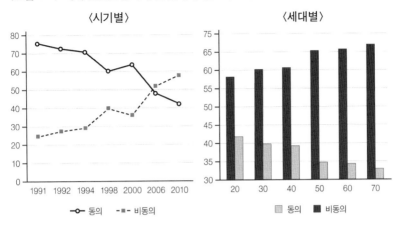

〈그림 9-5〉 체제 전환은 동독에 큰 압력이라는 의견에 대한 시기별, 세대별 의견 변화

〈시기별〉 〈세대별〉

○— 동의 ─■─ 비동의

□ 동의 ■ 비동의

자료: ALLBUS(2021.7.10).

우려나 상당 기간 지속되는 지역적 차이에 대한 인식, 러시아와의 긴장 등이 복합적으로 작용한 것으로 추정되지만 더 정확한 확인이 필요한 부분이다.

마지막으로 통일 이후 과거의 서독, 동독 정체성이 아닌 통일된 독일 정체성이 커지는 모습이 확인된다. 독일 통일 과정에서 특징적인 점은 독일 통일이 유럽 통합과 함께 이루어졌고, 특히 2004년 유럽 확대 과정에서 독일 통일이 동유럽 통합으로 이어졌다는 점이다.

이런 과정이 반영되어 독일 이외의 대부분 유럽 국가는 '자국 민족 정체성'을 지녔다는 응답이 77~90% 정도인 것에 비해, 독일 시민들은 1/3 정도인 33%가 유럽 정체성을 띤다는 특징이 있다(서독 35%, 동독 25%).[1] 뒤에서 살펴보겠지만 통일 독일 정체성과 통합된 유럽 지역 정체성에도 동서독 주민들 간, 세대 간 차이는 존재하는 것으로 확인되었다.

독일 일반사회조사 자료를 통해서도, 〈그림 9-6〉에서 보이듯이 통일 이후 시

---

[1] 독일 다음으로 '유럽 정체성'이 높은 순서는 프랑스 23%, 스페인 15%, 이탈리아 12%, 영국 7% 슬로바키아 13%이다. 독일 시민들은 프랑스 시민들보다도 약 10%가량 유럽 정체성이 더 높은 것으로 확인된다(Pew Research Center, 2009.11.3: 58).

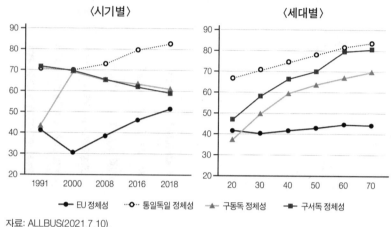

〈그림 9-6〉 통일 이후 독일의 시기별, 세대별 집단 정체성 변화

〈시기별〉 〈세대별〉

──●── EU 정체성 ┄○┄ 통일독일 정체성 ──▲── 구동독 정체성 ──■── 구서독 정체성

자료: ALLBUS(2021.7.10).

간이 지날수록 통일 독일 정체성과 함께 EU 정체성이 점차 커지고, 구동독·구서독 정체성은 점차 줄어들었다. 이를 연령별로 보면 독일 정체성이든 EU 정체성이든 나이가 많을수록 모두 더 커지는 것으로 나타났다. 연령대가 높을수록 집단 정체성에 대한 동일시가 더 큰 모습을 보이는 것이다.

2017년의 한 여론조사에서는 "동서독 사람들이 하나의 민족이 되었는가?"라는 질문을 던졌다. 이는 앞선 집단 정체성에 대한 질문과는 다소 다른, 서로의 다양한 차이가 점차 줄어들어 동질성이 커졌는가 하는 질문인데, 이에 대해서 전체적으로는 50% 정도가 긍정 응답을 했다. 이 질문은 오히려 젊은 세대(14~44세)일수록 긍정적 답변(60~65%)을 보였고, 60세 이상의 장년층은 상대적으로 낮은 답변을 보였다. 장년층은 통일 당시 30대였던 이들로서 동서독 간에 존재하는 사회경제적 차이를 여전히 인식하는 것으로 보이고, 젊은 세대들은 통일 당시 17세 미만으로서 통일이 이뤄지고 사회경제 상황이 어느 정도 안정된 이후 사회에 진출한 세대로, 옛 동서독 경험보다는 독일이 통일된 이후의 경험과 정체성이 더 길었던 세대이기 때문으로 보인다(McCarthy, 2017).

지금까지의 독일 사회조사 자료의 통일 이후 여론 변화를 정리하자면, '통일의 이익', '통일의 부담', '통일과 정치·사회적 변화' 그리고 '통일과 정체성 변화'라는 분야에서 모두 세대 간 차이가 확인되었다. 먼저 독일의 통일은 전반적으로 좋은 것이라는 의견이 높다. 시간이 지날수록 동서독 모두에게 서로 이익이라는 의견이 높아졌다. 하지만 통일 직후 동서독의 이익, 희생, 인내의 비대칭성과 균형에 대한 여론 차이가 있었고 동서독 격차를 완화하면서도 독일의 경제적 부담을 줄여가야 하는 압력 아래에서 동서독 주민들 간, 세대 간에 어느 정도 의견 차이가 있었던 것도 사실이다. 사회경제적 조건이 더 안정된 중장년 세대가 통일 전반에 관한 관심을 지속하면서 젊은 세대보다 동독의 어려움에 더 공감했고, 통일 독일 정체성과 EU 정체성 또한 더 컸다는 것을 확인할 수 있다.

그렇다면 독일 통일과 유럽 통합 이후 지정학 인식 및 주변국 인식은 어떻게 변화했을까? 통일된 독일은 더 평화로운 지역 환경을 만들어냈을까? 독일 시민들은 통일 이후 가까운 주변 국가인 프랑스(47%), 미국(37%), 영국(17%)과 먼저 우호적 동맹 관계를 유지해야 한다고 보았다. 1950년대의 국제협력 인식보다 프랑스와의 협력 인식이 더 증가했고, 영국과의 협력 인식은 상대적으로 낮아졌음을 알 수 있다.

반면, 독일인들은 다소 지리적으로 멀리 떨어져 있는 이란(27%), 이라크(21%), 러시아(19%)로부터 지정학적 위협을 느낀다고 응답했다(Pew Research Center, 2009.11.3: 65~66). 통일된 독일은 주변국들과 우호적 협력 관계를 맺고, 통합된 유럽의 정체성을 동시에 고양시킨 상황에서 지정학적 위협은 좀 더 멀어진 상황을 경험하게 된 것이다.

즉, 독일은 1950년대부터 2010년대까지 약 70년에 걸친 통일 과정을 통해 지정학적·안보 위협의 갈등선을, 분단된 베를린 내부에 있던 동서독 국경 장벽에서 통합된 유럽과 러시아 사이의 경계선으로 이동시킨 셈이다.

독일 통일은 여전히 성공적인가? 한 연구에 따르면 약 90년에 이르는 1920년대부터 2010년대까지, 동서독 간 1인당 소득과 기대수명 격차가 가장 컸던 때는 통일 직전 10년인 1980대부터 통일 당시인 1990년 사이였다. 동서독 간의 이 차이는 통일 10년 후인 2000년대부터 다시 줄어들며 동독 지역의 소득과 기대수명이 빠르게 회복한 것으로 확인된다(Becker et al., 2020: 27).

2019년 퓨리서치센터 조사에 따르면 "통일은 좋은 것인가"라는 질문에 90%가 긍정 답변을 하여 여전히 통일 자체에는 긍정적 여론이 대다수였다. 최근으로 올수록 동서독 주민들 모두 삶의 만족도가 점차 증가하는 모습을 보인 것으로 확인된다(Pew Research Center, 2019.10.15: 13).

하지만 최근 독일에서는 국제질서의 안정성과 민주주의에 대한 우려도 제기되고 있다. 독일의 통일 과정은 동서독뿐 아니라 동·서 유럽 및 국제사회와의 통합이 이루어지는 과정이었다. 이 과정에서 독일의 국제협력 수준이 지속해서 증가하는 한편, 전반적으로 민족주의 경향도 상승했고, 구동독 지역에서 우익 포퓰리즘 정당인 AfD의 지지가 높아지는 모습도 나타났기 때문이다.[2]

결국 독일의 경험을 통해 알 수 있는 통일이란, 한 민족국가의 영토 내부에 형성된 외부로부터의 지정학적 갈등을 해소해 외부로 옮겨 멀어지게 하는 매우 장기적인 국가 간 관계 변화의 과정인 동시에, 한 사회 내부에 늘 존재하는 지역 간 차이나 내부로 들어오는 '이주민 통합'과 같은 과제를 대면해야 하는 지속적인 국내 통합 과정이라고 할 수 있다.

〈표 9-3〉에 정리했듯이, 독일 통일은 각 시기의 지정학적, 국내 정치, 경제적 상황에 맞게 서방정책과 동방정책이 교체되는 긴 과정이었다. 먼저 아데나워 시기에는 서독의 국제적 입지를 회복하기 위해 NATO와 서유럽 통합에 기반한 힘의 정치를 추구했던 시기이고, 서유럽 통합 기반이 형성되며 서유럽 우위가 드러나면서 동-서 갈등이 심화되자 브란트 정부와 슈미트(Helmut Schmidt) 정부

---

2   이러한 지역 차이는 사실 2차 세계대전 이후부터 존재하던 것이었고, 냉전 시기 동독에서 서독으로의 대규모 이주가 통일 이전에 이미 이루어졌기 때문에, 통일 직후 특히 심했던 것으로 보인다. 역사적으로 지역 간 차이는 더 먼 과거부터 존재해 왔으며, 이에 따라 지역 간에 경제적 행동 방식, 노동 참여, 젠더 역할 등을 포함한 행동 양식의 차이 등이 수렴되기 위해서는 오랜 시간이 필요하다(Becker et al., 2020: 27~28).

〈표 9-3〉 독일 통일 정책의 변화 과정

총리	통일 정책 방향	서유럽의 성장, 동서관계	미국과의 관계
아데나워	완고한 서방정책	서유럽-동유럽의 기초 형성	의존적, 지도적
키징어	긴장완화 동방정책	서유럽의 성장-동유럽 성장	의존적, 자율적
브란트-슈미트	공존협력 동방정책	서유럽의 성장과 우위	의존적, 자율적
헬무트 콜	실용적 서방정책	서유럽의 우위 확고-동유럽 붕괴	의존, 주권 회복
슈뢰더	실용적 동방정책	EU enlargement, 하르츠 개혁	의존, 자율적
메르켈	중도적 서방정책	긴축정책, 난민 수용	자율적, 지도적
숄츠	중도 진보적 유럽정책	AfD, 러-우 전쟁, 에너지 전환	자율적, 지도적

는 긴장 완화를 위한 동방 정책을 추구했다. 동서 유럽의 긴장이 완화되고 교류 협력이 지속되다가 서유럽의 우위가 더 분명해졌을 때 동독에서 민주 개혁이 일어났고 콜(Helmut Kohl) 정부는 서독 체제로의 통일을 추진했다. 통일 이후 경제적 비용을 감당하기 위해 슈뢰더(Gerhard Schröder) 정부는 독일 내부 개혁을 꾀하는 한편 동유럽 통합을 추진했으며, 메르켈(Angela Merkel) 정부는 유럽 통합 확대로 안정된 독일을 중도 보수 지향으로 이끌어갔다. 러시아-우크라이나 전쟁과 독일 내 AfD에 대한 지지가 상승하자 숄츠(Olaf Scholz) 정부는 국내에선 우익 포퓰리즘을 완화하면서도 대외적으로는 우크라이나를 지원하며 러시아와의 경쟁에 대비하는 정책을 펴고 있다.

독일의 정부는 각각 전임 정부가 취했던 정책이 성과를 이루었지만 그것만으로는 부족했을 때 다른 방향의 정책을 취했으며, 서방 정책은 자국과 서유럽의 역량을 키우는 방향, 동방 정책은 주변국과의 격차가 지나친 갈등과 단절을 가져오지 않도록 유연하게 관리하는 방향을 취했다고 할 수 있다. 2차 세계대전 직후 서독 진보-보수 정부들의 정책 방향 전환은 완고한 보수로부터 급진적인 진보로까지 변화 폭이 다소 컸고 논란도 컸지만, 독일 통일과 유럽 통합 이후의 정책 전환은 대체로 중도 진보-중도 보수의 범위 내에서 이루어졌던 것으로 평가할 수 있다.

4. 한국의 최근 세대별 통일 의견 특징

지금까지의 독일 사례 검토를 통해 이 연구는 먼저 지정학적 변화나 경제 상황 변화에 따라 통일, 안보, 경제, 주변국 협력의 우선순위에 영향을 준다는 것을 확인했고, 또한 통일 과정에서 나타나는 이익, 부담, 정체성, 체제 전환에 대해 세대 간, 정치적·지역적으로 의견 차이가 나타났음을 확인했다. 통일 이전에도 상황에 따라 여론의 우선순위 변화가 나타나고, 통일 과정에서도 세대 간, 정치 성향 간 차이가 발생했던 것이다.

그렇다면, 최근 한국 사회에서 나타나는 '통일'에 대한 세대 간 차이는 주로 무엇 때문으로 이해할 수 있을까? 국제정세 변화와 안보 위협, 국내 정책 대응 방향의 변화, 경제 상황 변화와 주변국 협력 인식 등은 어떤 관련이 있을까?

이 글에서는 통일에 대한 인식의 세대 차이, 정치적 태도 차이를 확인하기 위해 2021~2023년간의 통일의식에 대한 여론조사 자료를 통계적으로 분석했다. 통일, 평화, 경제 문제의 우선순위를 묻는 설문 문항은 없었기 때문에, 통일의 이유에 대한 설문 문항 답변 중 '같은 민족이기 때문에 통일'과 '전쟁 위협을 없애기 위해'라는 답변을 대리 변수로 활용했다. 두 응답에 세대, 정치적 차이가 있는지, 주변국 위협 인식이나 경제 상황 인식이 어떤 영향을 주는지 확인해 보고자 했다.

그동안 '통일의 이유'에 대한 설문 문항 답변이 세대별로, 정치적으로 나뉜 현상이 여러 번 확인되었는데, 2021년, 2022년, 2023년 「통일의식조사」 자료 분석에서도 재차 나타났다. 일차적으로 확인한 것은 이념과 세대 차이, 그리고 경제 상황 인식에 따른 통일 이유의 차이이다.

다음의 〈표 9-4〉에서 보이는 것처럼 "같은 민족이기 때문에" 통일이 되어야 한다는 의견은 이념, 나이, 정당 지지에 따라 달랐는데, 정치적 지향이 보수일수록, 나이가 많을수록 찬성할 가능성이 컸다. 2021년과 2022년에는 개인의 경제 만족도가 높을수록 민족주의적 이유로 통일의 필요성이 높다고 볼 가능성이

〈표 9-4〉 통일의 이유에 따른 민족주의, 평화주의

분류	같은 민족이기 때문에			전쟁 위협을 없애기 위해		
	2021	2022	2023	2021	2022	2023
이념	0.136* (0.080)	-0.171** (0.082)	-0.004 (0.091)	-0.089 (0.088)	0.008 (0.087)	-0.011 (0.087)
나이	0.209*** (0.045)	0.239*** (0.047)	0.233*** (0.051)	-0.128*** (0.004)	-0.017*** (0.049)	-0.034 (0.046)
경제 만족도	0.226** (0.098)	0.203** (0.095)	0.114 (0.105)	0.147 (0.107)	-0.150 (0.101)	-0.139 (0.100)
북한 위협	0.076 (0.178)	-0.163 (0.171)	0.296 (0.199)	0.420** (0.205)	0.321* (0.188)	0.045 (0.179)
중국 위협	0.281 (0.173)	-0.028 (0.164)	0.424** (0.202)	0.231 (0.202)	0.257 (0.182)	-0.297 (0.185)
지지 정당	국민의힘 -0.338* (0.192)	-	국민의힘 -0.369* (0.220)	국민의힘 0.389* (0.217) 무당파 0.350** (0.178)		-
cut1	1.861	1.035	2.070	1.202	0.181	-0.170
log-likelihood	-764.565	-759.780	-678.634	-664.988	-693.895	-737.738
n	1145	1139	1,122	1144	1138	1122

주: 지지 정당은 민주당 기준. ( )안은 표준 편차.
  * p < 0.1, ** p < 0.05, *** p < 0.01.
자료: 통일평화연구원(2022.3.29; 2022.12.26; 2023.12.22).

컸다. 2021년과 2023년 조사에서는 민주당 지지층보다 국민의힘 지지층이 민족주의적 이유로 통일이 필요하다고 답할 가능성이 적었다.

반대로 "전쟁 위협을 없애기 위해 통일"해야 한다는 의견은 나이가 어릴수록 찬성할 가능성이 컸다. 이념 성향 변수의 영향은 확인되지 않았으며, 지지 정당의 경우 2021년에만 국민의힘 지지층이거나 무당층일수록 전쟁 위협을 없애기 위해 통일이 필요하다고 답할 가능성이 컸다. 전쟁 위협을 없애기 위해 통일이 필요하다는 답변에서는 북한을 한반도 평화를 위협하는 국가로 인식할수록 긍정적 답변을 보였다.

즉, 최근에 민족주의적 이유의 통일 필요성 여론이 감소하고, 전쟁 위협을 없애기 위해 통일이 필요하다는 여론이 증가한 배경에는 나이 및 세대 차이와 함께, 북한으로부터의 위협 인식이 증가한 것과 상당한 관련이 있었다.

2018~2019년 남북관계 개선으로 북한 위협 인식이 감소한 것에 비해, 지난 5년간 중국과 북한에 대한 위협 인식은 상승해 왔다. 북한이 한반도 평화를 위협한다는 답변은 2019년 30.8%로부터 점차 높아져 2020년 40.8%, 2023년에는 47.5%로 상승했고, 평화 위협 대상으로 중국을 선택한 의견은 2017년 22.7%로부터 상승해 2021년에는 46%, 2022년에는 44%, 2023년에는 36.4%에 달했다 (김학재, 2023.12.21: 137~138·316).

2023년에는 중국이 위협적이라고 답한 사람들은 '민족주의적 통일'을 지지할 가능성이 컸고, 2021년과 2022년에는 북한이 위협적이라고 답한 사람들이 '전쟁 위협을 없애기 위해' 통일이 필요하다는 응답을 할 가능성이 컸다.

이렇듯 민족주의적 이유로 통일을 이뤄야 한다는 의견과 우선 전쟁 위협을 없애는 것이 중요하다는 의견에 세대 차이, 그리고 정치적 차이가 대체로 확인된다. 그리고 통일 여론에는 개인의 경제 만족도와 중국 위협 인식이, 전쟁 위협을 없애야 한다는 여론에는 북한 위협이 관련되었다. 단 2023년에는 전쟁 위협을 없애기 위해 통일이 필요하다는 여론에 이념, 지지 정당, 북한 위협의 통계적 영향이 사라졌다.

이렇게 세대-정치적 차이와 위협 인식이 서로 다른 통일의 이유에 영향을 주는 상황에서, 주변국에 대한 협력 인식은 어떤 관련이 있을까? 다음으로는 지정학적 위기가 커질수록 주변국과 협력 구도가 변화하므로, 주변 국가들을 협력 대상으로 인식하는지에 대한 답변을 분석했다.

2007년부터 2023년까지 17년간 주변국에 대한 인식의 변화를 살펴보면, 미국에 대한 협력 인식은 2007년 53.2%로부터 지속 상승해 2022년에는 86.3%, 2023년에는 82.5%에 달하며 가장 협력해야 할 국가로 조사되었다. 다음으로 협력 대상 인식이 높은 국가는 북한인데, 북한으로부터의 위협 인식도 높지만 협력 대상으로도 인식하는 민족 간의 특수관계를 보여주는 조사 결과다. 2015 년에는 북한을 협력 대상으로 인식하는 응답이 35.2%로 다소 낮았지만, 남북관계가 개선되던 2018~2019년에는 각각 54.6%, 54%에 달할 정도로 상승했다가 남북관계가 단절되기 시작한 이후 계속 감소해 2023년에는 37.7%만이 북한을 협력 대상으로 보았다. 중국의 경우 2013~2017년에는 22~34% 수준으로 상대적으로 높았지만, 그 이후 하락해 2023년에는 10.6%만이 협력 대상으로 인식하게 되었다. 러시아와 일본에 대한 협력 인식은 상대적으로 낮았지만, 일본과의 협력 인식이 2019년 이후 다소 상승해 2023년 현재 21.8%가 일본을 협력 대상으로 인식하는 변화를 보였다. 전반적으로 협력 인식은 위협 인식과 상반되는 모습을 보이는데, 북한에 대한 위협 인식이 낮았던 2018~2019년에는 북한에 대한 협력 인식이 높았고, 최근 중국의 위협 인식이 증가하며 중국에 대한 협력 인식은 지속해서 감소하는 모습을 보였다(김학재, 2023.12.21: 140~142; 김병로, 2022.12.26: 61).

한국의 이러한 주변국 인식은 이념, 세대, 지지 정당과 위협 인식에 어떤 관계가 있을까? 미국, 일본, 북한, 중국, 러시아를 협력 대상으로 인식하는 조사 항목에 대한 답변을 종속 변인으로 하여 세대, 이념, 지지 정당, 그리고 주변국 위협 인식의 상관관계를 검토했다.

검토 결과 〈표 9-5〉에서 보이듯이 첫 번째로 협력 대상 인식이 가장 높은 미국을 협력 대상으로 인식할 가능성은 북한과 중국으로부터의 위협 인식, 그리고 정당 지지가 가장 큰 상관관계에 있었다. 2021년에는 민주당 대비 국민의힘 지지층이 더 미국을 협력 대상으로 인식했다. 그런데 2021년과 2023년에는 나이가 많을수록 미국을 협력 대상으로 인식하지 않는 모습, 2022~2023년에는 개인의 경제 만족도가 높을수록 미국을 협력 대상으로 인식하는 모습도 관찰되었다.

다음으로 최근 협력 인식이 증가한 일본에 대해서도 북한에 대한 위협 인식과 중국에 대한 위협 인식이 높을수록 협력 대상으로 인식할 가능성이 컸다.

〈표 9-5〉 주변국 협력 대상 인식

분류	미국			일본		
	2021	2022	2023	2021	2022	2023
이념	0.034 (0.102)	0.006 (0.117)	0.261 (0.111)	0.073 (0.120)	0.305*** (0.103)	0.019 (0102)
나이	-0.106* (0.058)	0.070 (0.065)	-0.122* (0.062)	0.018 (0.067)	-0.033 (0.058)	-0.043 (0.056)
경제 만족도	0.154 (0.127)	0.221* (0.135)	0.375** (0.129)	0.190 (0.143)	-0.135 (0.118)	0.103 (0.120)
북한 위협	1.048*** (0.209)	0.415* (0.240)	0.938*** (0.223)	0.859*** (0.331)	-0.069 (0.211)	0.888*** (0.268)
중국 위협	0.878*** (0.196)	0.173 (0.222)	0.289 (0.214)	0.886*** (0.326)	-0.189 (0.207)	0.956*** (0.271)
지지 정당	국민의힘 0.778*** (0.258)	-	-	-	열린 민주당 1.984** (0.948)	국민의힘*** 0.718 (0.253) 무당파 0.530** (0.211)
cut1	-0.2329	-0.619	0.506	3.613	1.857	2.753
log-likelihood	-524.153	-447.659	-487.04	-420.741	-541.762	-567.156
n	1145	1142	1122	1145	1141	1122

분류	중국			북한		
	2021	2022	2023	2021	2022	2023
이념	-0.281** (0.110)	0.067 (0.126)	0.026 (0.131)	-0.365*** (0.082)	-0.344** (0.083)	-0.184** (0.087)
나이	0.007 (0.062)	0.035 (0.072)	0.107 (0.073)	0.175*** (0.046)	0.198** (0.047)	0.120** (0.047)
경제 만족도	0.032 (0.136)	0.087 (0.145)	0.053 (0.151)	-0.067 (0.099)	-0.237** (0.095)	0.115 (0.100)
북한 위협	0.068 (0.403)	0.900** (0.402)	-0.414 (0.613)	0.516 (0.310)	-0.576* (0.349)	-0.398 (0.361)
중국 위협	0.048 (0.255)	0.142 (0.342)	-0.088 (0.358)	0.467** (0.195)	0.117 (0.229)	-0.082 (0.229)
지지 정당	국민의힘 -0.479* (0.279)	-	-	국민의힘 -0.623*** (0.195) 무당파 -0.444*** (0.159)	국민의힘 -0.301* (0.182) 정의당 -0.815* (0.423)	무당파 -0.334** (0.161)

cut1	0.878	2.504	2.631	-0.946	-0.974	0.426
log-likelihood	-468.681	-398.535	-393.61	-756.239	-760.633	-731.166
n	1145	1141	1122	1145	1142	1122

주: 지지 정당은 민주당 기준. ( )안은 표준 편차.
  * p < 0.1, ** p < 0.05, *** p < 0.01.
자료: 통일평화연구원(2022.3.29; 2022.12.26; 2023.12.22).

2022년에는 보수 이념 성향일수록 일본을 협력 대상으로 인식했으며, 2023년에는 국민의힘 지지층과 무당파가 일본을 협력 대상으로 인식했다.

그리고 중국의 경우 2021년에는 이념 성향이 보수일수록, 국민의힘 지지층일수록 부정적으로 인식할 가능성이 컸다. 북한의 경우 나이가 많을수록 협력 대상으로 인식할 가능성이 컸고 이념 성향이 보수인 경우 협력 대상으로 인식하지 않았다. 2021년에는 민주당 대비 국민의힘 지지층이 협력 대상으로 인식하지 않을 가능성이 컸으며, 2022년에는 미국을 위협적으로 생각하는 경우 중국을 협력 대상으로 인식하는 경우가 확인되었다.

마지막으로 북한의 경우 지난 3년간 보수 이념 성향일수록 협력 대상으로 생각하지 않을 가능성이 컸고, 2021~2022년에 민주당보다 국민의힘 지지층이 협력 대상으로 생각하지 않을 가능성이 컸다. 반대로 나이가 많을수록 북한을 협력 대상으로 인식하는 모습이 꾸준히 관찰된다.

즉, 한·미·일, 북·중·러 구도가 심화된 최근 상황에서, 미국을 협력 대상으로 인식하는 것에는 북한을 위협적으로 인식하는 것이 가장 상관관계가 높았다. 그리고 일본을 협력 대상으로 인식하는 것에는 북한과 중국으로부터의 위협 인식이 상관관계가 높았다. 반대로 북한을 협력 대상으로 보는 것에는 진보적 이념 성향과 정당 지지 요인, 그리고 연령대가 상관관계가 높은 모습을 보였다.

이렇듯 북한 인식에서 세대 차이, 이념 성향, 지지 정당 차이가 뚜렷이 관찰되며, 북·중에 대한 위협 인식이 최근 일본에 대한 협력 인식으로 연결되는 모습이 나타났다고 할 수 있다. 즉, '협력 대상 인식'에 비해 최근에 상당히 큰 폭의 변화를 보인 주변국에 대한 '위협 인식'이 특히 북한과 일본에 대한 협력 인식과 정치적 입장 차이로 뚜렷이 나타나는 모습이라고 할 수 있다.

이런 분석은 최근 3년간의 한정된 자료에 기반한 분석인 만큼 다소 일반화하기 어렵지만, 정치적 이념과 지지 정당 그리고 세대에 따라 통일에 대한 의견, 주변국 위협 인식과 국제협력에 대한 인식에 차이가 있음을 분명히 보여주는 셈이다. 중장년층은 같은 민족이기 때문에 통일을 지지하며, 북한에 대해서는 위협도 있지만 협력 대상이라고 인식한다. 이와 달리 나이가 어릴수록 전쟁 위협을 없애기 위해 통일을 지지하는 편이며, 북한을 협력 대상으로 인식하지 않는 모습을 보인다.

이런 경향은 기존의 민족주의적 통일 의견이 대다수이다가, 최근 몇 년간 남북관계가 교착되고 군사적 갈등이 심화되는 상황으로 인해 군사 갈등을 우선 해소해야 한다는 의견, 특히 북한 비핵화가 우선되어야 한다는 의견이 점차 반영된 것으로 볼 수 있을 것이다.

말하자면 최근 통일에 대한 세대별 여론 변화는 통일 독일 이후 과정에서 나타난 여론 변화나 세대별 의견 차이의 양상이라기보다는, 독일에서 동방 정책이 추진되기 이전에 안보 갈등이 점차 심화되던 시기와 통일에 대한 회의적 여론이 높아졌던 역사적 조건과도 상당한 유사점이 있을 것으로 보인다.

추가로 독일 통일 과정 중 약 10년간 다양한 논란이 되었던 여러 쟁점에서 나타난 사회 내부 차이도 한국의 여론조사에서 이미 확인되고 있다. 「통일의식조사」 조사 항목에도 '통일의 이익', '통일의 경제적 부담', '북한 체제 변화 가능성', '국민/민족 정체성' 항목이 있고 이에 대한 세대 차이 또한 어느 정도 확인된다.

2023년을 기준으로 통일이 남한에 이익이 된다는 응답은 나이가 많을수록(단, 60대 이상은 40~50대에 비해 감소), 소득 수준이 높을수록, 진보적 이념 성향일수록 긍정적으로 응답했으며, 통일이 자신에게 이익이 된다는 응답은 나이가 많을수록, 학력이 높을수록, 진보적 이념 성향일수록 긍정적으로 응답했다.

하지만 역설적으로 통일이 되지 말아야 하는 이유 중에 '통일의 경제적 부담'을 선택한 사람들은 주로 30~50대였으며, 학력이 높을수록, 소득 수준이 높을수록, 진보적 이념 성향일수록 경제적 부담을 통일이 이뤄지지 않아야 하는 이유로 꼽는 모습을 보였다(통일평화연구원, 2023.12.22: 234~237, 248).

북한의 개혁 개방 변화에 대해서는 소득 수준이 높을수록, 진보적 이념 성향일수록 긍정적으로 답하는 것으로 조사되어 세대 차이는 확인되지 않았다.

결국 통일의식조사에 나타난 '세대 차이'는 '세대 차이' 그 자체가 아니라 '세대 차이'에 반영된 한국의 외교 환경, 정치 지형 변화 및 사회경제적 변화의 모습이라고 할 수 있다.

특히 여론조사를 통해 본 국내 정치의 의견 차이는 외교무대에서 국가들 사이의 입장 차이보다 더 크게 증폭되어 나타난다. 예컨대 최근 미국에서는 외교적 노선과 정치적 차이가 결합되어 이분법적 선택의 문제가 되고 있고, 중진국들에선 외교 노선의 전략적 모호성이나 균형을 유지하는 것은 어려워지고 국내 정치 갈등이 나타나고 있으며, 상대적 약소국일수록 외교적 선택지가 협소해지고 정치 갈등이 세대 차이화 되는 양상도 나타난다. 대외적인 군사 갈등과 국가간 경쟁의 문제가 외교적 대응 방식으로 해결하기 어려워지자 정치 갈등의 영역으로 들어오고, 정치가 문제를 충분히 해결하지 못하자 마침내 세대 차이의 문제로 간주되고 있는 것이다. 따라서 '세대 차이'로 명명된 이 현상은 외교, 정치, 사회·경제 분야로 나누어 본래의 이름을 되찾을 때 해결책을 찾을 수 있을 것이다.

5. 나가며

이 글은 1950년대부터 1990년의 통일을 거쳐 통일 이후 30년이 지난 최근까지 독일에서 통일과 관련된 여론이 어떻게 변화했고, 세대 간의 차이는 어떤지에 대해 살펴보았다. 독일 통일 사례의 특징과 흐름을 이해하고 한국과의 공통점과 차이점을 잘 이해하면, 독일 통일의 성공 사례와 미비점을 보완해 더 좋은 통일을 준비하는 데 도움이 될 것이다. 독일에서는 시기별로 통일에 대한 여론이 어떻게 변화했으며, 이것이 한국에 시사하는 바는 무엇인가?

최근의 많은 여론조사와 지표들이 보여주듯이 한국이 직면한 지정학적 조건은 우호적이지 못하다. 미국과 중국은 경쟁을 지속하며 점차 자국 중심적인 시각이 커지고, 서로 멀어지면서 상대국에 대한 비우호적인 관점이 형성되고 있다(Smeltz et al., 2023.10.4; Smeltz et al., 2022.10.20; YouGov, 2009.1~2024.3; Pew Research Center, 2024.2.29). 지정학 위기 지표를 통해 볼 때, 2022년의 러시아-우크라이나 전쟁, 2024년의 이스라엘-팔레스타인 전쟁으로 인해 미국, 러시아, 중국, 이스라엘의 위협 인식이 증가한 상태다. 러시아의 지정학적 긴장 수준은 1962년 쿠바 미사일 위기 이후 최고 수준이며, 미중 경쟁의 지속으로 중국의 지정학적 긴장은 1980년대 중반 이후 현재까지 꾸준히 상승 중이다[Iacoviello, "Geopolitical Risk(GPR) Index"].

특히 동북아시아의 국가 간 관계에서 2018~2020년에는 상호 갈등이 덜했지만, 2020년에 한일, 미중, 남북, 한중 갈등이 심해진 이후 미중은 다소 멀어졌고, 남북 갈등도 매우 높은 시기는 지나갔지만 여전히 상당한 갈등 수준이 유지 중이다(김규철, 2022; 60~61; 박성준, 2021: 16). 2023년 현재 북한의 도발 가능성은 64.8%, 북핵 위협 인식은 82.5%이며(통일평화연구원, 2023.12.22: 249·268) 국민의 75.2%가 안보 상황이 불안하다고 답변한 조사 결과도 있다(KBS공영미디어연구소조사팀, 2023.8.9; 한국리서치, 2023.5.10). 올해 러시아-우크라이나 전쟁이 지속되며 북·중·러 협력이 심화되고, 한·미·일 대응도 강화될 전망이 다수다(이기동·최용환, 2023: 12~13).

이렇게 안보 위협과 지정학 갈등이 심화되면 당장의 안보 문제가 중요해지고 경제와 민주주의 문제의 우선순위가 약화되는 현상이 나타난다. 미국에서 1939년부터 2015년까지 가장 중요한 문제의 우선순위 변화를 분석한 연구에 따르면 안보 위협이 커지는 시기, 경제 위기가 발생한 시기에는 각각 안보와 경제 문제가 가장 중요해진다. 안보 위협이 해소되고 경제 위기가 해결된 조건에서는 민주주의를 포함한 다른 의제들이 중요해지는 경향이 나타났다(Heffington et al., 2019: 312~335). 앞서 살펴본 것처럼 독일의 1950년대 여론 변화에서 나타난 현상이 미국의 여론 변화에서도 확인된 것이다.

이 글에서 살펴보았듯 한국에서도 최근 지정학 환경이 악화되는 경향이 나타났다. 2021~2023년 사이에 북한과 중국에 대한 위협 인식이 증가하면서 통일이 어렵다고 보고, 평화가 우선이라는 인식이 증가했다. 그리고 이런 경향이 세대, 정치적 차이로 반영되었다. 지정학적 위협 인식 증가는, 단지 남북관계에 국한되는 것이 아니라 주변국 전반의 인식과 관련되었다. 즉, 북한과 중국에 대한 위협 인식은 미국과 일본에 대한 협력 인식을 높였으며, 이념 성향과 정당 지지, 그리고 연령대에 따라 북한과 중국, 미국과 일본에 대한 협력 인식은 달라지는 모습을 보였다.

서독과 유럽에서 1950~1970년대에 악화된 안보 상황이 통일 여론의 감소와 평화-안보 여론의 상승에 영향을 주었듯, 최근 몇 년간의 국제정세 악화는 한국에서 안보 문제의 중요성이 높아지고 통일 여론이 악화되는 데 영향을 주었으며, 주변국 전반의 체제 간 경쟁-대립 구도가 심화된 상황도 여론에 반영되었다. 그리고 이런 변화는 세대 간의 인식 차이로 조금 더 분명하게 반영되고 있는 것이다.

결국 통일의식조사에 나타난 '세대 차이'는 '세대 차이에 반영된 한국의 외교, 정치 및 사회경제적 변화의 모습'이다. 전반적으로 한국의 상황은 남북관계나 주변국 관계가 지속적으로 개선되면서 사회경제적 발전도 지속되던 낙관적 시기와 내외부 조건이 달라지고 있다. 외교적으로는 미국과의 동맹에 대한 정책 선호도가 더 분명해지고, 남북관계나 북핵 문제, 주변국 관계가 악화되며 그런 상황이 세대 차이와 겹쳐지며 정치 갈등의 요인이 되는 상황이다.

그렇다면 한국의 '세대 차이'를 풀어가기 위해서는 외교, 정치, 사회경제적 도전 과제를 풀어가야 한다고 할 수 있다. 먼저 본격화된 미중 경쟁의 시대에 글로벌 평화보다 우선순위가 낮아진 한반도 평화 문제를 변화된 국제관계 상황에 맞게 조화롭게 연계하여 지정학적 갈등을 지속적으로 개선해 가야 한다. 어려워진 외교 환경에서 기민하고 균형 있는 외교적 역량이 필요한 과제다.

그런데 이러한 외교적 성과가 단기적 대응 수준에 머물지 않으려면, 과거 민주화, 탈냉전을 동시에 경험한 세대가 지속적인 열정과 경험을 갖게 되었듯이, 이런 성과를 또 한번의 세대적 성취의 경험 자산으로 남겨야 할 것이다. 이를 위해서는 MZ세대가 개인의 사회, 경제적 삶에서도 더 나은 성취를 이룰 수 있는 경험의 기회가 닫히지 않고 열려 있는 사회를 만들어 가야 한다. 이 역시 경제 성장률 저하와 불평등, 고령화와 지속가능 발전 등의 과제를 마주하고 있는 현재 상황에서 정치, 경제, 사회적 역량을 발휘해야 하는 어려운 과제다.

앞으로 이런 상황을 변화시키기 위해서는 한편으로 체제 간 경쟁 구도를 완화하기 위한 대외 정책을 추진하고, 다른 한편으로는 내부의 세대 차이가 정치적·경제적 차이로 굳어지지 않도록 민주주의를 강화할 필요가 있다.

왜냐하면 독일의 경험을 통해 알 수 있듯이 통일은 매우 장기적인 국가 간 관계의 변화 과정을 다루는 외교 과정이며, 동시에 한 사회 내부에 존재하는 세대, 지역, 정치적 차이나 이주민을 통합하기 위한 지속적인 민주적 소통과 합의의 이행 과정이기 때문이다.

독일에서 통일과정은 민주적 정치의 결과 상황에 따라 서방정책과 동방정책이 서로 교체되며 외교 정책과 국내 정책 방향이 전환되었던 긴 과정이었다. 새로운 정책 방향의 선택은 이전 정책의 결과를 보완하는 민주적 과정에 따라 이루어졌다. 즉, 전임 정부가 서방 정책을 취해 자국과 서유럽의 역량을 우선시하여 성과를 내었지만, 그 과정에서 주변국과 격차와 갈등이 단절로 이어지자 좀 더 유연하게 관리하는 동방 정책을 채택했다. 한국의 통일 정책도 국내외적 상황을 반영한 민주적 선택에 따라 성과를 내고 이를 보완하는 과정이 되어야 할 것이다.

다만 독일 역사와의 비교를 통해 보면 지정학적 상황과 국내 여건, 두 가지 분야에 큰 차이가 있으므로 이를 고려할 필요가 있다. 첫째, 독일은 냉전 시기 베를린이 분단되었던 상황으로부터 탈냉전과 통일 이후 지정학적 긴장이 점차 멀어지고 주변국들과는 평화로운 관계가 형성되었지만, 한국은 최근의 중국 부상 이후 미중 경쟁과 체제 대립이 현재 진행형이며 북한 핵개발과 미사일 발사 증가로 인해 주변국과의 관계에도 긴장이 형성되었기 때문에, 이를 해소하기 위한 노력이 장기적으로 필요할 것이다. 전후 유럽 상황과 독일 문제를 풀기 위해 유럽자문위원회(European Advisory Commission)와 연합국관리이사회(Allied Control Council) 및 외무장관협의회(Council of Foreign Ministers, CFM)를 설치하고 이를 통해 구상을 협의하고 협상해 갔던 것이 참고가 될 수 있을 것이다(스마이저, 2019: 39~64).

둘째, 독일 통일 과정에서 러시아 대비 독일과 프랑스의 국력이 더 커졌지만 아시아에서는 한국과 일본의 국력이 중국 대비 작은 상황이며 북한의 경제 규모가 한국과 상당히 격차가 있는 점을 고려할 때, 경제적 부담에 대한 압력이 상대적으로 크다. 이로 인해 한미일 협력의 필요성이 갈수록 커지고 통일의 경제적 부담에 대해 더 신중한 여론이 형성될 수 있다. 미국과 중국, 한국과 일본 및 북한과의 경제적 상호의존의 균형과 비중을 고려한 체계적이고 장기적인 경제적 접근이 필요할 것이다. 독일이 루르 지방에 대한 자원 및 경제의 공동관리에서 시작해 서유럽의 경제통합(EEC) 같은 시장통합을 거쳐 가족 친지 방문 등의 인도적인 교류협력과 정치범 교환, 동유럽에 대한 자금 지원에서 사회경제 협약을 통한 화폐통합 및 신탁청의 수립에 이르는 오랜 사회경제적 통합과정을 이룬 것도 잘 알려져 있다. 남북한은 유럽과 다소 다른 조건이지만, 독일 사례는 통일로 나아갈 수 있었던 지역 전반의 시장 및 경제 통합의 방향성과 과정 및 단계를 보여주는 하나의 역사적 참고 자료가 될 수 있을 것이다.

참고문헌

김규철. 2022. 「한국 국민의 통일의식은 남북관계에 영향을 받는가?」. ≪통일과 평화≫, 14(2).

김범수. 2023.12.21. "통일에 대한 인식". 「2023 통일의식조사」. 통일학연구 60.

김병로. 2022.12.26. "북한에 대한 인식". 「2022 통일의식조사」. 통일학연구 58.

김성희. 2023.12.21. "청년세대가 보는 통일: 변화와 미래". 「2023 통일의식조사」. 통일학연구 60.

김학재. 2021. 「독일의 통일 교육 사례」. 『학교 현장에서의 통일 교육』. 원광대학교 시민교육사업단 엮음. 파주: 양서원.

_____. 2023.12.21. "주변국 관계 인식". 「2023 통일의식조사」. 통일학연구 60.

더피, 바비(Bobby Duffy). 2022. 『세대 감각: 시대의 변화를 직시하는 법(Generations)』. 이영래 옮김. 서울: 어크로스.

박성준. 2021. 「빅데이터(GDELT)를 통해 살펴본 국가 간 갈등의 변화」. ≪국제전략 Foresight≫, 6.

손선홍. 2005. 『분단과 통일의 독일 현대사』. 서울: 소나무.

신진욱. 2022. 『그런 세대는 없다: 불평등 시대의 세대와 정치 이야기』. 원주: 개마고원.

윌리엄 스마이저(William R. Smyser). 2019. 『얄타에서 베를린까지: 독일은 어떻게 분단되고 통일되었는가』. 김남섭 옮김. 파주: 동녘.

이기동·최용환. 2023. 「한미일 대 중러북의 연대 수준 비교 및 시사점」. ≪INSS 전략보고≫, 242.

이철승, 『불평등의 세대: 누가 한국 사회를 불평등하게 만들었는가?』, 서울: 문학과 지성사, 2019.

전상진. 2010. 「세대경쟁과 정치적 세대: 독일 세대논쟁의 88만 원 세대론에 대한 시사점을 중심으로」. ≪한독사회과학논총≫, 20(1).

KBS공영미디어연구소조사팀. 2023.8.9. 「2023년 국민 통일의식조사」. KBS공영미디어연구소 요약 보고서.

통일평화연구원. 2022.3.29. 「2021 통일의식조사」. 통일학연구 55.

_____. 2022.12.26. 「2022 통일의식조사」. 통일학연구 58.

_____. 2023.12.21. 「2023 통일의식조사」. 통일학연구 60.

트웬지, 진(Jean Twenge). 2023. 『제너레이션: 세대란 무엇인가?』. 이정민 옮김. 서울: 매일경제신문사.

한국리서치. 2023.5.10. "대북인식조사 현안 및 대북정책 방향성 평가". 한국리서치 주간 리포트 제 229-2호.

ALLBUS. 2021.7.10. "GGSS 1980~2018". Cumulated German General Social Survey 1980~2018.

Becker, Sascha O., Lukas Mergele and Ludger Woessmann. 2020. "The Separation and Reunification of Germany: Rethinking a Natural Experiment Interpretation of the Enduring Effects of Communism." *Journal of Economic Perspectives*, Vol.34, No.2.

Heffington, Colton, Brandon Beomseob Park and Laron K Williams. 2019. "The 'Most Important Problem' Dataset(MIPD)". *Conflict Management and Peace Science*, 36(3).

Iacoviello, Matteo. "Geopolitical Risk(GPR) Index". https://www.matteoiacoviello.com/gpr_country.htm(검색일: 2024년 5월 25일).

Institut für Demoskopie Allensbach. 1967. *Wiedervereinigung und Verhältnisse in der Ostzone*. Allensbach: IfD Allensbach.

Kaase, Max and Petra Bauer-Kaase. 2018. "German Unification 1990~1997: The Long, Long Road." in Guy Lachapelle and John Trent(ed.). *Globalization, Governance and Identity*. Montréal: Presses de l'Université de Montréal.

Kuechler, Manfred. 1992. "The road to German unity: Mass sentiment in east and west Germany." *The Public Opinion Quarterly*, 56(1).

Liu, Adam Y., Li Xiaojun and Fang Songying. 2023. "Unpacking 'the West': Divergence and Asymmetry in Chinese Public Attitudes Towards Europe and the United States." *Journal of Current Chinese Affairs*, 52(1).

McCarthy, Niall. 2017.10.2. "German Unity?: share of respondents who find that the east and west have grown to become one nation" Statista GERMANY topics.

Pew Research Center. 2009.11.3. "Two decades after the wall's fall: End of communism cheered but now with more reservations". The Pew Global Attitude Project.

_____. 2019.10.15. "European Public Opinion Three Decades After the Fall of Communism." Global report.

_____. 2024.2.29. "Americans' Top Policy Priority for 2024: Strengthening the economy." Politics report.

Smeltz, Dina, Ivo Daalder, Karl Friedhoff, Craig Kafura and Emily Sullivan. 2022.10.20. "Pivot to Europe: US Public Opinion in a Time of War." Chicago Council on Global Affairs.

Smeltz, Dina, Karl Friedhoff, Craig Kafura, Lama El Baz and Libby Berry. 2023.10.4. "A Cost of Conflict: Americans Turn Inward." Chicago Council on Global Affairs.

Winkler, Gunnar. 2017. *Friedliche Revolution und Deutsche Vereinigung 1989 bis 2016*. Berlin: Trafo.

YouGov. 2009.1~2024.3. "most important issues facing the US". https://today.yougov.com/topics/politics/trackers/most-important-issues-facing-the-us(검색일: 2024년 4월 5일).

제10장

일본 MZ세대와 한반도 통일
변화하는 일본과 불안정한 시대의 통일 전략

오승희(서울대학교 일본연구소 연구교수)

1. 들어가며 | 일본의 MZ세대

일본에서는 전후 태어난 세대가 이제 인구의 8할을 넘고 있습니다. 그 전쟁에는 아무런 관계가 없는 우리의 자녀나 손자, 그리고 그 뒤 세대의 아이들에게 사과를 계속할 숙명을 지게 해서는 안 됩니다.

2015년 8월 14일, 전후 70년 기념 담화에서 아베 신조(安倍晋三) 총리는 일본 전후 세대에 대해 이와 같이 언급했다. 전쟁을 경험하지 않은, 전후 태어난 세 대에게 일본의 국제관계는 이전의 세대와 다르게 작용할 수 있으며, 달라져야 한다는 의지를 표명하고 있다.

일본은 물론 한국에서도 일본의 식민통치와 전쟁을 경험하지 않은 세대들이 많아졌다. 여기에 냉전을 경험하지 않은 세대, 그리고 고도 경제성장을 이루었던 화려한 일본을 역사와 드라마로 배운, 저성장기 일본에 익숙한 세대가 등장했다. 일본의 세대 구분은 크게 쇼와(昭和) 시기의 '전쟁'과 1980~1990년의 '버블 경

---

* 이 글은 ≪차세대 인문사회연구≫ 제21집에 실린 「패전국에서 자랑스러운 일본으로: 일본의 정체성 전환과 청년층의 한반도 인식 변화」(오승희, 2024)의 내용 중 일부를 발췌·수정한 것임을 밝힌다.

세대 구분 표현	주요 특징
유토리세대 (ゆとり世代)	• 1987~2004년생 • 풍부한 인간성 함양을 목적으로 시작된 '유토리 교육'을 받은 세대 • 지금까지의 세대와는 크게 가치관이 다르고, 일보다 사생활을 우선하는 경향
신인류 주니어	• 1980년대 후반 출생 • 스마트폰이나 패션 등 다양한 것이 넘쳐나는 세상에서 생활하고 있는 세대
사토리세대 (さとり世代)	• 1987~2004년생 • 물욕에 집착하는 번뇌에서 해탈해, 마치 깨달음을 얻는 것처럼 보였던 데서 나온 말 • 물욕 등이 극단적으로 낮은 등 지금까지의 세대가 원하는 것을 갖고 싶어 하지 않는다는 특징
밀레니얼세대 (ミレニアル世代)	• 1981~1995년생 • 일본의 경기가 좋았던 시대를 모르며 현실 불만이 적음 • 단카이 세대인 부모 세대의 가치관을 공유 • 10대 후반에서 스마트폰 사용 많음. 이른바 유토리 교육을 받아서 유토리 세대와 중첩 • 길게는 프레셔 세대·사토리 세대·유토리 세대를 총칭
Z세대 (Z世代)	• 1996년생~ • 버블 세대인 부모세대의 가치관 공유 • 아동기부터 디지털 사회에 적응, 공유 등 새로운 경제 형태에 저항 낮음 • 자신들은 유토리 세대가 아니라는 점에 프라이드를 가짐 • 디지털 네이티브 • 반브랜드주의 • 사회 문제에 대한 의식이 높음 • 평등성이나 합리성을 요구
알파세대 (α世代)	• 2013년생~ • 2030년에 청년기

자료: 오승희(2022).

제'를 경험한 세대와 경험하지 않은 세대로 나뉜다. 특히 유년기와 청년기에 어떠한 경험을 했는가에 따라 그 시대를 사는 사람들의 공통적인 패턴을 확인할 수 있다. 일본의 MZ세대는 2000년 이후 버블 붕괴나 리먼 쇼크, 동일본 대지진, 코로나 팬데믹과 같은 사회 변화를 경험한 세대로 대략 1981년부터 1995년 사이에 출생한 밀레니얼 세대와 1996년부터 2012년 사이에 태어난 Z세대가 일본 청년층을 구성한다.

일본의 대표적인 세대 구분으로는 전후 베이비붐 세대인 단카이(団塊) 세대 (1947~1949년생), 고도성장과 소비사회를 경험한 버블(バブル) 세대(1964~1970년 생), 경제성장을 경험하지 못한 잃어버린 10년, 20년을 살아온 유토리 세대(ゆとり世代), 사토리 세대(さとり世代) 등 다양한 표현이 사용되어 왔다.[1] 코로나 시대 와 포스트 코로나 시대를 살아가고 있는 2030세대인 MZ세대는 새로운 소비를 창출하고 사회 트렌드를 만들어가는 세대로 주목받는다.

일본 MZ세대는 일본의 '저성장기'에 자라난 세대다. 밀레니얼이나 Z세대라 는 표현이 등장하기 전까지는 '유토리 세대', '사토리 세대'로 불렸다. 장기간 침 체된 일본 사회에 적응해 가면서 욕심이 없고, 소비를 하지 않으며, 무책임하 고, 현실 문제로부터 초월한, 다소 소극적인 이미지로 언급되었다. 그러나 디지 털 기기에 익숙한 MZ세대는 자신의 경험을 중심으로 세계를 인식하고 자신이 좋아하는 것을 적극적으로 소비한다는 점에서 유토리 세대, 사토리 세대가 가 진 또다른 측면을 드러낸다.[2] '나다움(自分らしさ)'을 중요하게 여기며 경험을 바 탕으로 상황에 적합한 다양한 정체성을 만들어가는 동시에, 주변과 소통하고 공유하며 자신과 사회를 연결한다(오승희, 2022). 소셜 네트워크 서비스를 적극 적으로 활용하면서 다른 사람을 연결하고 평가하는 데 민감하다.

온·오프라인 하이브리드 공간을 연결하면서 자신을 표현해 내는 젊은 세대 는 상호 경험이 늘어난 한국과 일본의 거리를 가깝게 느끼고, 온라인으로도 오 프라인으로도 연결되지 않는 북한에 대해서는 거리감이 형성되었다. 경험과 공감을 바탕으로 한국과 일본은 연결이 강화되고 있으며 한국 문화의 전 세계 적인 영향력이 강화되면서 한국을 선망의 대상으로 인식하는 경향도 나타난다. 외교적으로도 국교를 맺지 않은 상태이고 미사일 발사로 인한 대피 훈련도 진

---

1   이와 관련하여 보다 자세한 설명은 오승희(2022) 참조.

2   해외여행에 친숙하고 체험소비, 참가형소비, 가치소비, 탄력소비, 응원소비, 실패하지 않는 소비, 친근감소비 등의 표현으로 나타나듯 소비를 통해 자신을 표출한다는 점에서 적극적 인 성격이 나타난다(오승희, 2022).

행됨에 따라 위협 인식이 강화되는 북한과는 대조적이다.

　이 글은 일본 MZ세대의 한국, 북한, 한반도 통일에 대한 인식의 변화 양상을 주요 여론조사를 통해 확인한다. 2절에서는 일본 MZ세대의 한국과 북한에 대한 인식을 살펴본다. 3절에서는 통일 이후 한반도에 대한 일본인의 인식과 일본의 미래 구상이 어떻게 교차하는지 확인한다. 4절에서는 일본 MZ의 한반도 인식을 종합하고, 점차 연결되고 가까워지는 한일, 단절되고 멀어지는 북한과 통일로 나타나고 있음을 확인한다.

2. 일본 MZ세대의 한국과 북한 인식

　전후, 일본은 분단되지 않았다. 대한민국과 조선민주주의인민공화국,[3] 중화인민공화국과 중화민국으로 분단된 한반도 및 중국과 다르다. 일본으로부터의 독립 이후 냉전이 심화되면서 분단된 한국과는 다른 구조적 위치에 존재한다.[4] 통일은 일본 자신의 문제는 아니다. 주변국의 문제다. 그러나 주변국의 통일은 일본에게 매우 중요하다. 주변국인 한반도의 통일과 중국과 대만의 통일은 현존하는 국제질서의 현상 변경을 의미하기 때문이다. 국제 환경의 변화가 일본에 미치는 영향이 상당하기 때문에 일본은 한반도 통일과 양안관계에 매우 민감하다.

　또 한 가지 주목해야 할 점은 일본에는 한국 국적과 북한 국적, 그리고 재일조선인이 공존한다는 사실이다. 한국에서는 만날 수 없는 북한 사람, 전쟁 전후로 일본에 건너왔던 조선인 등 한반도를 뿌리로 하여 형성된 다양한 아이덴티티를 가진 사람들을 일본이라는 공간에서 마주할 수 있다. 중국인과 대만인도

3　일본에서는 대한민국과 조선민주주의인민공화국에 대해 각각 '한국'과 '북조선'이라는 명칭을 사용한다.

4　이와 관련하여 상세한 논의는 오승희(2023) 참조.

마찬가지다. 일본에서는 한국인, 북조선인, 자이니치(재일조선인), 중국인, 대만인이 일본인과 함께 생활한다.

북한과의 관계에서 일본이 항상 언급해 오는 문제로 '일본인 납치 문제'가 있다. 6자회담을 비롯해 국제사회에서 기회가 있을 때마다 일본인 납치 문제를 제기해 왔다. 납치 피해자 문제의 해결을 강조하고 국제적 인권 문제로 미국, 한국 등 관련 국가에 끊임없이 문제를 언급하며 관심을 이끌어내 왔다.

이와 같이 구조적으로도 내용적으로도 일본의 한반도 인식은 주변국과 다른 특수한 위치에 자리한다. 먼저 일본인의 한국에 대한 인식을 살펴본다. 일본 내각부는 2002년부터 「외교에 관한 여론조사(外交に関する世論調査)」를 실시해 오고 있다(內閣府, 2008~2023). 이 중 한국에 대한 조사 내용에 따르면, 기성세대보다 20~30대에서 한국에 대한 호감도가 높게 나타난다.

왜 일본의 젊은 세대는 한국에 대해 기성세대보다 호감을 갖는가? 이에 대해서는 다양한 설명이 가능하겠으나, 무엇보다도 한국인과 교류가 많아지고, 케이팝과 드라마 등 문화 영역에서 국제적 영향력이 높아진 한국에 대한 인식이 변화했다는 점을 고려해 볼 수 있다. 일본 젊은 세대가 바라보는 한국은 어렸을 때부터 선진국이었고, 좋아하는 아이돌의 나라이며, 화장이나 뷰티 영역에서는 따라해 보고 싶고, 음식이나 패션 등 관련 상품을 소비하고 싶은 대상이다. 이 때문에 코리아타운으로 알려져 있는 신오쿠보(新大久保)를 찾는 일본 젊은이들이 많아지고 있고, 시부야(渋谷)에는 한국 관련 상품으로 구성된 편집샵들이 등장했다(≪マネー現代≫, 2023.5.11).

기성세대는 일본의 고도성장기를 경험했고 상대적으로 저개발 상태와 민주화되지 않은 한국을 바라봐 왔다면, 젊은 세대에게는 한국도 일본과 마찬가지로 자유민주주의이며 선진국이다. 기성세대에는 한국과 중국 등 아시아를 내려다보는 탈아시아적 사고방식이 존재했지만 Z세대는 이러한 인식에서 벗어나 있다(≪東洋経済≫, 2022.11.22). 2000년대 이후 일본은 저성장기를 겪었지만 한국과 중국의 위상은 크게 변화했고, 이러한 위상의 변화를 수용하는 세대 간

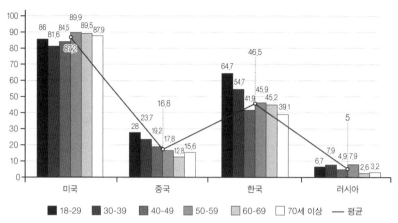

〈그림 10-1〉 일본인의 주변국에 대한 호감도: 세대별(단위: %)

자료: 内閣府(2022.10).

인식의 차이를 고려해 볼 수 있다.

다음으로 북한에 대한 인식을 살펴본다. 일본에서는 북한과 관련해 네 가지 의제가 주로 언급되어 왔다. 바로 일본인 납치 문제, 핵 문제, 미사일 문제, 북일 국교정상화다.

일본은 북일 평양 선언에 따라 납치, 핵, 미사일이라고 하는 여러 현안을 포괄적으로 해결하고, 불행한 과거를 청산해 북-일 국교 정상화를 실현하는 것을 기본 방침으로 한다. 납치 문제는 일본의 주권에 관계된 중대한 문제인 동시에, 기본적 인권 침해라고 하는 국제사회의 보편적인 문제다. 하루 빨리 모든 납치 피해자의 귀국으로 이어질 수 있는 성과를 조기에 얻을 수 있도록 모든 외교상의 기회를 포착해 납치 문제를 엄중히 제기하고, 여러 나라로부터의 이해와 지지를 얻으면서, 북한에 의한 구체적인 대응을 계속 강하게 요구하겠다는 입장이다(外務省, 2015.10.5).

일본 내각부의 「외교에 관한 여론조사」를 살펴보면 미국, 한국, 중국 등 다른 나라에 대한 인식으로 선호도나 호감도를 묻고 있는데, 북한에 대해서는 '관심 사항'으로 질문한다. 공식적인 국교를 맺지 않은 상황에서 호감도 또는 비호감도가 아니라 '관심 사항'과 '문제'라는 이슈로 접근하는 방식을 통해 북한에 대한 인식조사가 이루어지는 것이다. 해당 항목으로는 일본인 납치 문제, 핵 문제, 미사일 문제, 북일국교정상화 네 가지가 주요 관심 사항이며, 그밖에 정치 체제, 탈북자 문제, 남북 문제, 무역 등 경제교류, 문화 및 스포츠 교류 등에 대한 관심도가 항목으로 제시된다(〈그림 10-2〉).

2023년 발표된 2022년 10월 조사 결과 기준, 북한에 대한 관심 사항 중 '미사일 문제'를 선택한 사람의 비율이 83.8%로 가장 높았고, 다음으로 '일본인 납치 문제'(77.7%), '핵 문제'(71.1%), '정치 체제'(46%) 등의 순으로 나타났다[복수 응답, 상위 4개 항목(內閣府, 2022.10)]. 2022년 조사 결과부터 미사일 문제에 대한 응답이 그전까지 가장 높았던 일본인 납치 문제를 상회했고, 이른바 4대 이슈 중 하나로 언급된 바 있던 북일 관계 정상화 논의는 관심사에서 점차 멀어졌다(오승희, 2023).

연령대별로 보면 '미사일 문제'를 선택한 사람의 비율은 20대와 30대가 특히 높게 나타났다. '일본인 납치 문제'를 선택한 사람의 비율은 50대 이상에서 높아 세대 간 차이가 가장 극명하게 드러나는 이슈로 나타난다. '핵 문제'를 선택한 사람의 비율은 30대와 40대에서 높게 나타났다. 남북 문제에 대한 관심사가 20대에서 높게 나타났으며, 북일국교정상화 교섭은 70세 이상에서 평균보다 높게 나타난다(〈그림 10-2〉 참조).

최근 북한의 미사일 발사가 잦아지며 20대와 30대에서 북한의 이미지를 미사일 발사로 인식하는 비율이 가장 높게 나타났다. 일본 정부는 미사일 발사를 가정한 주민 대피 훈련을 실시 중이다. 미사일이 떨어진 적이 있는 홋카이도와 아오모리현을 비롯해 인구가 많은 오사카부, 사이타마현, 지바현 등을 중심으로 전국 21개 도도부현에서 실시 횟수를 증가해 가고 있다(NHK, 2023.4.22).

미사일 문제와 핵 문제는 30대에서 응답이 높게 나타났고, 20대의 경우 탈북자 문제, 남북 문제에서 평균보다 높은 관심도가 나타났다. 일본인 납치 문제는 나이가 많을수록 더 높은 관심 비중을 나타낸다.

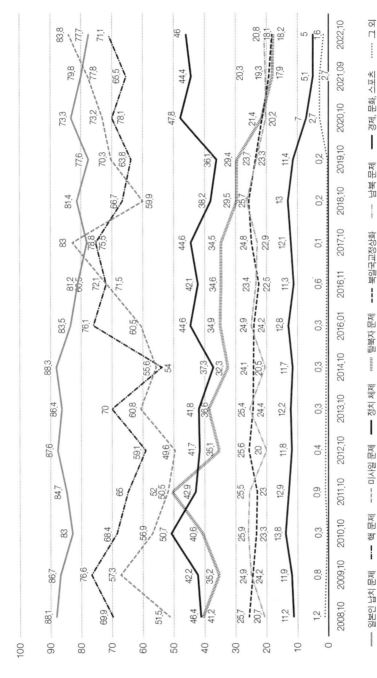

〈그림 10-2〉 일본의 북한에 대한 시기별 관심 사항

일본인 납치 문제 ── 핵 문제 ─·─·─ 미사일 문제 ──── 정치 체제 ── 탈북자 문제 ·········· 북일국교정상화 ──── 남북 문제 ── 정치, 문화, 스포츠 ········ 그 외

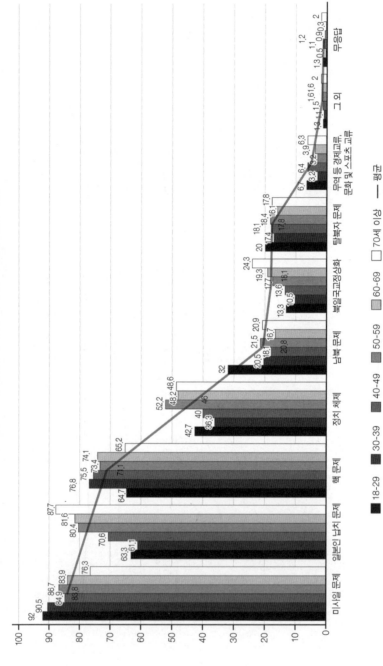

〈그림 10-3〉 일본의 북한에 대한 세대별 관심 사항

凡例: 18-29 ■ 30-39 ■ 40-49 ■ 50-59 ■ 60-69 ■ 70세 이상 □ 평균 ——

자료: 内閣府(2008~2023) 참고해 필자 작성.

일본 정부가 지속적으로 강조해 오고 있지만 MZ세대가 직접적으로 경험하지 못한 문제가 바로 일본인 납치 문제다. 북한의 한국에 대한 대남 침투 작전, 대남 공작 활동 과정에서 많은 일본인이 북한의 공작기관에 의해 납치되었다. 일본인 납치 문제는 일본에서 특히 인권의 문제로 일본이 피해자임을 강조하는 핵심 의제다. 2002년부터 ① 일본인 납치에 대한 분노, ② 납치 문제 해결이 국교 정상화의 전제, ③ 북한은 테러국가, ④ 북한의 핵무기는 위협이라는 프레임을 강조해 왔다. 특히 일본인 납치 문제가 식민지 지배 청산 문제에서 '일본 = 가해자, 북한 = 피해자'라는 관계성을 '일본 = 피해자, 북한 = 가해자'로 역전시키는 의제라는 점은 주목할 필요가 있다(모리, 2022).

일본 정부가 인정한 납치 사안은 12건, 납북자는 17명이다. 북한 김정일 국방위원장은 고이즈미 준이치로(小泉純一郎) 총리에게 13명(남성 6명, 여성 7명)에 대해서만 언급했다. 5명은 일본으로 귀국했고, 8명 사망, 4명은 입국하지 않았다고 통보했다. 일본 정부는 전원 생존해 있다는 전제하에 대처하겠다고 밝혔고, 협상은 교착 상태에 빠졌다(河信基, 2022.1.25).

일본 MZ세대가 자주 경험해 온 북한 관련 의제는 안보 문제다. 북한으로부터의 안보 위협이 계속되었다. 북한의 핵무기 개발과 미사일 발사는 일본 안보의 직접적인 위협이며 동시에 일본 안보 강화의 명분이 된다. 한반도 전쟁 발발 시 일본은 미군과 유엔군의 보급기지가 될 것이라는 판단에서다. 그리고 북일 국교정상화와 북한과의 전후처리 문제는 전후에서 탈전후로 나아가는 일본에게 부담으로 남아 있다.

향후 안보 위협으로서의 북한에 대한 인식은 더욱 높아질 것이다. 일본인 납치 문제에 대한 관심도에서 세대별 차이가 나타나 젊은 세대에게 납치자 문제를 알리기 위한 방안을 모색하는 조사가 이루어졌고, 학교 교육과 인터넷을 통한 홍보와 인식 제고의 중요성이 강조되고 있다. 북한과의 직접 교류와 접촉이 어려운 상황에서는 일본인의 북한에 대한 인식 형성 과정에 정부 정책과 미디어가 미치는 영향력이 커지게 된다.

북한으로부터의 안보 위협이 강화되면서 일본 정부는 방위력을 강화해 가고 있다. 일본은 2027년까지 국방예산을 현재 GDP의 2% 수준으로 늘리기 위한 조치를 취할 계획이다(内閣官房, 2022.12). 일본 영해 내에 북한의 미사일이 떨어진다는 위협 인식이 강화되는 상황에서 일본인들에게 전달되는 북한은 위협으로서의 북한, 대피 훈련의 이유로서의 북한으로 더욱 회피되고 단절되었다.

일본 정부는 이에 대해 "북한의 군사 활동은 그 어느 때보다 일본의 국가 안보에 중대하고 임박한 위협을 가하고 있다. 북한의 거듭된 탄도미사일 발사는 일본은 물론 국제사회에 심각한 도전을 초래하고 있으며, 이는 절대 용납할 수 없는 일이다"라는 입장을 공식적으로 밝혔다(内閣官房, 2022.12). 그리고 이에 대응하여 일본은 G7을 포함한 다양한 다자적 이니셔티브를 통해 강력히 항의했다. 일본은 북한의 모든 대량살상무기와 모든 범위 탄도미사일의 완전하고 검증 가능하며 불가역적인 폐기를 요구하는 유엔 안전보장이사회 결의의 집행을 위해 국제사회가 협력하는 것이 절실하다고 호소한다. 일본은 외국 지도자들과 장관들과의 회담에서 이러한 점들을 거듭 강조하며 북한발 안보 위협을 해결하기 위한 공동 노력의 중요성을 강조한다(MOFA, 2023.2.18).

일본은 북한이 제기하는 안보 위협에 대처하기 위한 다자간 이니셔티브를 지속적으로 우선시하면서 동시에 자국의 안보를 강화하고 있다(오승희, 2023.3.29). 제2차 세계대전 이후 일본은 평화헌법 9조에 따라 전수 방위에 기초한 제한적 방위 원칙을 고수했다. 그러나 북한의 안보 위협, 미중 경쟁, 러시아-우크라이나 전쟁과 같은 안보 위협은 일본의 방위력 강화를 위한 근거를 강화했다.

일본은 현재 전후 레짐으로부터 벗어나 새로운 글로벌 강대국 정체성을 형성하고자 한다. 일본은 북한의 지속적인 미사일 발사에 대해 국제사회 및 G7을 통해 적극적으로 대응한다. G7은 일본, 한국과의 완전한 연대를 표명했고, 북한이 불안정한 활동을 중단할 것을 촉구했으며, 북한이 비핵화를 위한 의미 있는 대화에 참여하고, 미국, 일본, 한국이 거듭 제안한 대화를 수용할 것을 촉구했다(MOFA, 2023). 일본은 2023년 G7 의장국으로서 히로시마에서 비핵화를 향한 세계적 협력을 촉진하고 북한의 안보 문제 해결을 촉구했다.

일본은 G7을 통한 다자협력은 물론 한미일 3자 간 협력을 통해 북한의 지속적인 안보 위협을 규탄하고, 이러한 위협에 대한 다자적 접근의 중요성을 강조하며, 국제사회에서 일본의 리더십을 발휘하고자 한다. 일본은 2023~2024년 유엔 안전보장이사회 비상임이사국으로서 북한의 국제규범 위반 사항을 강력히 규탄하며 일본의 글로벌 리더십을 제고하고 있다. 북한 문제에 대한 국제사회의 담론 형성을 주도하고자 하는 일본 정부의 북한 인식과 대응 양상을 파악하고 내각부에서 발표하는 「북한에 대한 관심사항(北朝鮮への関心事項)」에 대한 세대별 지지 및 인식의 차이를 지속적으로 살펴볼 필요가 있다.

3. 통일 이후 한반도와 일본의 미래

버블 붕괴 이후 저성장기, 이른바 '잃어버린' 시대에 적응하며 살아온 일본의 MZ세대는 과거의 전쟁보다는 직접 경험했던 동일본 대지진, 코로나 팬데믹이나 현재 진행 중인 전쟁들로 개인의 생명과 안전이 중시되는 시대를 살아오고 있다. 풍요롭고 평화로운 장미빛 미래를 꿈꾸는 희망은 비현실적이고 합리적이지 못한 것으로 여겨진다. 불확실성이 높은 환경하에서 유사시에 대비하는 능력을 갖추는 것이 우선시된다. 유토리 세대, 사토리 세대이기도 한 일본의 MZ세대에게 불확실성이 높은 미래에 대한 투자보다 현실의 조건에서 생존할 수 있는 적응 방안들을 마련해 나가는 것이 합리적이다.

최근 일본 MZ세대를 비롯한 일본 사회가 접해 온 북한은 김정은 체제하에서 핵보유국으로서의 정체성을 강화해 나가고 있고, 일본 영토를 향해 미사일을 발사하는 '위협'으로서의 존재다. 게다가 러시아와 우크라이나의 전쟁, 이스라엘과 팔레스타인의 전쟁이 발발하며 예측 불가능성과 안보 위협이 높아졌다. 현시점에서는 북한을 비롯한 국제적 위협에 대해 한미일 협력의 필요성이 강조된다(外務省, 2022.12.13). 이러한 상황에서 일본 또한 통일 이후의 한반도를 상상하고 그에 따른 대응 방안 논의를 진전시키기는 쉽지 않다.

그렇다면 일본은 통일 한반도를 어떻게 상상할 수 있을까? 한반도 통일에 대한 기대가 높았던 당시에 전개된 논의를 돌이켜 보면, 한국은 한반도 통일 문제에서 일본을 완전히 배제하기는 어렵다는 점을 기억할 필요가 있다. 2022년 서울대학교 통일평화연구원에서 발표한 「통일의식조사」를 살펴보면, '한반도 전쟁 시 일본이 자국의 이익을 우선 고려하며 행동할 것'이라는 응답과 함께 '한반도 통일 과정에 일본의 협조가 필요하다'는 인식이 높아졌다(통일평화연구원, 2008.2.18~2022.12.26). 미국과 중국만이 아니라 일본의 대응 양상까지 고려한 한반도 통일에 대한 복합적인 전략의 필요성을 지난 경험으로부터 얻을 수 있다.

통일연구원에서 2013년 발간한 한반도 통일에 대한 일본 전문가의 인식 분석 자료에 따르면, 일본의 통일한국에 대한 인식은 통일한국의 미래상과 일본 간의 관계 예측이 어떻게 이루어지느냐에 달려 있다(배정호 외, 2013.12: 255~256). 통일한국의 미래상으로 일본에게 가장 바람직한 상황은 안정적이고 평화로운 비핵화된 통일한국이다. 일본으로서는 방위 부담을 낮추고 경제적 기회가 증가하며, 통일 한반도의 등장으로 일본이 한반도의 지정학적 이점을 활용해 주변국들과 활발한 네트워크를 구축하는 일본의 미래를 기대할 수 있다.

또한 과거사 문제를 '완전히' 해결하고 화해, 공감, 공존할 수 있는 한반도를 기대한다. 통일 과정에서 관계국들 간 불가침조약, 평화조약과 같은 법적·제도적인 정비가 가능한 만큼 동아시아 지역 질서를 재구축하는 과정 중 일본 또한 자신의 역할을 강화하는 방향으로 논의를 이끌어갈 수 있다. 이 점이 탈전후의 국제질서를 적극적으로 형성해 가고자 하는 일본이 긍정적으로 기대할 수 있는 부분이다.

통일 이후 북한 지역의 지하자원 및 경제 개발 기회와 새로운 시장의 확대도 기대해 볼 수 있다. 과거 북한과 자주 연결되었던 바 있는 니가타(新潟), 도야마

(富山), 시마네(島根) 등을 통해 해상운송을 통한 무역 확대와 지방 활성화도 고려된 바 있다(배정호 외, 2013.12). 또한 일본 내부적으로 재일조선인, 한국인에 대한 혼란을 줄일 수 있다는 견해도 있다. 약 60만 명의 재일 교포가 재일거류민단과 조총련으로 분열되어 있어, 안정적인 통일한국으로의 전환이 이루어진다면 자유로운 사회, 문화 활동이 일본 사회 발전에 한층 더 활력을 줄 수 있다는 것이다(배정호 외, 2013.12: 255).

반면, 일본이 우려하는 상황은 중국과 가까워진 한반도다. 한반도에 미군이 존재하지 않고 미일 동맹이 중국과 적대하게 되는 상황, 통일된 한반도가 핵을 보유하고 역사 문제, 영토 문제를 중국과 함께 거론하며 연합전선을 구축하는 등 일본에 적대적으로 나오는 상황이다.

이처럼 일본의 한반도 통일에 대한 인식은 단순히 한국, 북한에 대한 인식뿐만이 아니라 중국에 대한 인식과도 밀접하게 연계된다. 한반도 통일은 다자적인 협력의 기조 위에서 논의되어야 한다고 주장하며, 일본 측에서는 일본의 국가이익에 유리한 방향으로 미래 구상을 적극 제시해야 한다는 견해도 나타났다. 때문에 단순한 이해관계뿐만이 아니라 '동아시아 공동체'나 '자유롭고 열린 국제질서'를 표방한다는 가치와 명분을 내세우는 것도 중요하다(배정호 외, 2013.12: 251). 통일한국 실현을 위한 일본의 역할을 전략적으로 고려한다면, 급진적인 통일보다는 점진적이고 평화적이며 안정적인 통일로 일본과 화해하고, 한반도 통일 과정에 일본이 공헌 가능한 방식으로 유도해 나가는 시나리오가 가능하다(배정호 외, 2013.12).

실제로 문재인 정부가 추진했던 한반도 평화 프로세스에 일본의 견제와 방해가 있었다는 증언이 존재한다(볼턴, 2020). 한국 정부가 급진적인 남북관계 개선에 나설 때 일본이 미국과 협력해서 제동을 걸어야 한다는 견해를 보였다는 것이다. 미일 중심의 기존 질서를 유지하려는 '현상 유지' 전략을 추구하면서 신냉전 체제 아래 일본의 역할 강화를 도모하고자 한 것이다. "북한의 모든 핵과 탄도미사일, 생화학무기 등을 영구적으로 해체한다"라는 비핵화 방안의 허들을 높인 구체적 합의를 진전시켜, 결국 2019년 하노이 회담이 성과를 내지 못하게 된 원인으로 되었다는 분석도 있다(길윤형, 2021). 일본 아베 정권의 외교 전략과 충돌해 평화 프로세스에 견제 또는 방해 과정이 이루어진 것은 한반도 통일 과정에서 일본의 역할에 대한 전략 마련이 긴요하다는 점을 보여준다.

따라서 일본을 배제하고 소외하는 '재팬 패싱'보다는 일본의 건설적인 역할을 견인해 일본이 북한의 비핵화, 한반도의 평화 체제 구축에 적극적인 기여를 할 수 있도록 유도하거나(이원덕, 2021.8.4), 한일관계를 지렛대로 일본을 움직여 북한과의 국교 정상화로 나아가게 하는 것이 한반도 평화프로세스를 완성하는 길이라는 제언(남기정, 2019.1.16) 등도 지난 경험에서 얻을 수 있는 교훈이라 하겠다.

앞서 살펴본 북한에 대한 관심 사항 중 한반도 통일로 일본에 이익이 될 것이라 기대하는 바는 일본인 납치 문제의 해결과 안보 위협의 완화, 북일국교정상화와 전후처리 완료다. 그런데, 앞서 살펴보았듯이 MZ세대에게 일본인 납치 문제와 북일국교정상화 의제는 관심사에서 점차 낮아지고 있으며, 기성세대와의 인식 차이가 가장 두드러지게 나타날 것으로 보인다. 현재의 위협이 강조되는 상황에서, 납치 문제와 북일국교정상화를 통한 역사 화해와 탈전후를 마무리하려는 일본의 시도는 MZ세대의 인식을 바탕으로 본다면 변화나 새로운 전략이 필요하다고 할 수 있다.

젊은 세대는 일본인 납치 문제와 북일국교정상화 논의가 이루어졌던 1990년대의 시대상을 직접 경험하지 못한 만큼 그 중요성에 대한 인식이 기성세대에 비해 낮다. 그럼에도 불구하고 일본 정부는 일본인 납치 문제를 국제협력을 통해 이슈화하며 문제 해결과 일본의 규범력 강화에 적극 활용한다. 이 문제에 대한 정책적 동원과 홍보가 어떻게 젊은 세대에 영향을 미칠 것인지를 주목해 볼 수 있다.

평화로운 한반도는 일본에게도 도움이 되지만, 그럼에도 한반도 통일은 현상 변경을 의미하는 불안 요인이기도 하다. 통일된 한반도의 미래상에 대한 앞선 논의들은 현재의 불확실한 국제정세하에서는 점차 그 실현 가능성이 줄어든다. 현재의 국제정세하에서는 안보 분야와 관련해서 북한 위협에 대한 한미일 협력이 강조된다.

한미일 3국은 북한의 탄도미사일 발사를 강력히 비난하고, 이러한 도발 행위는 지역 안보에 중대하고 임박한 위협이며 국제사회에 대한 명백하고 심각한 도전이라는 인식을 공유한다. 마찬가지로 일본은 유엔 안보리 결의에 따른 북한의 완전한 비핵화를 목표로 한미일 안전보장 협력을 포함한 지역 억지력 강화, 안보리에서의 추가 대응 등에 대해 미일, 한일, 한미일 간 긴밀히 연계하여 대응한다(外務省, 2022.12.13).

러시아의 우크라이나 침략, 대만 사태를 비롯한 중국의 위협, 그리고 북한의 핵과 미사일 문제가 지속되는 가운데, 일본의 방위 대책도 큰 전환점을 맞이하고 있다. 일본 정부는 2022년 12월 16일 안보 관련 3대 문서(국가안전보장전략, 국가방위전략, 방위력정비계획)를 각의 결정하고 '반격 능력'을 명시했다. 안보 3문서의 핵심은 미국과 연계해 행사한다는 반격 능력과 함께 국방 관련 예산 GDP 대비 2%를 목표로 하는 것이다. 그리고 중국의 군사적 움직임은 최대의 전략적 도전이자 우려 사항으로, 북한을 이전보다 더욱 심각하고 절박한 위협으로 규정했다. 또한, 러시아에 대해서는 안보상 강한 우려를 표명했다. 그러면서 전방위적 방어에 충실하고 군사 대국이 되지 않는 적극적 평화주의를 견지할 것이라고 밝혔다. 기존의 평화헌법 9조에 근거한 전수방위 이념이 유명무실화될 것이라는 우려로 인해 헌법 개정 문제와 함께 국민들 사이에서도 찬반이 엇갈린다(TOKYO MX, 2023.3.13).

전쟁을 경험하지 않은 평화헌법 아래에서 성장한 일본 MZ세대는 국제 환경의 위협과 특히 북한으로부터의 안보 위협이 일상화된 시대를 살고 있다. 전쟁이 실제로 발발하고 재난이 빈번해진 상황에서 일본 자위대의 적극적 역할, 방위력 강화에 찬성하는 의견이 점차 높아졌으며, 헌법 개정에 대한 찬성 의견도 10대와 20대에서 높게 나타나고 있다(≪中国新聞≫, 2022.7.7). 앞으로 헌법 개정에 대한 담론 변화와 일본 국방력 강화로 변화하는 미래를 만들어갈 일본 MZ세대의 인식에 주목해야 할 것이다. 또한 일본 사회의 미래 구상이 한반도 통일과 어떻게 전략적으로 연계되어 논의될 수 있을 것인지, MZ세대가 주도해 갈 일본 사회의 변화와 국가전략을 주시할 필요가 있다.

4. 나가며 | 한반도 통일과 평화를 향한 새로운 접근

한반도 통일은 일본에게 기회이면서도 부담이다. 한반도 통일은 동북아 질서의 직접적인 변화를 의미한다. 이러한 질서 변화가 일본에게 어떠한 변화를 가져오는가에 대한 인식이 통일에 대한 지지 또는 우려로 나타난다. 이는 곧 미일 동맹의 변화, 중일 경쟁, 미중관계의 변화를 의미하며, 통일 이후에도 끊임없는 정세 변화에 대응할 필요가 생긴다.

한국인과 일본인 MZ세대는 동시대적인 사회적 경험으로 3.11 동일본 대지진, 세월호 사건, 코로나 19, 이태원 압사 사고 등 각종 자연재해와 사회재난을 겪으며 유사시에 대비한 개인의 생명과 안보가 중요한 일상을 살아간다. 평시보다는 유사시의 각종 재난에 대한 예측과 대비가 중요해지고 있다. 또한 이 같은 재해와 재난 등을 극복하기 위해서 국가들의 가이드라인 마련 및 국제적인 연대와 협력의 중요성을 체감해 왔다.

이러한 시대를 살아가는 한국인과 일본인은 북한이라는 위협에 대응하는 시나리오를 구체화하고 있다. 한반도 문제에서 일본이 방해자보다는 도움이 될 수 있도록 '재팬 패싱'이 아닌 일본의 역할에 대해서 전략적으로 고려할 필요성도 제기된다. 최근 일본 MZ세대의 한국에 대한 인식이 긍정적으로 나타나고, 한국에서도 일본에 대한 국가이미지 개선과 일본과의 협조 필요성이 높아지고 있음을 고려할 때 일본과의 전략적인 협력을 이끌어내는 통일 방안 마련이 중요함을 확인할 수 있다. 북한보다는 한일 간 공통점이 더욱 많아진 한일 MZ세대가 인식하는 북한에 대한 통일 접근법을 정책적으로 고려할 필요가 있다.

이 글에서 살펴본 일본과 일본 MZ세대의 북한 인식과 통일 인식을 종합하면 다음과 같다.

첫째, 일본 MZ세대의 가장 큰 특징은 한국에 대해 다른 세대보다 우호적인 인식을 지녔다는 점이다. 한국과의 호감도가 높아지는 과정에서 한국 역시 일본에 대한 위협 인식이 낮아지는 한편 우호적인 감정이 높아졌다. 한국과 일본의 친밀도 증가가 젊은 세대에서 나타나는 가장 큰 특징이다. 자유민주주의 가치와 공감, 개인 중심의 세계관을 중시하는 인식의 변화에 주목하고, 이를 고려한 대북 관계와 통일 정책, 평화 구상 마련이 필요하다.

둘째, 일본의 북한에 대한 인식은 국가에 대한 호감이 아닌 이슈, 관심 사항으로서의 북한이다. 특히 미사일 문제에 대한 '위협'이라는 인식이 높게 나타난다. 비핵화를 강조하는 일본과 미사일과 핵 문제를 거듭하는 안보 위협으로서의 북한에 대한 인식이 고조된 것이다. 현 상황이 지속되는 한 위협으로서의 북한 인식은 더욱 높아질 것이다.

셋째, 한국과의 교류가 증가되는 반면, 북한과는 단절된 관계가 지속되었다. 북한을 직간접적으로 경험할 기회가 적거나 거의 없는 한국과 일본의 MZ세대에게 북한에 대한 긍정적인 인식은 찾아보기 힘들다. 현재의 국제정세에서 한일은 민주주의 가치로써 더욱 공통점을 모색해 가고 있고, 북한 문제에 대한 한일의 협력을 강조하는 방향으로 나아가고 있다. 안보와 인권 문제에서 한일 간 협력이 더욱 강조되면서 가까워지는 한일, 멀어지는 북한이 나타나고 있다. 북한과의 관계 개선에는 북한에 대한 정보와 경험의 연결이 필요하다.

넷째, 한반도 통일에 대한 시나리오보다 한반도 전쟁 발발 시 시나리오가 더욱 구체화되고 있다. 한반도 전쟁 시 일본은 자국의 이익을 따를 것이며, 일본의 방어를 위해 직접적으로 나설 근거 조항들이 마련되고 있다. 불확실성이 높아지는 상황에서 한국은 한반도 전쟁, 평화, 통일 등 모든 시나리오에서 일본과 어떻게 협력을 이끌어낼 수 있을지에 대한 전략 마련이 필요하다.

지금까지의 논의를 정리하면, 북한과의 공통점보다는 한일 간 공통점에 더욱 익숙한 젊은 세대가 인식하는 한반도, 그리고 통일을 바라보는 시각의 변화에 주목할 필요가 있다. 주요 의제인 미사일 문제, 일본인 납치 문제, 핵 문제, 북일국교정상화 등에 대한 일본의 입장과 변화를 지속적으로 관찰하면서 이에 대응하는 한국 측의 공식 입장을 정립하고 한반도 통일을 위한 일본과의 협력 방안을 모색하는 데 이를 적극적으로 활용해야 한다. 또한 국방력을 강화해 가는 일본의 전반적인 변화와 평화에 대한 일본인의 인식 변화를 중장기적으로 살펴봄으로써 일본의 미래와 한반도의 미래를 전략적으로 구상해나가야 할 것이다.

참고문헌

김윤형. 2021. 『신냉전 한일전: 동아시아 신냉전 시대에 마주한 결정과 갈등과 대립의 순간들』. 서울: 생각의힘.

남기정. 2019.1.16. "[창비주간논평] 한반도 평화프로세스와 일본". ≪창작과비평≫.

모리 도모오미(森類臣). 2022. 「일본 주류 언론의 북한 인식: 아사히신문을 중심으로」. ≪일본비평≫, 27.

배정호·박영호·박재적·김동수·김장호. 2013.12. "전문가 설문조사: 한반도 통일에 대한 주변 4국의 인식". 「한반도 통일에 대한 동북아 4국의 인식」. 통일연구원 보고서.

볼턴, 존(John Bolton) 지음. 박산호·김동규·황선영 외 옮김. 2020. 『그 일이 일어난 방: 존 볼턴의 백악관 회고록(The Room Where It Happened)』. 서울: 시사저널사.

오승희. 2022. 「일본의 MZ세대가 바라보는 세계와 한국: 나다움, 가치소비, 공감연결」. ≪지식의 지평≫, 32.

_____. 2023. 『동아시아 인정투쟁: 패전국 일본, 분단국 중국, 식민지 한국의 국교정상화』. 서울: 서울대학교출판문화원.

_____. 2023.3.29. "북한의 신냉전론에 대한 일본의 인식과 전략: 일본의 방위력과 글로벌 규범력 강화". 동아시아연구원 논평·이슈브리핑.

_____. 2024. 「패전국에서 자랑스러운 일본으로: 일본의 정체성 전환과 청년층의 한반도 인식 변화」. ≪次

世代人文社会研究≫, 21.

이원덕. 2021.8.4. "[한국의 창(窓)] 한반도 평화논의에 일본의 공간을 열어주자." ≪한국일보≫.

통일평화연구원. 2008.2.18~2022.12.26. 「통일의식조사」. 통일학연구.

MOFA. 2023.2.18. "The G7 Foreign Ministers' Meeting". https://www.mofa.go.jp/page1e_000572. html.

NHK. 2023.4.22. "ミサイル発射想定の住民避難訓練を昨年度の3倍実施へ政府". https://www3.nhk. or.jp/news/html/20230422/k10014045911000.html(검색일: 2023년 6월 1일).

TOKYO MX. 2023.3.13. "石破茂元防衛大臣がZ世代と考える, 転換期を迎えた日本の防衛対策の未来." https://s.mxtv.jp/tokyomxplus/mx/article/202303130650/detail/(검색일: 2023년 6월 1일).

≪マネー現代≫. 2023.5.11. "Ｚ世代の若者たちが韓国ファッションに魅了される理由…日本のブランド との'決定的な違い'". https://gendai.media/articles/-/109244?page=2.

内閣官房. 2022.12. "國家安全保障戰略". https://www.cas.go.jp/jp/siryou/221216anzenhoshounss-j.pdf (검색일: 2023년 6월 1일).

内閣府. 2008~2023. "外交に関する世論調査一覧." https://survey.gov-online.go.jp/index-gai.html (검색일: 2023년 6월 1일).

_____. 2022.10. "外交に関する世論調査". https://survey.gov-online.go.jp/r04/r04-gaiko/index.html (검색일: 2023년 6월 1일).

≪東洋経済≫. 2022.11.22. "'Z世代は中国に好感'世代で分かれる好感度の理由: 岸田政権'嫌中世論'に頼る 対中外交の危うさ." https://toyokeizai.net/articles/-/634413?page=3(검색일: 2023년 6월 1일).

外務省. 2015.10.5. "日朝関係". https://www.mofa.go.jp/mofaj/area/n_korea/abd/index.html.

_____. 2022.12.13. "北朝鮮に関する日米韓協議(結果)". 報道発表. https://www.mofa.go.jp/mofaj/ press/release/press1_001206.html(검색일: 2023년 6월 1일).

≪中国新聞≫. 2022.7.7. "改憲, 若い世代に積極傾向 中国新聞社電話世論調査." https://www.chugoku-np. co.jp/articles/-/184227(검색일: 2023년 6월 1일).

河信基. 2022.1.25. "北朝鮮をいかに認識するか: 北朝鮮の行動論理と変化の可能性ー". 一般社団法人 平 和政策研究所. https://ippjapan.org/archives/7114(검색일: 2023년 6월 1일).

제11장

대만 청년세대의 부상과
양안관계 인식의 새 지평

백지운(서울대학교 통일평화연구원 HK부교수)

1. 청년세대의 등장과 진영 구조의 균열

대만 사회에서 양안(兩岸) 문제는 가장 논쟁적이고 국민적 합의를 찾기 어려운 의제 중 하나다. 그것은 또한 수십 년간 정당정치 발전을 저해하며 정치적·사회적 자원을 소모해 온 난제이기도 하다(趙文志·許家榛, 2021: 57). 1987년 국민당의 계엄 통치가 종식되고 1988년 재야단체였던 민주진보당(民主進步黨, 이하 민진당)이 원내에 진입함으로써 대만에 양당 체제가 수립되었다. 그런데 민주화가 실현된 이후 대만 정치의 갈등 구조는 중국 대륙과의 관계에 어떤 입장을 취하느냐를 두고 남색(藍色)과 녹색(綠色) 진영으로 양분되었다. 지난 30여 년 남/록 및 통/독 갈등은 대만 사회의 수많은 생산적 쟁점들을 흡수함으로써 정치적 질곡이 되어왔다.

그런데 최근 이 같은 고질적 구조에 의미심장한 균열의 조짐이 나타났다. 그 변화의 중심에 있는 것이 청년세대다. 오랫동안 정치에서 주변화되었던 대만의 청년들이 존재감 있는 집단으로 부상한 계기는 2014년 3월 18일 양안경제

---

* 이 글은 「대만 청년세대의 등장과 남록 진영구조 극복의 가능성」이라는 제목으로 ≪현대중국연구≫, 25(4)에 게재되었음을 밝힌다.

협력구조협의(ECFA)의 서비스 무역 개방 추진 반대로 촉발된 '해바라기운동 (太陽花運動)'이었다. 그 결실로 2015년 9월 '시대역량(時代力量)'이라는 청년 정당이 태어났다. 이 신생 정당은 2016년의 총선에서 타이베이(臺北), 타이중(臺中), 신베이(新北) 세 지역구에서 입법위원을 당선시켰을 뿐 아니라, 정당 득표율 6.1%로 비례대표 두 개의 의석을 획득했다. 창당 1년 만에 일약 제3정당으로 올라선 것이다. 당시 시대역량으로 원내에 입성한 이들은 30~40대의 헤비메탈 가수, 대학 교수, 인권운동가, 원주민운동가 등 한눈에 보더라도 기성 정치인과 달랐다. 시대역량의 창립 멤버이자 헤비메탈 그룹 보컬 출신인 린창줘 (林昶佐, 1976년생), 중앙연구원 법률연구소 연구원으로 해바라기운동을 이끌었던 황궈창(黃國昌, 1973년생), 군 의문사 피해자 유가족으로서 인권 문제를 대만 사회에 이슈화하는 데 큰 역할을 했던 홍츠융(洪慈庸, 1982년생)이 각각 타이베이, 신베이, 타이중의 지역구에서 당선되었으며, 둥우대학(東吳大學) 정치학 교수 쉬융밍(徐永明, 1966년생)과 원주민 신문기자이자 사회운동가 까오로 이용 빠지라(高潞·以用·巴魕剌, 1977년생)가 비례대표로 정계에 입성했다(고금비·원재연, 2017: 148~160).

물론 2016년 총선에서 시대역량이 눈부신 성적을 거둔 데는 민진당의 지원이 컸다. 그러나 보다 근본적인 원인은 시대역량이 "두 개의 썩은 사과" 중 하나를 택해야 하는 양당 체제에 대한 피로감과 패배 의식에 빠져 있던 청년세대들의 정치적 열망을 흡수했기 때문이었다(劉凌斌, 2017: 55). 시대역량의 정치적 수명은 그리 오래 가지 못했다. 2020년의 총통 및 입법의원 선거에서 시대역량은 대만민중당(이하, 민중당)에 밀려 입법원 제4정당이 되었고, 2022년 구합일(九合一)[1] 지방선거에서는 현장/시장 선거에 모두 낙선했다.

그러나 대만 정치사에서 청년세대는 지금 그 어느 때보다 존재감이 강하다.

---

1 현장/시장, 현의원/시의원, 향진시장, 향진시민대표, 촌리장, 직할시장, 직할시의원, 직할시 산지 원주민구 구장, 직할시 산지 원주민구 구민대표 선거를 총칭한 이름이다.

투표율이 74.9%에 달했던 2020년의 치열했던 선거에서 청년 문제는 단연 가장 뜨거운 이슈였다. 기차역과 고속철도, 심지어 공항에서 투표하러 귀향길에 오른 청년들의 모습들이 진풍경을 이루었고, 각 정당은 경쟁하듯 다투어 청년정책을 내놓았다(廖斌洲, 2020: 23~26). 2024년 1월의 대선 및 입법원 선거에서도 청년세대의 존재감은 다시 한번 부각되었다. 선거 초반 민중당의 커원저(柯文哲)가 예상 밖의 선전을 벌이며 2위를 달렸던 데는 2030세대의 압도적인 지지가 있었다. 비록 대선 레이스에서 커원저는 3위에 그쳤지만 그가 이끈 민중당은 원내 8석이라는, 신생 정당으로서 작지 않은 성과를 거두었다. 대만 정치무대에 떠오른 청년세대는 대만의 오랜 양당 대결 구조에 조금씩 균열을 키워갔다.

이 글은 해바라기운동 이후 지난 10년 동안 청년세대의 부상이 양안 문제를 둘러싼 대만 사회의 인식 지형에 어떤 변화를 가져왔는지를 살펴본다. '톈란두(天然獨)', '쯔란두(自然獨)'라는 별칭이 보여주듯, 그동안 대만의 청년세대, 특히 20대는 급진적 반중(反中) 세대로 인식되었다. 그러나 최근 다수의 조사 기관에서 발표한 결과들을 종합적으로 분석해 보면, 이들을 남/록, 통/독이라는 진영 구조에서 어느 한쪽을 극렬히 지지하는 세력으로 보기는 어렵다. 2024년 1월 총통 선거에서 민진당 후보가 역대 두 번째로 낮은 득표율로 당선되었고 또 민진당이 입법원의 제2당으로 밀려난 데는, 불과 4년 전만 해도 민진당의 강력한 지지 세력이었던 청년층의 이탈이 결정적인 요인이었다. 이번 선거 결과는 대만 청년세대가 민진당 진영이 주도하는 친미반중 담론의 지형에 전적으로 흡수되지 않음을 보여주는 단적인 사례였다. 국민당의 구태의연한 친중 행보에 반대하지만 민진당의 극단적인 독립 지향에도 거리를 두는 청년세대가 향후 대만 사회에서 독자적인 정치세력으로 성장한다면, 남/록으로 양분된 고질적인 갈등 구조에 모종의 돌파구를 열 수도 있을 것이다.

2. 세대정의론의 출현

2014년 3월에 발발한 해바라기운동은 정치적 주체로서 청년세대의 부상이 양안 문제와 긴밀하게 연결되어 있음을 보여주었다. 입법원이 학생 및 시민들에 의해 585시간 동안 점거당한 이 초유의 사태는 '차이완(Chiwan)'이라는 신조어가 만들어질 정도로 활발했던 마잉주(馬英九) 정부의 양안 정책에 예상치 못한 일격을 가했다. 해바라기운동으로 점화된 대만 청년의 사회운동은 이후 홍콩의 '우산운동' 및 '범죄인 송환법 반대운동'과 연쇄되며 청년층의 '반중(反中)' 정서를 확대해 나갔다.

그러나 일각에서는 해바라기운동의 성격을 전적으로 '반중' = '반국민당' 운동으로 귀결시킬 수 없다는 시각도 있다. 표면적으로 드러난 것은 '반중'이지만, 의제와 주체 집단의 이질성 면에서 해바라기운동은 복잡한 중층성을 띤다는 것이다. 즉, 해바라기운동에는 반중을 주장하는 대만 국족주의(國族主義)에 더해 신자유주의적 자유무역에 반대하는 급진좌파, 양안 협상의 민주적이고 투명한 절차 개선을 요구하는 민주개혁파, 그리고 기성세대에 대한 누적된 불만을 폭발시킨 '세대정의론' 등이 뒤엉켜 있었다(曾柏文, 2014: 129~148). 특히 주축 세력이 학생이었다는 사실은 해바라기운동이 대만 사회에 만연한 정치적·경제적 불평등과 불공정에 대한 청년세대의 불만이 양안서비스무역협정 체결을 계기로 수면 밖으로 터져나온 것이라는 해석에 힘을 실어주었다(劉美好, 2014: 111~128).

해바라기운동 와중에 이 같은 세대정의론이 불거진 데 대해서는 2010년대 대만 사회의 심각한 사회 문제로 회자되었던 청년 빈곤 문제에 주목할 필요가 있다. 2009년 마잉주 총통이 실행했던 '22K 정책'(대졸 청년 임금의 최저선을 2만 2000대만 달러(TDW, 약 한화 920,600원)로 보장하는 정책)은 대만 청년의 실업과 빈곤이 얼마나 심각한 문제였는지를 보여주었다.[2] 청년빈곤 문제가 공론화된 후에도 대

---

2   훗날 마잉주의 이 정책은 청년들의 초임 임금을 오히려 하향 평준화하는 역효과를 낳은 것으로 평가되었다.

만의 주류 담론의 시각은 여전히 기성세대의 한계를 벗어나지 못했다. 일례로 2010년 대만의 대표적인 주류 매체인 ≪위안젠(遠見)≫ 잡지가 기획한 청년 문제 기획을 보면, 청년들이 고생을 마다하지 않고 열심히 노력하면 현재의 역경을 극복할 수 있다는 격려조에 머물러 있었다(陳崇眞, 2021: 322~327).

곧 이러한 주류적 관점을 논박하는 목소리들이 터져 나왔다. 아무리 노력해도 저임금과 빈곤에서 벗어나기 어려운 현실에 대한 좌절감을 냉소적으로 표현하는 '붕세대(崩世代)', '염세대(厭世代)', '낀세대(卡住了)' 같은 신조어들이 청년들 사이에 크게 유행했다. 2017년에 출간된 두 편의 저서 『염세대: 저임금, 빈곤, 그리고 보이지 않는 미래(厭世代: 低薪, 貧窮與看不見的未來)』와 『염세동물원(厭世動物園)』은 '세대 모순', '세대 충돌'로 확대되는 청년 문제의 본질을 '염세'라는 말로 압축했다. 『염세동물원』의 저자 옌스시(厭世姬)는 고도성장 시대 혜택만 받고 사회에 환원하지 않으면서 오히려 청년들의 안이함을 탓하는 기성세대에 대한 분노를 쏟아냈다. 『염세대』의 저자 우청훙(吳承紘) 역시 1995년 대학교 2학년 여름방학 때 받은 아르바이트 월급이 20여 년이 지난 지금 국립대학 졸업생의 초임과 같다면서, 노력하면 성공한다는 1980~1990년대의 신화는 더 이상 존재하지 않는다고 일갈했다(鄭亘良, 2021: 362~369).

세대정의론은 경제발전 및 성공에 대한 상상에서 세대 간 근원적 단절이 발생했음을 말해준다. 2011년에 출간되어 커다란 사회적 파장을 낳았던 『붕세대(崩世代)』의 저자 중 하나인 린쭝훙(林宗弘)은 대만 경제가 2030년에 붕괴될 것이라 예고했다. 신자유주의적 분업 체제로 인한 제조업의 해외 이전, 정부의 법인 감세 정책 등으로 빈부차가 지속적으로 확대된 데다 정부의 재정적자와 복지파산이 더해, 2030년이 되면 대만 경제가 버티지 못한다는 것이다(鄭亘良, 2021: 364). 『붕세대』의 저자들이 말하고자 했던 것은 대만 청년 문제가 단순히 세대갈등을 넘어, 대만 사회에 더 이상 미래가 없다는 한층 근원적인 절망에 기인한다는 사실이었다. 당시 청년들 사이에 유행했던 '소확행(小確幸: 작지만 확실한 행복)'은 집을 사고 결혼하고 생육하는 전통적인 생애사적 행복에 대한 단념의 다른 표현이었다.

냉전시대 글로벌 분업 체제에서 고속성장을 누렸던 대만 사회는 탈냉전과 함께 급속도로 하강해 저성장, 심지어 마이너스 성장 국면으로 떨어졌다. 그러면서 경제성장의 과실을 더 이상 누리지 못하게 된 지금의 청년세대가 등장하게 된 것이다. 2016년 대만 행정원주계총처(行政院主計總處)의 「인력운용조사(人力運用調查)」 통계 보고에 따르면, 동년 전국 고용자 89만 명 중 평균 월급 3만 TWD(한화 약 127만 원)가 되지 않는 비율은 36.72%였다. 대상을 29세 미만 청년 노동자로 한정하면, 월급 3만 TWD가 되지 않는 비율은 전체 53.5%에 달했다. 대만 청년 두 명 중 한 명 이상이 최저 임금을 받지 못한 것이다. 물론 청년빈곤 문제는 대만만의 특징은 아니며 전 지구적 현상이라 할 수도 있다. 그러나 한국, 일본, 싱가포르 등 아시아 주변국과 비교하더라도 대만의 청년빈곤 문제는 유독 심각했다. 2015년 ≪니혼게자이신문(日本經濟新聞)≫, 통계처, 노동부가 중화민국중앙은행 산출 자료를 기반으로 작성한 통계에 따르면, 대만 20대의 명목임금은 2만 8295TWD로서 싱가포르의 9만 5473, 한국의 6만 6301, 일본의 5만 8345TWD보다 한참 밑돌았다(賴偉文, 2017). 이런 지표들을 염두에 두면, 2014년 해바라기운동 당시 수십만의 청년들이 거리로 뛰어나왔던 맥락이 좀 더 잘 보인다. 양안서비스무역협정 반대라는 슬로건의 밑바닥에는 이처럼 심각한 청년 빈곤 문제가 요동치고 있었다.

이러한 분위기를 반영한 것인지, 최근 대만에서 시행되는 양안관계 및 정치 이슈에 관한 여론조사는 하나같이 세대 문제를 중요 변수로 다룬다. 기존의 조사에서 족군(族群, ethnicity), 지역, 직업, 소득 분포 등이 주요 변수였다면, 여기에 '세대' 변수가 추가된 것이다. 2017년 린쭝훙은 세대 변수를 가장 중요한 축으로 두고 대만인의 정치 성향, 정체성 인식 등을 분석했다. 이 연구에서 그는 1995년부터 2015년까지 20년 동안 특정 사회·정치·역사 경험을 토대로 대만 세대를 다음 다섯 개 군으로 나누었다. 첫째, 1935년 이전에 출생한 '대륙 이민 세대', 둘째, 1936~1945년 사이에 태어난 '정권교체·백색테러 세대', 셋째, 1946~1960년 사이에 태어난 '고도성장·권위주의 통치 세대', 넷째, 1961~1975년 사이의 '민주이행기·들백합(野百合) 학생운동[3] 세대', 마지막으로 1976~1995년 사이에 출생한 '인터넷·해바라기 세대'다(林宗弘, 2017: 43).

여기서 린쭝홍이 주목한 사실 중 하나는 지난 20년간 대만 사회에서 20~24세 연령대의 수입이 지속적으로 하락한 반면 65세 이상의 소득은 줄곧 상승해 세대 간 빈부차가 확대되었다는 사실이다. 기성세대가 임금 자산에 더해 은퇴 후 연금 소득까지 받는 데 반해 인터넷·해바라기 세대, 그중에서도 1986~1990년 사이에 출생한 20대와 30대(이하 '2030세대'로 약칭)는 증대하는 실업률과 저임금 으로 평균 소득이 최저 수준까지 떨어졌다. 이러한 전제에서 린쭝홍은 세대별 경제 수입과 정치의식, 정당 성향, 양안관계 인식, 민주 가치 의식의 상관관계 를 다각적으로 분석했다. 다소 단순화의 위험이 있지만, 그의 분석 내용을 〈표 11-1〉과 같이 정리해 본다.

〈표 11-1〉은 '인터넷·해바라기 세대'로 불리는 2030세대가 민주적 가치, 정 체성, 양안 문제, 정당 선호 모든 분야에서 기성세대와 다른 독자성을 지녔음을 보여준다. 이들은 기성세대처럼 민주적 가치에 대해 뚜렷한 긍정적 태도를 보 이지 않는다. 아마도 기성세대에 대한 불만과 좌절의 표현일 것이다. 흥미로운 사실은 2030세대가 정체성과 양안 문제에서는 급진적인 국족주의와 반중 성향 을 보임에도 불구하고 정당 선호에서는 녹색 진영과 민진당에 대해 유보적이라 는 점이다. 이러한 연구 결과는 해바라기운동으로 가시화된 청년세대가 이제 껏 대만의 정치 지형에서 통용되어온 반중 = 녹색이라는 공식에 부합하지 않음 을 보여준다.

---

3   1990년 3월에 발발한 학생운동. 타이베이대학을 위시하여 전국 대학생 6000여 명이 중정 (中正, 蔣介石)기념관 광장에서 정좌 시위를 벌이며, '국민대회 해산', '임시조례 폐지', '국시 (國是)회의 개최', '정치경제 개혁 시간표 제시'를 요구했다.

〈표 11-1〉 대만의 세대별 경제/정치/정체성/양안 문제/정당 인식

세대군	경제 수입	정치 성향	정체성	양안 문제 인식	정당 성향
대륙이민 세대 (~1935년)	저소득	권위주의 통치 선호	중국정체성	평등 통일 지지 평화 독립 반대	녹색 지지 안 함
정권교체·백색테러 세대 (1936~45년)	고소득	민주가치 선호	대만정체성	평등 통일 지지 안 함 평화 독립 지지 모호	모호
고도성장·권위주의통치 세대(1946~60년)	고소득	민주가치 선호	온건한 대만정체성	평등 통일 지지 안 함 평화 독립 지지 모호	녹색편향
민주이행기·들백합 세대 (1961~75년)	비교적 저소득	민주가치 선호	이중정체성	통/독 모두 반대 현상 유지 지지	대체로 녹색편향
인터넷·해바라기 세대 (1976~95년)	현저한 저소득	민주가치 선호 모호	강한 대만정체성	평등 통일 반대 평화 독립 지지	녹색 지지 모호

자료: 林宗弘(2017) 참고해 필자 작성.

3. 대만 청년은 '친미반중'인가?

일반적으로 대만 사회의 양안관계 여론을 분석할 때 가장 많이 인용되는 자료는 국립정치대학(國立政治大學) 선거연구소의 조사 자료다. 〈그림 11-1〉은 그 최신 자료로서, 1994년부터 2023년 6월까지 대만인의 통일 및 독립 선호를 둘러싼 여론의 추이를 담았다(政治大學選擧研究中心, 2023.7.12). 길게 보면, 지난 30년 대만 사회에서 독립을 지향하는 경향이 지속적으로 증가한 반면 통일 지향이 감소하는 추세임은 분명하다. 그런데 여기에는 놓치지 말아야 할 디테일이 있다. 바로 이 조사에 사용된 7개의 선택지 중 2019년 이후 여론은 대체로 세 개의 선택지로 좁혀져 왔고, 이들은 모두 넓은 의미에서 '현상 유지'를 뜻한다는 사실이다. 즉, '독립편향(현상 유지하되 점진적 독립)', '현상 유지 후 재결정', '영구적 현상 유지'라는 세 선택지는 표현과 정도는 다르지만 궁극적으로는 모두 '현상 유지'다. 이중 가장 문제적인 선택지는 2019년 이후 가장 급격하게 상승한 '독립편향'일 것이다. 괄호 안의 설명['Maintain status quo, move toward independence(현상 유

지하되 점진적 독립)'1에서 보이듯, '독립편향' 또한 장기적 혹은 심정적으로 '독립'을 지향하지만 현실에서는 '현상 유지'를 원하는 보수적 혹은 온건한 선택임을 간과해서는 안 된다.

이러한 결과는 대만 사회에 반중 정서가 급격히 고조되고 있음에도 실상은 대다수가 신중하고 보수적인 선택을 하고 있음을 말해준다. 2019년 홍콩 범죄인송환법 통과로 중국의 양안 정책에 대한 대만인의 경계심이 급상승했고 그에 따라 독립을 추구하는 목소리가 높아진 것은 사실이다. 그러나 〈그림 11-1〉을 보면 2019년 이후 '가능한 한 빨리 독립'을 선택하는 비율은 오히려 줄어든 반면, 넓은 의미에서 '현상 유지'로 중론이 모아졌다. 또한, 미중대결이 본격화되고 대만해협에 전쟁 위기가 고조된 2021년 이후에는, '현상 유지'의 세 선택지 중 상대적으로 독립적 성향이 강한 '독립편향'의 비율이 감소한 반면 '영구적 현상 유지'가 급상승했다. 이로 보건대, 양안관계가 위기를 맞을수록 대만인들의 심리는 현상을 지키고자 하는 보수적 성향이 더 강해진다고 할 수 있겠다.

16대 총통 선거와 입법원 선거를 반년 앞둔 2023년 6월 시점에서 '영구적 현상 유지'를 택한 비율은 32.1%로 역대 최고치였다. '현상 유지 후 재결정'도 28.6%여서, 양자를 합하면 무려 응답자의 60.7%가 중립에 해당하는 '현상 유지'를 택했다. 여기에 유보적 현상 유지에 해당하는 '독립편향'(21.4)과 '통일편향(현상 유지하되 점진적 통일)'(6.0)까지 더하면 2023년 6월 시점에서 적극적 혹은 소극적으로 '현상 유지'를 택한 비율의 총합은 88.1%에 달한다. 미중관계 및 양안관계가 극도로 긴장된 시기임을 생각하면, 대만 민의는 외려 반대로 향함으로써 균형을 잡았던 것이다.

이처럼 양안 문제를 둘러싼 대만 사회의 여론은 겉으로는 반중 정서가 비등하고 독립 열망이 뜨거운 것처럼 보이지만, 현실 선택에서는 신중하고 보수적이다. 이러한 전체적인 경향을 염두에 두면서, 최근 미중관계와 양안 문제를 둘러싸고 청년세대의 여론이 어떻게 나타나는지 2020년 이후의 조사 자료들을 중심으로 살펴보자.

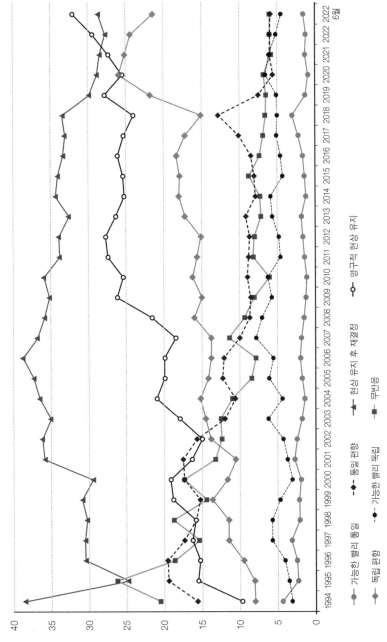

〈그림 11-1〉 대만 민중 통일/독립 입장 추세 분포

1994 1995 1996 1997 1998 1999 2000 2001 2002 2003 2004 2005 2006 2007 2008 2009 2010 2011 2012 2013 2014 2015 2016 2017 2018 2019 2020 2021 2022 2022 6월

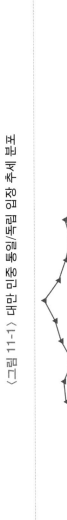

가능한 빨리 통일 · 통일 편향 · 현상 유지 후 제결정 · 영구적 현상 유지
독립 편향 · 가능한 빨리 독립 · 무반응

자료: 國立政治大學 選擧研究中心, 2024.7.8.

2020년 1월 대만의 ≪톈샤잡지(天下雜誌)≫는 자체 진행한 여론조사를 기반으로 국가정체성과 통독(統獨) 경향에서 세대 간의 차이가 역대 최고점에 이르렀다는 기사를 냈다. 우선, 2020년 연초라는 조사 시점이 중요하다. 이 조사는 2019년 11월 21~24일 사이 20세 이상 1073인을 대상으로 했다. 2019년은 국가정체성이나 통/독(통일/독립) 경향에서 대만의 국론이 크게 흔들렸던 때였다. 연초 시진핑 주석이 발표한 「대만 동포에게 고함: 40주년 기념 담화(告臺灣同胞書: 發表40周年紀念會上的講話)」와 연중 홍콩에서 벌어진 범죄자 송환법 반대운동은 양안 문제에 대한 대만 사람들의 의식에 커다란 영향을 미쳤다(天下雜誌, 2020.1).

조사 결과에 기반해 ≪톈샤잡지≫는 세대 구도가 이제껏 대만 사회의 여론을 좌우해 온 지역 구도를 대체했다고 주장했다. 북부 지역에서 양안통일 및 국민당 지지세가, 남부에서 대만 독립 및 민진당 지지세가 센 '북람남록(北藍南綠)' 경향은 2014년 해바라기운동 이후 와해되었고, 세대갈등이 이를 대체하는 주요한 갈등 구조로 들어섰다는 것이다. 세대갈등의 분수령을 이루는 나이는 40세였다. 2030세대와 40대 이상 간의 세대 충돌은 두 가지 항목에서 집중적으로 나타났다. 첫째는 양안관계의 미래에 대한 시각에서였다. 20대 이하에서 '독립'을 선택한 비율이 60%에 달한 반면 '현상 유지'는 29.2%에 불과했다. 반면, 40대 이상에서는 60%를 넘는 비율이 '현상 유지'를 택했다. 30대는 57.8%가 '현상 유지'를 택했다. '현상 유지'를 택한 전체 응답자의 평균 58.1% 중 20대와 30대가 평균 이하, 40대 이상이 평균 이상이었다. 둘째, 정체성을 묻는 질문에서도 세대 간의 차이는 뚜렷했다. "자신을 중국인으로 생각하느냐 대만인으로 생각하느냐"라는 질문에 전체 61.9%가 '대만인'이라 답했는데, 같은 선택을 한 30대는 65.9%, 20대는 82.4%로서 40대 이상보다 훨씬 높았다. 또한, 국호를 '중화민국'과 '대만' 중 무엇으로 해야 하느냐는 질문에서도 '대만'이라고 답한 20대는 63.6%, 30대는 46.5%로서, 평균치인 39.7%를 크게 상회했다(≪天下雜誌≫, 2020.1).

이상의 결과를 기반으로 ≪톈샤잡지≫는 두 가지를 주장했다. 첫째, 2030세대가 기성세대보다 대만의 독립적 정체성에 대한 한층 강한 인식 성향을 지닌다는 점, 둘째, 2030세대 중에서도 20대의 급진성이 30대보다 훨씬 높다는 것이다. 양안 문제 인식에서 20대의 급진성이 두드러진 원인에 대해 ≪텐샤잡지≫는 2019년 홍콩 범죄인송환법 시행이 중요한 분기점이 되었다고 분석했다. 시진핑 3기 이후 강경한 양안 및 홍콩 정책으로 인해 중국의 양안 정책이 신뢰를 잃어가던 차, 홍콩의 사례는 중국이 말하는 '일국양제'가 사실상 '통일'을 뜻한다는 부정적 사고를 가져다주었고, 그런 과정을 청소년기부터 보고 자란 20대들이 자연스레 '반중'을 넘어 '공중(恐中)' 의식을 갖게 되었다는 것이다.

그러나 양안 문제를 둘러싼 세대 대결을 부각하고 청년세대, 특히 20대를 '반중독립' 전선의 전위에 세운 ≪텐샤잡지≫의 이 같은 주장을 액면 그대로 받아들이기는 어렵다. 우선 주목해야 할 지점은 이 조사에 사용된 선택지의 모호성이다. 당시 조사항목을 자세히 살펴보면 "장기적으로 대만과 대륙의 정치관계가 어떻게 가야 가장 좋겠는가"라는 질문에 다음 6개의 선택지가 주어졌다. 1번 현상 유지, 2번 대륙과 평화 관계를 유지한다는 전제에서 대만 독립, 3번 대륙이 어떻게 나오든 속히 대만 독립, 4번 일정한 조건이 조성되면 통일, 5번 속히 통일, 6번 응답 거부, 모름. 이에 대해 20대의 절대다수인 49.4%가 2번 '대륙과 평화 관계를 유지한다는 전제에서 대만 독립'을 선택했다. 3번 '대륙이 어떻게 나오든 속히 대만 독립'을 택한 비율은 9.1에 불과했다. 30대의 경우는 58.8%가 1번 '현상 유지'를 택했고, 2번 응답률은 33.5%, 3번은 4.0%뿐이었다(≪天下雜誌≫, 2020.1).

이러한 내용을 알고 보면, "40세 이상 60% 현상 유지 지지, 30세 이하 60% 가량 독립 선택"이라는 ≪텐샤잡지≫의 표제는 의도적인 과장을 가미했다는 의심을 피하기 어렵다. 물론 조사 결과 자체로 보면, 20대와 30대에서 '독립'을 택한 비율이 기성세대보다 높은 것이 사실이다. 그러나 2030세대 응답자의 절대 다수가 '대륙과 평화 관계를 유지한다는 전제에서 대만 독립'이라는, 비교적 온건한 독립을 선택했다는 사실을 간과해서는 안 된다. '대륙이 어떻게 나오든 속히 독립'이라는 강경 독립을 택한 비율은 극소수였다. 중요한 대목은, '대륙과 평화

관계를 유지한다는 전제에서 대만 독립'이라는 선택지가 과연 얼마나 현실성을 지니느냐는 것이다. '대륙과 평화 관계를 유지한다'는 전제와 '대만 독립'은 사실상 양립 불가능하다. 이 선택지는 심정적으로는 독립을 원하지만 그것을 현실적 선택으로 밀고나가지는 못하는 모순적 심리 상태를 대변한 것에 불과하다. 따라서 이 조사 결과에 기반해 20대를 급진적 독립 세력으로 규정하기는 무리인 것이다.

2022년 1월의 여론조사에서도 ≪톈샤잡지≫는 유사한 방식으로 세대 변수의 차별성을 과장되게 부각했다. "중미 경쟁에 직면하여 대만의 가장 좋은 전략은 무엇이라고 생각하는가"라는 문항에 다음 6개의 선택지가 제시되었다. 1번 친중항미, 2번 친중, 단 미국과 우호 관계 유지, 3번 미중 모두와 같은 관계 유지, 4번 친미, 단, 중국과 평화 관계 유지, 5번 친미항중, 6번 무응답, 모름. 이에 전체 응답자의 46.7%가 3번 '미중 모두와 같은 관계 유지'를 택했고, 31.1%가 4번 '친미, 단, 중국과 평화 관계 유지'를 택했다. 2030세대의 경우 5번 '친미항중'과 4번 '친미, 단, 중국과 평화 관계 유지'를 택한 비율이 기성세대보다 훨씬 많았다. 이 결과에 기반해 ≪톈샤잡지≫는 "대부분은 대만이 한편을 택하지 말아야 한다고 생각, 젊을수록 친미"라고 표제를 달아, 기성세대와 2030세대의 차이를 부각했다(天下雜誌, 2022.1).

그러나 ≪톈샤잡지≫의 이 표제가 홀시한 것은 '친미'를 택한 2030세대의 응답자 절대다수가 5번 '친미항중'이 아니라 4번 '친미, 단, 중국과 평화 관계 유지'를 택했다는 사실이다. 의도적인지 알 수는 없지만, 이 조사는 연령대의 응답 분포를 수치로 명시하지 않고 그래프로만 보여주어 정확한 수치상의 비교가 어렵다. 그러나 그래프로만 보더라도 '미중 모두와 같은 관계 유지'를 택한 2030세대와 기성세대는 큰 차이를 보이지 않는다. 또한, '친미항중'을 택한 비율에서도 2030세대가 기성세대보다 현격하게 높다고 보기 어렵다.

문제는 '친미, 단, 중국과 평화 관계 유지'라는 선택지의 모호성이다. 과연 이 선택지는 '친미'와 '중립' 중 어디에 더 가까울까? 비록 '친미'라는 단어가 들어 있지만 내용상으로는 '중립'에 더 가깝다고 봐야 하지 않을까. 좀 더 세심하게 읽는다면, 이 선택지는 심정적으로는 '친미'에 끌리지만 객관적으로는 미중 사이에서 '중립'을 택해야 하는 모순된 심리를 반영한다. 그런 점에서 이 조사 결과는 2030세대가 비록 기성세대보다 친미적인 성향을 좀 더 많이 보이기는 하지만, 현실 선택에서는 기성세대와 마찬가지로 미중 사이에서 중립을 택하고 있다고 보는 것이 더 타당하다. "젊을수록 친미"라는 ≪톈샤잡지≫의 표제는 2030세대를 선명한 친미반중 세력으로 분류해 세대 간의 차이를 과장하는 혐의가 있는 것이다.

양안관계가 악화되고 미중대결이 고조되는 상황에서 2030세대가 기성세대 못지않게 신중하고 객관적인 입장을 취한다는 사실은 2023년 민주문교기금회(民主文教基金會)의 조사 결과에서도 재차 확인된다. 이 조사는 양안 전쟁 가능성을 중심으로 미국 개입을 둘러싼 대만인의 세대별 인식을 심도 있게 분석했다. 2023년 2월 20~22일 사이 20세 이상 1072명을 대상으로 시행한 이 조사는 양안에서 전쟁이 발발할 경우를 가정해 10개의 질문을 던지고 그 결과를 성별, 연령, 학력, 지지 정당, 지역별로 분석했다(民主文教基金會民意調査資料, 2023.3.1). 10개의 질문 중 양안 및 미중 문제에서 가장 핵심적으로 보이는 4개의 질문을 선별하고 그중 연령대별 응답만을 추출하여 〈표 11-2〉와 같이 정리해 본다.

먼저, 3번 문항 "대만에 대한 미국의 안전보장 약속을 믿는가'에 대한 응답 분포를 살펴보자. 20대의 57.9%, 30대의 51%가 '믿는다'고 답해 평균치인 42.8%를 큰 폭으로 상회했다. 이 문항만 보면 2030세대의 친미성향이 기성세대보다 훨씬 높다.

그러나 5번 문항 결과를 보면 사정은 단순치 않다. "미국이 자국의 이익을 위해 대만을 중국굴기의 견제 도구로 이용하는가"라는 질문에 '그렇다'고 답한 20대는 71.3%, 30대는 72.3 %로서, 40대의 75.7 및 50대의 71.1과 마찬가지로 상당히 많았다. 다만, 세분화해 보면 20대에서 '반드시 그렇다'고 확신한 비율이 다른 연령대에 비해 눈에 띄게 낮았고 '그럴 것이다'라는 완화된 긍정을 한 비율

연령대별 응답률(%)	평균	20대	30대	40대	50대	60대	70대~
질문3	대만에 대한 미국의 안전보장 약속을 믿는가?						
매우 믿음	10.4	7.1	7.6	11.9	10.7	13.1	11.7
믿는 편	32.4	50.8	43.4	25.4	22.5	28.2	26.8
못 믿는 편	28.5	23.1	29.9	36	27.7	25.6	26.7
절대 안 믿음	20.6	16.8	13.3	23.2	29.4	23.3	14.6
무응답	8.1	2.3	5.9	3.5	9.7	9.9	20.2
질문5	미국은 자국의 이익을 위해 대만을 중국굴기 견제의 도구로 이용하는가?						
반드시 그렇다	26.3	11.9	27.5	31.6	36.4	26.2	19.7
그럴 것이다	39.1	59.4	44.8	44.1	34.7	29.6	19
아닐 것이다	15.6	7.6	13.3	15	16.7	21.2	20.1
절대 아니다	6.6	3.5	9.5	3.7	4.6	10.1	9.5
무응답	12.3	17.6	5	5.6	7.7	12.8	31.7
질문6	중미대결이 점점 격화되는 지금 어떤 방식이 대만에 가장 유리한가?						
친미반중 미국 선택	22.8	27.5	20.6	21	20.8	24.8	23.5
친미화중 선택 안함	61	56.8	75.3	70.5	61.9	55	39.6
친중반미 중국 선택	3.8	3	0	1.5	5.1	6.9	7.1
무응답	12.4	12.7	4.1	6.9	12.1	13.3	29.8
질문10	중국은 외부세력이 개입하면 양안 문제를 비평화적 방식으로 처리하겠다는 입장이다. 미국의 양안 문제 개입이 대만에 유리한가 불리한가?						
유리하다	34.1	33.2	41.3	34.1	35	33.1	25.6
불리하다	47	48.5	41.6	51.3	48.8	46.2	44
영향 없다	1.9	2.6	3.6	1.2	2.3	0.9	0.4
무응답	17.1	15.8	13.5	13.4	13.9	19.7	30

자료: 여론조사 자료를 토대로 필자 작성(강조는 필자).

이 타 연령대보다 상대적으로 높았다. 그 점에서 20대가 기성세대에 비해 정서적으로 친미적 성향이 강하다고 할 수는 있겠지만, 미중대결 상황에서 2030세대가 기성세대 못지않게 미국을 신뢰하지 못한다는 점은 분명해 보인다.

6번 "중미대결이 점점 격화되는 지금 어떤 방식이 대만에 가장 유리한가"라는 질문에 대해 20대의 선택은 타 연령대에 비해 다소 높은 친미적 성향을 드러냈다. 전체 응답자의 61%가 '친미화중(親美和中), 선택 안함'을 택한 가운데 20대는 56.8%가 '친미화중'을 택했다. '친미반중, 미국선택'을 택한 20대는 27.5%로서 평균치 22.8을 다소 상회했다. 30대와 비교하더라도 확실히 20대는 다소 높은 친미반중의 경향을 보인다. 그럼에도 불구하고, 20대를 전적으로 친미적이라 규정하기는 어렵다. 평균보다 다소 낮을지언정 20대 역시 과반 이상이 '친미화중'이라는 중립적 선택지를 택했기 때문이다.

여기서도 '친미화중, 선택 안함'이라는 선택지에 주목할 필요가 있다. 앞서 ≪톈샤잡지≫에서 보았던바 '중국과 평화 관계를 유지한다는 전제에서 대만 독립', '친미, 단 중국과 평화 관계를 유지한다는 전제'와 같은 선택지들과 마찬가지로, '친미화중' 역시 언뜻 보기에는 '친미'를 뜻하는 것 같지만 실제로는 미중 사이에서 어느 편도 택하지 않는, 중립의 표명이다. 이 점을 염두에 두고 보면, 사실상 20대와 30대 모두 과반 이상이 미중대결 형세에서 중립을 택한다. 특히 20대보다 생업 전선에 더 노출되어 있는 30대의 무려 75.3 %가 '친미화중, 선택 안함'을 택했다는 사실은 의미심장하다. 이렇게 보면, 미중 사이에서 중립을 택했다는 점에서 2030세대가 기성세대와 (70대 이상을 제외하면) 큰 차이를 지닌다고 보기 어렵다.

10번 문항 역시 2030세대가 미중 사이에서 신중한 태도를 취하고 있음을 여실히 보여준다. '미국의 양안 문제 개입이 대만에 유리한가 불리한가'라는 질문에, 20대는 평균보다 높은 48.5%가 '불리하다'고 답했다. 30대도 41.6%가 '불리하다'고 답했다. 다소간 차이는 있지만, 대체로 평균치인 47%에서 크게 벗어나지 않는다. 그런데 이런 반응은 질문3의 결과와 모순된다. 질문3에서는 20대와 30대 모두가 대만에 대한 미국의 안전보장 약속에 기성세대보다 높은 신뢰를 보였었다. 그렇다면 10번 문항에서도 미국의 양안 문제 개입이 대만에 유리하다고 보아야 하지 않은가. 그러나 20대가 미국의 양안 문제 개입을 부정적으로 보는 비율은 긍정적으로 보는 비율보다 15%나 높았다. 이는 부정적 답을 한 전체 응답자의 평균치보다도 높은 비율이다.

10번 문항에서 이런 모순적인 결과가 나온 데는 질문과 함께 제시한 전제 문장이 영향을 주었을지 모른다. 이 문항에는 "중국은 외부 세력이 개입하면 양안 문제를 비평화적 방식으로 처리하겠다는 입장이다"라는 전제가 달려 있다. 이처럼 전쟁의 위협이 구체적으로 제시되었을 때, 20대는 반중 심리를 억제하고 보다 냉정한 선택을 한다고 볼 수 있지 않을까. 그렇게 보면 30대의 반응이 오히려 흥미롭다. 전 연령대에서 미국의 양안 문제 개입이 대만에 '불리하다'고 답한 비율이 '유리하다'보다 10% 이상 높았는데, 유독 30대에서만 양자가 팽팽했다. 이는, 일반적으로는 20대가 30대보다 더 친미적 성향을 보이지만 구체적인 위기 상황이 제시되었을 때는 20대가 30대보다 미국을 덜 신뢰한다는 것을 보여준다.

민주문교기금회의 2023년의 여론조사는 양안 문제에서 기성세대와 확연히 구별되는 2030세대의 성향을 섣불리 규정할 수 없음을 말해준다. 또한, 20대와 30대 간의 차이도 기성세대와의 차이 못지않게 컸다. 〈표 11-2〉만 보더라도 질문3에서만 20대와 30대가 유사한 경향을 지녔을 뿐, 나머지 세 질문에서는 모두 상당한 비율에서 차별화된 반응을 보였다. 이로 보건대, 대만의 20대와 30대가 기성세대와 확연히 구별되는 친미반중 혹은 급진적 독립 세력이라는 통념적 인식에는 분명 재고의 여지가 있다.

4. 2024 선거, 제3지대로 향한 청년세대의 표심

《톈샤잡지》식 세대론의 문제점은 청년들의 세대적 특징을 기존의 남록 대결 구조에 가두어버렸다는 데 있다. 즉, 남/록, 국민당/민진당의 진영 논리에 기반해 청년들을 후자의 전위부대로 세움으로써 기성의 갈등 구조를 강화하는 데 세대론을 동원한 것이다. 이러한 세대론의 허구성이 드러난 것이 바로 2024년 1월의 총통 및 입법의원 선거였다.

제16대 총통 선거는 큰 이변 없이 라이칭더(賴淸德) 후보를 총통으로 당선시

컸지만, 민진당이나 녹영의 일방적 승리라고 보기는 어렵다. 라이칭더의 40.05%라는 득표율은 2000년의 천수이벤(陳水扁)에 이어 역대 총통 중 최하위였다. 또한 라이칭더는 천수이벤과 더불어 대만 현대사상 과반을 얻지 못한 두 명의 총통으로 이름을 남기게 되었다. 입법의원 선거에서도 민진당은 133개 의석 중 51석을 얻어 제1당의 자리를 국민당에 내주고 말았다. 2020년 차이잉원(蔡英文)이 57.13%의 득표율을 얻고 민진당이 61석을 얻었던 것에 비하면, 이번에 민진당은 비록 3연속 정권을 잡는 데는 성공했지만 지금 이대로라면 역대 가장 허약한 정부가 될 공산이 크다(성균중국연구소, 2024.1).

민진당 부진의 가장 큰 요인은 2030세대의 반란이었다. 2016년과 2020년 차이잉원 정권이 당선되는 데 막강한 역할을 했던 청년 지지층이 대거 민중당의 커원저에게 옮겨갔다. 2014년 해바라기운동 당시 청년세대들의 지지를 업고 정계에 입문한 커원저는 2024년 대선에서 다시 한번 젊은 층의 뜨거운 성원을 받았다(BBC NEWS, 2023.6.29). 비록 잠시이고 오차범위 이내기는 하지만, 2023년 6월 14~16일 TVBS의 여론조사에서 커원저는 33%의 지지를 얻어 민진당 라이칭더의 30%를 넘어 1위를 거두기도 했다(TVBS Poll Center, 2023.6.16). 2024년 연초 RW NEWS가 발표한 대선후보 지지도 여론조사 추이에 따르면, 커원저는 2023년 10월까지만 해도 국민당의 허우유이(侯友宜) 후보를 누르고 2위 자리를 지키다가 11월 이후에야 3위로 물러났다(RW NEWS, 2024.1.2). 결과적으로는 26.46%로 총통 선거 3위에 그쳤지만, 정계에 입문한 지 10년이 채 되지 않은 정치 신인으로서 커원저는 단단한 정치적 입지를 다졌으며 그가 창당한 민중당 역시 입법원 8석이라는 작지 않은 성과를 거두었다.

커원저와 민중당이 이번 선거에서 불러일으킨 바람은 2030세대의 압도적인 지지에 힘입은 것이었다. 2023년 6월 16일에 발표한 TVBS 자체 분석에 따르면, 대선 후보 중 누구를 지지하느냐는 물음에 20대 응답자 58%가 커원저를 택하여 라이칭더의 17%와 허우유이의 12%를 압도했다. 30대 응답자에서도 커의 지지도는 55%로서, 라이의 28%, 허우 12%보다 월등히 높았다(TVBS Poll Center,

2023.6.16). RW NEW의 조사 역시 5~6월 커원저의 상승세가 2030세대에 의해 견인되고 있음을 보여주었다. 특히 5월에서 6월로 넘어가는 사이 20대의 커원저 지지율은 40.56%에서 53.28%로 상승했고, 30대는 33.2%에서 51.75%로 상승했다(RW NEWS, 2023.6.14). 6월 20일에 발표한 대만민의기금회의 조사 결과도 유사했다. 전체 응답자 중 라이의 지지율이 36.5%로 가장 높았지만, 20~24세로 좁힐 경우 무려 67%가 커원저를 지지한 반면, 라이와 허우를 지지한 비율은 각각 8.7%, 7.4%에 불과했다. 25~34세에서도 커의 지지율은 40%로 라이의 28%, 허우의 13%를 크게 상회했다. 35~44세 연령대에서도 커는 35%를 받아 라이의 32%와 허우의 20%를 능가했다. 대만민의기금회는 커원저의 거센 상승세를 "허우유이를 걸어차고 라이칭더를 맹추격하는 불을 뿜는 고지라"에 비유했다(臺灣民意基金會, 2023.6.20).

커원저의 상승세는 7월부터 주춤하다가 10~11월이 되면서 허우유이에 밀려 3위로 내려앉았다. 민진당과 국민당 양쪽을 시원하게 비판하는 직설적이고 솔직한 언어로 청년층과 중도층의 호응을 이끌었지만, 말실수를 연발하는 등 정치 신인의 미숙함을 끝내 극복하지 못했다. 그럼에도 불구하고 커원저에 대한 2030세대의 지지는 좀처럼 수그러들지 않았다. 2023년 7월부터 10월 사이 대선 후보 지지도 추이에 관한 RW NEWS의 조사에 따르면, 커원저의 전체 지지율은 하강했지만 20대와 30대, 특히 여성 청년층의 지지율은 오히려 상승했다(RW NEWS, 2023.10.18).

왜 2030세대는 커원저에 열광했던 것일까. FTNN 뉴스네트워크는 청년층이 민진당에 등을 돌리게 된 주요 원인을 차이잉원의 과도한 감정 동원 정치에서 찾았다. 2019년 이래 '항중보대(抗中保臺, 중국에 저항하여 대만을 지키자)'를 외친 차이 정부가 청년세대의 반중 정서를 자신의 정치적 자산으로 삼기 위해 공을 들였는데, 그러한 정서적 소모가 민진당에 대한 청년세대의 반감으로 되돌아왔다는 것이다(FTNN新聞網, 2023.6.21). 민진당에 대한 청년세대의 반감이 그들을 민중당 쪽으로 돌아서게 했다는 추론은 선거 직전인 2023년 12월 29일 대만민의

기금회의 조사 결과에서도 얻을 수 있다. "이번 선거에서 대만의 네 번째 정권교체를 이루기 바라는가"라는 질문에서 20~24세의 73%, 25~34세의 63%, 35~44세의 69%가 '그렇다'고 답했다(臺灣民意基金會, 2023.12.29). 말하자면, 2024년의 선거에서 청년층의 지지가 커원저와 민중당으로 몰린 데는 민진당에 대한 실망 및 염증이 연동되어 있었다. 국민당이 민진당의 대안 세력이 되지 못하면서, 청년들의 관심은 진영 논리를 벗어난 제3의 인물과 정치세력으로 향했던 것이다.

16대 총통 및 입법의원 선거는 청년세대가 확실한 메시지를 낸 정치적 장이었다. 청년세대는 민진당과 국민당이라는 기존의 남록 대결구조에 더는 기대하지 않으며 새로운 세력을 열망함을 보여주었다. 비록 선거에서는 커원저와 민중당이 패했지만, 청년들은 이들에 힘을 몰아줌으로써 견고했던 양당 구조에 미세하지만 의미 있는 균열을 만들어내었다. 1987년 민주화 이후 40년 간, 대만에서 제3세력의 후보가 대선이라는 큰 정치적 이벤트에서 이처럼 비중 있는 다크호스로 떠오른 것은 처음이었다. 더구나 이런 현상을 추동한 것이 청년세대라는 점에서 이번 선거는 이후 대만의 정계, 나아가 사회전반의 미래에 많은 시사점을 던져준다.

물론 이번 선거에서 만들어진 진영 대결 구조의 균열이 어느 정도 지속 가능할지는 두고 봐야 할 것이다. 다만, 선거가 끝난 직후에 실시된 정당별 지지도 조사를 일별하건대, 적어도 이런 상황이 일시적 현상으로 끝날 것 같지는 않다. 2024년 1월 23일 정당별 지지도는 민진당 30.5%, 국민당 25.2%, 민중당 22.5%, 기타 22%로서, 대만 정계는 그야말로 사분천하(四分天下)였다. 민중당의 지지도는 선거 직전인 12월의 18.29%보다도 소폭 상승했다(臺灣民意基金會, 2024.1.23).

일본 ≪아사히신문(朝日新聞)≫의 타이베이 특파원 노지마 쓰요시(野島剛 2024.1.13)는 이번 대만 선거를 두고 승자도 패자도 없는 절묘한 결과라며, 대만 민중이 3개 당에 지혜롭게 힘을 배분함으로써 미중 사이에 끼어 있는 여러 나라들에 모범 답안을 제시했다고 평했다. 즉, 민진당에는 총통 승리를 안겨줌으로써 미

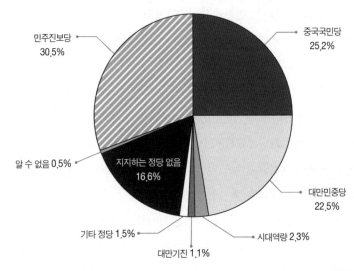

〈그림 11-2〉 대만인의 정당 지지 경향

민주진보당
30.5%

중국국민당
25.2%

알 수 없음 0.5%

지지하는 정당 없음
16.6%

대만민중당
22.5%

기타 정당 1.5%

대만기진 1.1%

시대역량 2.3%

자료: 臺灣民意基金會(2024.1.23).

국을 안심시키고 국민당을 1당으로 만들어 중국을 흡족케 했으며 커원저와 같은 정치 신인에게 26%나 되는 득표율을 줌으로써 양대 정당 어느 한쪽도 마음대로 할 수 없는 구도를 만들었다는 것이다. 다시 말해, 이번 선거는 표면적으로는 친미 세력인 민진당과 친중 세력인 국민당의 싸움에서 전자가 승리한 것처럼 보이지만, 그 본질은 고질적인 남록 진영 구조에 균열의 조짐이 만들어졌으며 그것을 추동한 것이 청년세대였다는 데 있다(백지운, 2024.1.30).

5. 이분법을 넘어 새로운 행위주체로

2014년의 해바라기운동, 2019년 홍콩의 범죄인송환법 반대운동의 파고를 타고 대만의 청년세대는 모처럼 존재감 있는 정치적 행위자로 부상했다. 급진적 '반중운동'의 토양에서 자라난 2030세대들을 대만의 주류 매체들은 강경 녹영(綠營, 親민진당)의 상징으로 그려왔다. 그러나 최근 여러 조사 기관에서 진행된 여론조사와 2024년의 선거 결과는 양안 문제나 미중관계에 대한 청년세대의 인식과 성향을 반중, 친미, 독립으로 단순명료하게 귀납시킬 수 없음을 보여준다. 비록 정서적 면에서 청년세대의 정체성 인식이나 독립 열망이 기성세대보다 강한 것이 사실이지만, 그것이 반드시 현실 인식이나 선택으로 이어지는 것은 아니다. 오히려 미중대결과 양안의 안보 위협이라는 엄중한 현실에서 2030세대들은 기성세대 못지않게, 아니 기성세대보다 더 냉철하고 객관적이며 실리적이고 전략적이다.

청년세대, 특히 20대를 급진적 반중 세력으로 규정짓는 대만 매체들의 일련의 보도는, 해바라기운동 이후 사회적 주체로 부상한 청년들을 기성의 남록 진영 대결의 전위부대로 세우는 정서적 동원 정치의 일환으로 보인다. 16대 총통 및 입법의원 선거의 과정과 결과는 2030세대에 대한 이러한 세대 규정이 다소간 왜곡 및 과장되었음을 말해준다. 청년세대의 존재감은 반중보다는 대만의 기성정치, 특히 민진당에 대한 반감으로 표출되었다. 한때 차이잉원이 친위대로 불리기도 했던 2030세대는, 이번 선거에서는 반중 정서를 지렛대 삼아 중국 및 상대 진영에 대한 혐오를 조장하던 민진당의 감정 동원 정치에 단호히 옐로카드를 꺼내들었다. 국민당도, 민진당도 아닌 제3당의 후보가 청년세대의 환호를 받으며 바람을 일으켰던 2023~2024년의 상황은 2016년 '시대역량'이라는 청년정당으로 모습을 드러냈던 청년들의 존재감이 다른 방식으로 지속되고 있음을 말해준다.

종래의 이분법을 거부하고 제3의 길을 모색하는 새로운 행위 주체로서 청년세대의 등장이 지금의 교착된 양안 정국에 어떤 출로를 마련할 수 있을지 아직 단정하기는 섣부르다. 기성세대보다 '대만인' 정체성과 반중 정서가 강하지만, 동시에 탈냉전·저성장의 시대에 태어나 미래가 불안한 대만의 2030세대는 현실에서는 자신들의 정서적 성향과는 다른 선택을 할 수도 있다. 중국공산당이 민진당을 비롯한 대만의 '대독(臺獨) 세력'을 연일 맹공격하면서도, 대만 청년을 '통일전선'의 대상으로 간주해 그들의 마음을 얻기 위한 다양한 정책을 펼치는 것도 이 때문이다.[4]

　중국의 구애 공세가 얼마나 실질적 효과가 있는지는 따져보아야 할 것이다. 다만, 적어도 중국과 대만 양쪽에서 대만의 청년세대가 영향력 있는 정치적 주체로 의식되기 시작했다는 점은 그 자체로 그 의미가 작지 않다. 미래가 불안한 대만 청년세대의 마음을 잡기 위해서는 경제적 대안을 포함한 현실적 전망을 제시해야 하지만, 동시에 공정과 정의, 민주라는 가치에서도 우위를 점해야 한다. 지금의 양안 정국에서는 어느 편도 이들의 마음을 얻기가 쉽지 않다. 대만 청년세대의 복합적인 요구가 정치세력으로 가시화될 때, 그래서 이들의 목소리를 양안의 정부가 위협적으로 감지할 때, 갑갑한 양안 정국에 출로가 열릴 가능성도 함께 커질 것이다.

참고문헌

고금비·원재연. 2017. 「2016년 타이완 총선과 제3정당 시대역량의 등장」. ≪동아연구≫, 36(1).
백지운. 2024.1.30. 「2024 대만 선거가 남긴 퍼즐」. ≪창비주간논평≫. https://magazine.changbi.com/MCWC/WeeklyItem/1794(검색일: 2024.2.10).
성균중국연구소. 2024.1. 「2024년 대만 선거 특별리포트: 양안 거대담론의 한계와 제3정치세력의 약진」. SCIS연구보고서(24-01). https://magazine.changbi.com/MCWC/WeeklyItem/1794(검색일: 2024.1.15).

4　2014년 해바라기운동 이후 중국은 한층 공격적으로 대만 청년 우대 정책을 펼쳤다. 대만 청년들이 중국에서 취업과 창업을 할 수 있도록 유도하는 종래의 정책에 더해, 중국에서 기술고시·국가자격증 시험에도 응시할 수 있게 하는 '국민 대우' 정책 등 적극적인 '통일전선' 정책이 시행되었다(趙文志·許家榤, 2021: 69~70). 실제로 2018년 대만민의기금회 조사를 보면, 당시 중국공산당 대만공작판공실(약칭 國台辦)이 추진한 '대만 우대 정책 31항목'에 대해 20~24세 대만 청년들의 반응은 기성세대보다 한층 적극적이었다(臺灣民意基金會, 2018.3.19).

BBC NEWS(中文). 2023.6.29. "台湾2024总统大选: 谁在支持"批判者"柯文哲". https://www.bbc. com/zhongwen/simp/chinese-news-66039161(검색일: 2024.1.24).

FTNN新聞網. 2023.6.21. "柯文哲為何受年輕人青睞?". https://tw.news.yahoo.com/%E6%9F%AF% E6%96%87%E5%93%B2%E7%82%BA%E4%BD%95%E5%8F%97%E5%B9%B4%E8%BC% 95%E4%BA%BA%E9%9D%92%E7%9D%9E-060000949.html(검색일: 2023.11.11).

TVBS Poll Center. 2023.5.18. "國民黨徵召侯友宜後, 2024總統大選支持度調查". https://cc.tvbs. com.tw/portal/file/poll_center/2023/20230519/70224c5f35aab7eab5c9cda1b0f32021.pdf (검색일: 2023.7.11).

_____. 2023.6.16. "選前7個月, 2024總統大選支持度調查". https://cc.tvbs.com.tw/portal/file/poll_ center/2023/20230619/ffa03d95ea51843cc4189b6c1339090b.pdf(검색일: 2023.7.11).

國立政治大學 選舉研究中心. 2024.7.8. "重要政治態度分佈趨勢圖資料研究方法說明". 臺灣民眾臺灣人/中 國人認同趨勢分佈(1992年06月~2024年06月). https://esc.nccu.edu.tw/PageDoc/Detail?fid= 7804&id=6960.

臺灣民意基金會. 2018.3.19. "台灣人對中國「惠台31項措施」的感覺". https://www.tpof.org/%E5%85% A9%E5%B2%B8%E9%97%9C%E4%BF%82/%E5%85%A9%E5%B2%B8%E7%B6%93%E8% B2%BF/%E5%8F%B0%E7%81%A3%E4%BA%BA%E5%B0%8D%E4%B8%AD%E5%9C% 8B%E3%80%8C%E6%83%A0%E5%8F%B031%E9%A0%85%E6%8E%AA%E6%96%BD% E3%80%8D%E7%9A%84%E6%84%9F%E8%A6%BA%EF%BC%882018%E5%B9%B43 E6%9C%8819%E6%97%A5%EF%BC%89/(검색일: 2023.7.11).

_____. 2021.11.2. "兩岸軍事危機下的台灣民意". https://www.tpof.org/%E5%85%A9%E5%B2% B8%E9%97%9C%E4%BF%82/2021%E5%B9%B411%E6%9C%882%E6%97%A5%E3% 80%8C%E5%85%A9%E5%B2%B8%E8%BB%8D%E4%BA%8B%E5%8D%B1%E6%A9%9F% E4%B8%8B%E7%9A%84%E5%8F%B0%E7%81%A3%E6%B0%91%E6%84%8F%E3%80% 8D/(검색일: 2023.7.11).

_____. 2023.12.29. "選民是否期待第四次政黨輪替執政?". https://www.tpof.org/%e9%81%b8%e8% 88%89/%e7%b8%bd%e7%b5%b1%e9%81%b8%e8%88%89/%e9%81%b8%e6%b0% 91%e6%98%af%e5%90%a6%e6%9c%9f%e5%be%85%e7%ac%ac%e5%9b%9b%e6%ac% a1%e6%94%bf%e9%bb%a8%e8%bc%aa%e6%9b%bf%e5%9f%b7%e6%94%bf%ef%bc% 9f%ef%bc%882023%e5%b9%b412%e6%9c%8829%e6%97%a5%ef%bc%89/(검색일: 2023.1. 20).

_____. 2023.2.21. "如果中共武力犯台, 國人對美國派兵協防台灣的信心". https://www.tpof.org/% E5%85%A9%E5%B2%B8%E9%97%9C%E4%BF%82/%E5%85%A9%E5%B2%B8%E8% BB%8D%E4%BA%8B/%E5%A6%82%E6%9E%9C%E4%B8%AD%E5%85%B1%E6%AD%

A6%E5%8A%9B%E7%8A%AF%E5%8F%B0%EF%BC%8C%E5%9C%8B%E4%BA%BA%E5%
B0%8D%E7%BE%8E%E5%9C%8B%E6%B4%BE%E5%85%B5%E5%8D%94%E9%98%B2
%E5%8F%B0%E7%81%A3%E7%9A%84%E4%BF%A1/(검색일: 2023.7.11).

_____. 2023.6.20. "2024台灣總統選民的支持傾向". https://www.tpof.org/%E9%81%B8%E8%88%
89/%E7%B8%BD%E7%B5%B1%E9%81%B8%E8%88%89/2024%E5%8F%B0%E7%81%A3%
E7%B8%BD%E7%B5%B1%E9%81%B8%E6%B0%91%E7%9A%84%E6%94%AF%E6%8C%
81%E5%82%BE%E5%90%91%EF%BC%882023%E5%B9%B46%E6%9C%8820%E6%97%
A5%EF%BC%89/(검색일: 2023.7.11).

_____. 2024.1.23. "台灣人的政黨支持傾向". https://www.tpof.org/%e5%8f%b0%e7%81%a3%e6%
94%bf%e6%b2%bb/%e6%94%bf%e9%bb%a8%e8%aa%8d%e5%90%8c/%e5%8f%b0%e7%
81%a3%e4%ba%ba%e7%9a%84%e6%94%bf%e9%bb%a8%e6%94%af%e6%8c%81%e5%8
2%be%e5%90%91%ef%bc%882024%e5%b9%b41%e6%9c%8823%e6%97%a5%ef%bc%89/
(검색일: 2024.2.20).

賴偉文. 2017.9.31. 「臺灣青年貧窮的現像與其影響」. 臺灣新社會智庫. http://www.taiwansig.tw/index.
php/%E6%94%BF%E7%AD%96%E5%A0%B1%E5%91%8A/%E7%A4%BE%E6%9C%83
%E5%AE%89%E5%85%A8/8069-%E8%87%BA%E7%81%A3%E9%9D%92%E5%B9%B4%E8
%B2%A7%E7%AA%AE%E7%9A%84%E7%8F%BE%E8%B1%A1%E8%88%87%E5%85%B6
%E5%BD%B1%E9%9F%BF (검색일: 2023.7.11).

廖斌洲. 2023. 「臺灣青年, 如何看待新時代的民主?」. ≪新使者≫, 172.

劉凌斌. 2017.6. 「時代力量'何以在臺灣崛起?」. ≪九鼎≫, 116.

劉美好. 2014. 「一夜長大: 臺灣當代青年社會參與之濫觴」. ≪思想≫, 27.

菱傳媒RW NEWS. 2023.10.18. "菱總統民調7/柯文哲成功拉回39歲以下女性 支持度未返7月高點". https://
rwnews.tw/article.php?news=11994&utm_source=rwnews&utm_medium=news&utm_
campaign=opinion_polls&utm_content=news(검색일: 2024.1.23).

_____. 2023.4.10. "菱民調3/18到29歲年輕人7成6擔心兩岸開戰". https://rwnews.tw/article.php?news=
8272(검색일: 2023.7.11).

_____. 2023.5.15. "菱總統民調6/49.21%民眾憂心3年內台灣與中國有戰爭風險". https://rwnews.tw/
article.php?news=8912(검색일: 2023.7.11).

_____. 2023.6.14. "菱總統民調1/柯文哲「登三」! 支持度31.29%緊追賴清德37.76%, 侯友宜21.87%排
老三". https://rwnews.tw/article.php?news=9550(검색일: 2023.7.11).

_____. 2024.1.2. "菱總統大選封關預測1/賴蕭配得票率38.33%險勝50萬票 侯康配34.56%, 柯盈配27.12%".
https://rwnews.tw/article.php?news=13331&utm_source=rwnews&utm_medium=news&
utm_campaign=opinion_polls&utm_content=news(검색일: 2024.1.23).

林宗弘. 2017. 「臺灣靑年世代的政治認同(1995~2015)」. ≪香港社會科學學報≫, 49.

民主文敎基金會民意調査資料. 2023.3.1. "疑美? 信美? 臺灣人民對美國的認知". http://democracy foundation.org.tw/(검색일: 2023년 6월30일).

≪報道者The Reporter≫. 2024.1.13. 「台灣問題是世界問題, 眞正勝負2028年延長賽見眞章」. https://www.twreporter.org/a/2024-election-nojima-tsuyoshi-view(검색일: 2024.1.22).

鄭亘良. 2021. 「看不見未來: 臺灣'厭世代'的世代情感初探」. ≪文化研究≫, 32.

政治大學選擧研究中心. 2023.7.12. 「臺灣民衆統獨立場趨勢分布 (1994.12~2023.6)」. https://esc.nccu.edu.tw/PageDoc/Detail?fid=7805&id=6962(검색일: 2024.2.11).

趙文志·許家榛. 2021. 「中國大陸對臺灣靑年統戰模式與特色之研究」. ≪亞洲政經與和平研究≫, 7.

曾柏文. 2014. 「太陽花運動: 論述軸線的空間性」. ≪思想≫, 27.

陳崇眞. 2021. 「2008年後的靑年貧窮再現: 揭露什麽? 又遮掩什麽?」. ≪文化研究≫, 32.

≪天下雜誌≫. 2020.1. "天下2020獨家國情調査: 台灣vs.中華民國, 世代衝突,更勝南北". 689期. https://www.cw.com.tw/article/5098353(검색일: 2023.7.11).

_____. 2022.1. "6成民衆不擔心兩岸開戰, 台灣人多相信美國挺台?". 740期. https://www.cw.com.tw/article/5119683(검색일: 2023.7.11).

지은이(수록순)

김병연
서울대학교 경제학부 석좌교수, 전 서울대학교 통일평화연구원 원장.
대표 저서로 *Unveiling the North Korean Economy*(2017), 편저서로 *The North Korean Regime under Kim Jong-un*(2024) 등이 있다.

김병로
서울대학교 통일평화연구원 HK부교수.
현재 통일평화연구원 조사분석실장 및 김대중학술원 연구위원, 한반도평화연구원 연구위원, 평화나눔재단 고문, 기독교통일포럼 상임대표 등을 맡고 있다. 대표 저서로는 『북한, 조선으로 다시 읽다』(2016), 『한국과 조선: 남북한 정통성 경쟁』(2024) 등이 있으며, 대표 논문으로는 "State-led Development and Social Change in North Korea under Kim Jong-un Regime"(2021) 등이 있다.

김성희
전북대학교 일반사회교육과 조교수.
현재 전북대학교 일반사회교육과에서 경제학 관련 강의를 담당하고 있다. 대표 논문으로 "Market activities and trust of North Korean refugees"(공저, 2019), "Migration and trust: Evidence from West Germany after unification"(공저, 2020) 등이 있다.

김지훈
부산대학교 정치외교학과 조교수.
현재 철학과 겸직 교수를 맡고 있다. 대표 저서로 『마이클 오크숏』(2024)이 있으며, 역서로 『내전: 관념 속 역사』(2024), 대표 논문으로 「리바이어던을 기다리는 프로메테우스: '이성적 원칙'에 따라 설립되는 (정치적) 주권자의 가능성과 한계」(2023) 등이 있다.

김범수

서울대학교 자유전공학부 교수, 서울대학교 통일평화연구원 원장.

현재 서울대학교 자유전공학부 학부장과 통일평화연구원 원장을 맡고 있다. 대표 저서로는 『평화학이란 무엇인가』(공저, 2022), 『한국 사회에서 공정이란 무엇인가』(2022) 등이 있다.

조현주

서울대학교 통일평화연구원 선임연구원.

주요 연구 분야는 국제분쟁, 영토분쟁, 동아시아 안보, 핵 정책이다. 대표 논문으로 "Why Do Territorial Disputes Escalate? A Domestic Political Explanation for the Senkaku-Diaoyu Islands Dispute"(공저, 2016), "Understanding South Korean Public Attitudes Toward Nuclearization: Trends Over a Decade Through External, Domestic, and Individual Perspectives"(공저, 2024) 등이 있다.

최은영

서울대학교 통일평화연구원 선임연구원.

대표 저서로 『김정은 시대 북한의 청년들: 순응과 자립사이, 국가와 시장을 횡단하기』(공저, 2023), 대표 논문으로 "The end of feminized migration ? Gendering violent borders and geogrpahers of North Korean migration from the arduous march to the COVID-19 era"(2024) 등이 있다.

이문영

서울대학교 통일평화연구원 HK부교수.

러시아와 한반도, 인문학과 평화학을 결합하는 연구를 하고 있으며, (사)외교광장 이사를 맡고 있다. 대표 저서로 『전쟁과 폭력의 시대에 다시 읽는 톨스토이 평화론』(2024), 대표 논문으로 "North Koreans in Russia Between Migrants and Refugees"(2024) 등이 있다.

김택빈

서울대학교 통일평화연구원 선임연구원.

현재 통일의식조사, 북한이탈주민의식조사 사업 등을 맡고 있다. 대표 논문으로는 "북한의 젊은 세대 내 이질성에 관한 연구: 개인주의, 자본주의, 남한, 남한 중심의 통일에 대한 인식을 중심으로"(2023), "Effects of Everyday Corruption on Perceptions of Authoritarian Leadership: Evidence from North Korea"(2024) 등이 있다.

김학재

서울대학교 통일평화연구원 HK조교수.

주요 관심 분야는 통일과 평화 여론조사, 독일 통일, 국가별 사회경제적 특성을 비교하는 역사 사회학적 분석이다. 한국 사회사학회 학술위원으로 활동하고 있다. 대표 저서로는 『판문점 체제의 기원』(2015), 『평화의 여러 가지 얼굴』(공저, 2020)이 있으며, 대표 논문으로는 「한국전쟁 정전협정의 의미와 특징」(2023) 등이 있다.

오승희

서울대학교 일본연구소 연구교수.

주요 연구 분야는 일본의 외교정책, 중일관계, 동아시아 국제관계다. 대표 저서로『동아시아 인정투쟁: 패전국 일본, 분단국 중국, 식민지 한국의 국교정상화』(2023)가 있으며, 대표 논문으로 「일본의 MZ세대가 바라보는 세계와 한국: 나다움, 가치소비, 공감연결」(2022) 등이 있다.

백지운

서울대학교 통일평화연구원 HK부교수.

냉전시대 중국과 동아시아, 제3세계와의 관계에 대해 공부하고 있다. 현재 한국냉전학회 부회장을 맡고 있다. 대표 저서로『항미원조: 중국인들의 한국전쟁』(2023), 대표 논문으로 「반둥에서 '일대일로'까지: 냉전시기 중국의 아프리카 원조와 제3세계론」(2024) 등이 있다.

한울아카데미 2537

MZ세대의 통일의식

© 김병연 외, 2024

엮은이 | 김병연
지은이 | 김병로·김성희·김지훈·김범수·조현주·최은영·이문영·김택빈·김학재·오승희·백지운
펴낸이 | 김종수
펴낸곳 | 한울엠플러스(주)
편집책임 | 최진희
편   집 | 이동규

초판 1쇄 인쇄 | 2024년 9월 19일
초판 1쇄 발행 | 2024년 10월 1일

주소 | 10881 경기도 파주시 광인사길 153 한울시소빌딩 3층
전화 | 031-955-0655
팩스 | 031-955-0656
홈페이지 | www.hanulmplus.kr
등록 | 제406-2015-000143호

Printed in Korea.
ISBN 978-89-460-7537-5 93340 (양장)
       978-89-460-8330-1 93340 (무선)

* 책값은 겉표지에 표시되어 있습니다.
* 무선 제본 책을 교재로 사용하시려면 본사로 연락해 주시기 바랍니다.